营销玄机——基于大数据的移动营销战略变革与创新发展研究

马玉民 著

电子科技大学出版社
University of Electronic Science and Technology of China Press

图书在版编目（CIP）数据

营销玄机：基于大数据的移动营销战略变革与创新发展研究 / 马玉民著. -- 成都：电子科技大学出版社，2020.12
ISBN 978-7-5647-8562-8

Ⅰ. ①营… Ⅱ. ①马… Ⅲ. ①网络营销－研究 Ⅳ. ①F713.365.2

中国版本图书馆CIP数据核字(2020)第230032号

营销玄机：基于大数据的移动营销战略变革与创新发展研究

马玉民　著

策划编辑　杜　倩　李述娜
责任编辑　熊晶晶

出版发行　电子科技大学出版社
　　　　　成都市一环路东一段159号电子信息产业大厦九楼　邮编　610051
主　　页　www.uestcp.com.cn
服务电话　028-83203399
邮购电话　028-83201495

印　　刷　定州启航印刷有限公司
成品尺寸　170mm × 240mm
印　　张　12
字　　数　210千字
版　　次　2020年12月第一版
印　　次　2020年12月第一次印刷
书　　号　ISBN 978-7-5647-8562-8
定　　价　68.00元

序

大数据的出现，使得通过数据分析获得知识、商机和社会服务的能力从以往局限于少数象牙塔之中的学术精英圈子扩大到了普通的机构、企业和政府部门。门槛的降低直接导致了数据的容错率提高和成本的降低，但正如维克托所强调的，最重要的是人们可以在很大程度上从对于因果关系的追求中解脱出来，转而将注意力放在相关关系的发现和使用上。只要发现了两个现象之间存在的显著相关性，就可以创造巨大的经济或社会效益，而弄清二者为什么相关可以留待学者们慢慢研究。大数据之所以可能成为一个“时代”，在很大程度上是因为这是一个可以由社会各界广泛参与，八面出击，处处结果的社会运动，而不仅仅是少数专家学者的研究对象。

随着我国移动通信技术的不断升级、智能移动终端设备的大量普及，特别 5G 时代的提前到来，移动互联网时代全面来临，同时会产生大量的数据。在大数据时代，移动互联网的到来不仅对人们的生活和生产方式产生了颠覆性的影响，更改变着传统企业在销售、服务、营销等多个环节。营销是一个常讲常新的话题，特别是随着互联网的发展和社交电商的兴起，中小企业的传统营销模式在社交电商面前几乎毫无招架之力，实体店倒闭、关店的风潮不断。如何在电商、社交电商的强势竞争之下寻求一条生路，是广大中小企业和实体店面临的问题。

在这种背景下，移动营销的优势日益凸显出来，并受到了企业的高度重视。移动营销是利用移动终端设备向移动终端用户进行定向信息传播的一种新型营销模式，这种营销模式具有成本低、效率高、信息覆盖面广等优势，而且由于移动营销属于“一对一”的精准营销，因此受众接受程度更高。营销无孔不入，每一次新事物的出现都能造就一种新的营销模式，就像微信的出现造就了微信营销、直播的出现造就了直播营销、社群的出现造就了社交电商等。对企业来说，每一次营销新模式的出现都能给一些企业带来机会。然而，新的营销模式往往在诞生之初效果明显，随着市场经济的发展变化和人们新鲜感的减退，营销的效果逐渐大不如前，且成本高昂。全网营销能够把所有营销模式整合起来，打出一套“组合拳”，从而使营销效果最大化。与此同时，大数据在一定意义上加速了各行各业的进程与发展。

本书属于移动营销方面的专著，因大数据时代的到来，催生了营销模式快速迭代，如何审时度势，洞察营销玄机，挖掘背后的商业逻辑，通过大数据的分析研究与移动营销创新，打造竞争主体自身的核心竞争力，已经成为大势所趋。此书与本人另一部专著《品牌玄机——中小微企业营销困局破解原理方法及案例解析》，相得益彰，把品牌营销运营做了有机的结合，希望广大读者品鉴。希望能够共同助力政府、企事业单位、大专院校及个人等更好适应的新的竞争环境的变化，按图索骥，研究创新应用于实践。

第一章介绍了大数据背景下的营销变革，第二章介绍了大数据背景下移动营销面临的问题与困境，第三章、第四章依据当前移动营销的现状及发展状况讨论了大数据背景下移动营销的创新发展以及营销模式，第五章、第六章分析了现在盛行的移动营销模式平台及战略，在最后又对移动营销在每个行业的发展进行了详细的概述。

感谢所有为本书编写过程中提供丰富的参考文献的学者，以及为本书的编写过程中付出心血和支持的朋友。移动营销发展迅速，内容新、变化快，加之本人水平有限，书中难免存在遗漏和不足之处，望广大读者能够指正批评。

马玉民

2020 年 9 月 14 日于北京

目　录

第一章　大数据背景下的营销变革

第一节　关于大数据的概述

一、大数据的概念与内涵

诸多专家、机构从不同角度提出了对大数据的解释。但是，由于大数据本身具有较强的抽象性，目前国际上尚没有一个公认的定义。

维基百科认为，大数据是超过目前现有的数据库系统或数据库管理工具处理能力，处理时间超过客户能容忍时间的大规模复杂数据集。

全球排名第一的企业数据集成软件商 inlbrmatic 认为，大数据包括海量数据和复杂数据类型，其规模超过传统数据库系统进行管理和处理的能力。

亚马逊网络服务、大数据科学家 John Rauser 提到一个简单的定义：大数据就是任何超过了一台计算机处理能力的庞大数据量。

百度搜索的定义为："大数据"是一个体量特别大，数据类别特别多的数据集，并且这样的数据集无法用传统数据库工具对其内容进行抓取、管理和处理。

2015 年 9 月 15 日的中国出版传媒商报中刊登了标题为"到底什么是大数据"的文章，文章中指出，大数据或称巨量资料是指需要新处理模式才能具有更强的决策力、洞察力和流程优化能力的海量、高增长率和多样化的信息资产。

二、大数据的特点

一般认为，大数据主要具有以下四个方面的典型特征：规模性（Volume）、多样性（Verity）、高速性（Velocity）和价值性（Value），即所谓的"4V"。

（1）规模性。大数据功能体现在“数量大”中，其存储单元的范围从过去的 GB 到 TB，再到 BP 和 EB。随着信息技术的飞速发展，数据实现了爆炸性的增长。社交网络（如微信、微博、Twitter、Facebook）、移动网络、各种智能终端等都已成为数据源。淘宝网上亿会员每天产生约 20TB 的交易数据；大约有 10 亿个 Facebook 用户每天产生的数据超过 300TB。所以，大数据的社会是迫切需要智能算法、强大的数据处理平台和新的数据处理技术，以量化、分析、预测和处理此类大规模实时数据。

（2）多样性。广泛的数据源决定了大数据形式的多样性。大数据大致可分为三类。第一类是结构化数据，如金融系统数据、信息管理系统数据、医疗系统数据等，其特点是数据之间的必然因果关系。第二类是非结构化数据，如视频、图片、音频等，其特征是数据之间没有因果关系；第三类是半结构化数据，如 HTML 文档、电子邮件、网页等，其特征在于数据之间的因果关系较差。

（3）高速性。与传统数据载体（如档案馆、广播和报纸）不同，大数据交换和分发是通过 Internet 和云计算实现的，这比信息交换和传统媒体分发要快得多。大数据和海量数据很重要区别在于，除了大数据的容量较大，大数据对数据处理响应速度也有更严格的要求。数据输入、数据处理都是立即生效，几乎没有延迟。数据处理的增长率和速度是大数据高速化的重要体现。

（4）价值性。这也是大数据的基本特征。在生成的实际数据中，有价值的数据只占很小的百分比。与传统的小数据相比，大数据的最大价值在于挖掘有价值的数据，以预测和分析来自大量不相关数据类型的未来趋势和模型，并使用机器学习方法和人工智能方法，深入分析数据挖掘方法，发现新的规律和新知识，并将其应用于农业、金融、医疗等各个领域，以最终实现改进治理的效果，提高社会生产效率，促进科学研究的进步。

实际上，大数据早就存在，但是今天的数据不仅是大，还是在线生成的。从技术上讲，大数据不能由单台计算机处理，而必须使用分布式计算体系结构。它的功能在于海量数据利用，但应依靠分布式云计算处理、分布式数据库、云存储或虚拟化技术。从大数据源的角度来看，物联网、云计算、移动互联网、手机、平板电脑、个人计算机以及世界各地的各种传感器都是数据来源或传输方式。大数据的核心价值在于存储和分析海量数据。与其他现有技术相比，“便宜、快速和优化”的大数据的总体成本是最低的。

了解“大数据”不仅是理解其“大容量”，还要通过集成、挖掘和海量数据分析，可以创建新的数据价值。任何营销分析的第一步都是找到目标受众并确定媒体分发策略。传统广告使用科学方法来发现、了解受众，并做出市场预测。实际上，互联使消费者的需求变得具有差异化、多样化和个性化。同时，信息收集和在线重建提供了重新碎片化的机会。最重要的是，大数据技术将这一机会变为现实。所有这些都是为了使“消费者”返回“个人”和“独资人”，而不是简单的“目标人群”。大数据技术使我们看到了解决未来预测问题的光芒。来自微信、新浪微博、Facebook 和其他公司等社交网站的数据非常庞大，代表特定网络的真实思想并反映出他们想要做什么。虽然这些数据价值不高，但与未来息息相关。接近消费者，深入了解需求，创造并推动消费者需求。

大数据本身的价值是基于数据前提而被认识和破坏的。我们不能将数据等同于数字化。后者只是将模拟数据转换为二进制代码以进行计算机存储和分析，而前者则是将日常生活、生产、商业和其他现象转换为表格分析和量化。正是这一过程塑造了各行各业的变革力量——因为这是大数据时代独有的一种新技能。通过海量数据分析，以前所未有的方式获得了高价值的产品和服务。中国科学院信息技术研究所所长孙宁辉认为，大数据将来有可能成为新兴产业，大数据本身将超越互联网。生物基因本身也是大数据。基因数据的产生也将产生许多学术和商业价值。

从美国市场发生的情况来看，互联网行业、商业智能和咨询服务以及零售行业受益最大，但是医学、保健、运输、物流甚至生物技术和天文学已经开始“知道”大数据的价值。实际上，大数据的应用已经在美国的各个行业和应用领域中蓬勃发展。互联网公司 Yahoo! 从 2008 年初开始使用大数据技术，每天分析 200 多个 BP，与 Yahoo! IT 系统的各个方面进行协作，包括搜索、广告、用户体验和欺诈检测，从而使 Yahoo! 服务变得更好。为了更深入地了解每个用户，Amazon 不仅从每个用户的购买行为中检索信息，还将每个用户的所有行为记录在其网站上。对这些数据的有效分析使其客户获取行为成为一种全面的行为，并在其商品、库存、仓储、物流和广告业务方面获得了可观的回报。

卫生保健应用程序也正在兴起。乔布斯运用大数据帮助治疗癌症，通过智能手机应用程序监视患者的身体，甚至丹麦癌症协会也使用大数据来研究是否使用手机会致癌，微软等公司会分析患者的入驻比例等。最著名的案例来自 Google。在 H1N1 流感爆发几周前，互联网巨头 Google 的工程师在《自然》杂志发表了一封引人注目的信。它震惊了公共卫生官员和计算机科学家。爆发一到两周后，谷歌发现，那些在互联网上搜索以确定自己是否感染了流感的人将 2003—2008 年数据传输期间美国最常见的 5 000 万个术语与疾病控制和预防中心相结合起来进行了比较。而通过一个数学模型处理后，他们的预测与官方数据的相关性高达 97%。

不得不提的还有零售行业。实际上，沃尔玛、TescO（英国零售巨头）等巨头已从数据中获得了巨大的利益，也因此巩固了自己在业界的长盛不衰。以因“少女怀孕事件”而成为大数据典型案例的 Tesco 公司为例，这家全球利润第二大的零售商从其会员卡的用户购买记录中，充分了解一个用户是什么“类别”的客人，如素食者、单身、有上学孩子的家庭等，并基于这些分类进行一系列的业务活动。比如，通过邮件或信件寄给用户的促销可以变得十分个性化，店内的上架商品及促销也可以根据周围人群的喜好、消费的时段更加有针对性，从而提高货品的流通。这样的做法仅在市场宣传一项，就能帮助 Tesco 公司每年节省 3.5 亿英镑的费用。此外，在能源行业，SaaS（Software-as-a-Service）软件，随着 Internet 技术的发展和应用软件的成熟，一个完全创新的软件应用模型已在 21 世纪开始发展。生物信息学是继互联网行业之后数据爆发最快的行业，它将远远超过互联网生成的数据。人类用 0 和 1 创造了虚拟世界，而造物主创造了四元素的 A / C / T / G 生物，其中蕴含着生命的诞生、发展和死亡的奥秘。随着测序技术的发展，基因组测序的总价格已从十年前的数亿美元降至如今的数千美元，这使获得更多有关人类和物种 DNA 的信息成为可能，获得广泛的全基因组信息使个性化诊断服务成为可能。在大数据时代，一切皆有可能。

实际上，信息革命自 20 世纪末就发生了，但是以前一直专注于技术，大数据时代的到来已经开始关注信息本身。数据始终被标记为“准确的”，但是 Victor Meyer Schoenberg 认为，“对准确性的迷恋是缺乏信息和模拟时代的产物。只有 5% 的数据是量身定制的并且适合数据库。如果不接受歧义性，则无法使用 95% 的非帧数据。只有承认不准确性，我们才能为从未涉足的世界打开一扇窗口”。[①] 换句话说，在完整样本时代，简单的大数据算法比复杂的小数据算法更有效。大数据的科学和社会价值体现在这里。一方面，大数据的所有权程度可以成为经济价值的来源；另一方面，大数据时代已经动摇了世界的方方面面，从商业技术到医学、政府、教育、经济学、人文科学和其他社会领域。例如，亚马逊可以帮助读者推荐他们想要的书，谷歌可以列出相关的网站。当然，相同的技术也可以用于诊断疾病，推荐治疗方法，甚至识别潜在的罪犯。

---

① 于立宏，章毛平 . 营稍创新 [M]. 江苏：中国矿业大学出版社，2001：42.

“如果20世纪是石油为王的时代，而21世纪是数据为王的时代，那么21世纪数据的价值可能等于20世纪的石油。”① 值得注意的是，当前的技术和基于Internet的服务能力不足以支持处理和挖掘大数据最有价值的数据被海量的大数据捕获，从而产生了许多新的业务形式、新的企业和新的服务。但是，大数据的变革并不止于此。重要的一点是，大数据仅提供参考答案，而不能提供确定的答案。因为它放弃了因果关系的渴望，而只关注关系，所以只需要知道它可能是什么，而不是它肯定是什么。自远古以来，这完全推翻了惯例，因此我们对现实和决策的理解的基础也将受到挑战。在这种情况下，大数据将与Internet的发明相同。这不仅是信息技术领域的一场革命，还是支持全球透明政府，加速行业和企业创新并引领社会变革的有力工具。从这个角度来看，除了技术创新、思维方式创新和变革管理，大数据时代的移动营销创新研究是不可避免的，而以数据为驱动力的企业和政府也将成为可能。

第二节　大数据背景下企业营销的困境

一、数据分析人才不足

企业对大数据的应用必须先由大数据处理。在大数据处理过程中，数据科学家能否点燃大数据价值的关键。数据科学家通过重建数据关系并赋予数据新的含义，而企业可以利用它们建立核心竞争力。在大数据处理过程中，大多数公司需要外国顾问来解决问题，而且花费的时间和成本也大大降低了大数据处理的收益。从根本上说，本地公司很长一段时间都没有完全理解数据的价值，也没有习惯于依靠数据进行决策。许多人甚至忽略了数据的存在。因此，许多公司不会长时间保存记录，使数据应用计划变得很难满足数据分析的要求。

二、隐藏的数据安全风险

尽管海量信息的集中存储将使数据分析和处理变得更加方便，但是在管理不充分的情况下，它很容易导致数据泄漏、丢失或损坏，进而导致企业利润的巨大损失。

① 于立宏，章毛平．营稍创新[M]．江苏：中国矿业大学出版社，2001：53.

新媒体的发展影响着各种各样的人，其影响力已从中国转移到世界。越来越多的人生活在数据在线营销，电子商务和“微型”全球化中。与当今大数据时代的现实隐私相反，我们在大数据时代的言行几乎是透明的。2016年，CCTV 3.15晚会透露，个人隐私已被泄露，无处不在的Cookie每天都会监控一个人的一举一动和浏览行为。只要每天打开计算机和手机，监视就开始了。但是，我们始终需要在隐私和个性化之间取得平衡。这种平衡来自所谓的行业自我监管和消费者的自我保护，最重要的是来自第三方政府监管的跨境监管流程。

可以说，现在是“大”时代，“大”就是大数据。大数据影响着不同层次的人。大数据应用的出现，虽然带来了各种有利因素，但也带来了许多不利于企业和个人的问题，使许多人开始担心大数据。个人在使用Internet关联、购买和存储各种个人物品时创建的数据可以轻松共享，从而导致他们的数据泄露。他们害怕自下而上的动机或公司通过修改数据以欺骗用户，即数据欺诈。公司也害怕数据不公和数据垄断的问题。

纽约的一位艺术家曾说，他再也无法容纳广告商并发布令他兴奋的消息了。他感到自己的个人信息遭到严重侵犯。最难于承认的是，该公司通过购买数据赚了很多钱。收到了那么多钱，但是该数据的生产者却一分钱也没有。结果，这位艺术家启动了一个名为“A Bite of Me”的在线项目，公开出售个人信息，起价为1美元。[①]

这个主意虽然很棒，但是对于那些大公司，只要你购买他们的产品，总是会或多或少地留下一些个人数据，而这些鼻子像狗一样敏感、技术像老鹰一样精确的企业，就足以找到你的所有数据了。因此，“拥有技术的人拥有主权”这句话是正确的。

主权不仅意味着主动权，即积极表达意见和处理事务的权利，还隐含着不可侵犯的威严感和尊严感。掌握主权将使我们能够领导和理智处理任何情况。因此，掌握主权就要求国家需要主权，企业需要主权，甚至个人也需要主权。如果你可以掌握数据计划，则意味着你已经拥有在数据时代的发言权，并且可以将数据技术完美地应用于营销当中。在大数据时代，挑战不但限于企业数据的战略能力和意识，而且包括企业各个角落更全面的数据管理和数据技术的应用。如果不进行这种转换，将很难适应这个用数据说话的时代，您将失去发言权。最终，那些丢失数据主动权的企业将最终被淘汰。

① 李军.实战大数据客户定位与精准营销[M].北京：清华大学出版社，2015：43.

三、数据分析能力不足

“大数据”不仅意味着海量数据，还意味着数据的多样性、复杂的结构和变化的速度。随着“大数据”时代的到来，业务决策面临的最大挑战不再是缺乏数据，而是大量的数据。面对这种静态、孤立且没有多大参考意义的“初级品”的信息数据，企业信息部门必须通过系统功能披露有价值的数据，以支持公司营销管理决策。当前，大多数公司缺乏数据分析和处理人才。结果，公司无法在第一时间准确地获得有关公司营销的准确信息，或者他们已经掌握了相关信息，但是无法有效地分析和预测行业趋势，最终导致企业之间的激烈竞争，市场竞争秩序被严重破坏。

四、数据精准性与服务精准性不对称

在购物中心一楼的特价鞋子区域，此时的顾客行为可能表明顾客需要鞋子，但不能说顾客一定是价格敏感的人。尽管大数据可以找到，并跟踪和分析每一个明确的客户变更，但它可能无法完全理解客户的内心活动，并且购买是由许多因素引起的。总体决策可以是心理、价格、环境因素等。因此，尽管大数据可能会得出准确的数字，但很难获得准确的预测。客户心理是其中的不确定因素之一。

总之，对企业来说，大数据既是机遇，又是挑战。大数据的巨大潜在价值将不可避免地导致业务模型和营销决策的深刻变化。为了在大数据时代取得领先优势，公司需要改变思维，改变营销模式，充分有效地利用大数据并利用增值。

第三节　大数据背景下营销模式的改革

一、传统企业营销模式分析

传统企业营销模式的局限性主要体现在以下几个方面。（1）营销环境。通过不断扩大市场内容和不断变化的因素影响公司的营销活动，而公司的营销活动取决于市场环境的顺利运行。（2）消费者群体。如具有购买力和需求的现有和潜在消费者群体，分布广泛且分散，并且具有可变性。（3）调研方式。例如，当公司的研究活动是通过市场调查、访谈、电话访谈或问卷进行的调查

时，它需要大量的人力、物力和物质信息。周期长，难以进行广泛的研究，并且没有代表性。（4）市场营销广告。主要使用电视、报纸、杂志和其他形式的视觉听觉刺激观众，并向观众施加信息。（5）营销策略。例如，如果公司针对目标市场使用组合策略，则通常使用一些组合策略来实现公司的市场目标。但是，这种结合强调需要使用适当的产品、合理的价格、适当的渠道和适当的促销方法，以便将正确的产品和服务带入特定的市场。（6）营销观念。如公司进行营销的条件是产品供过于求，加剧了市场竞争，因此营销观念只是为了满足客户需求而出售产品。

二、大数据下营销思维模式的变化

大数据不仅是一种技术工具，还是一种思维方式的转变。大数据时代对数据的需求致使专门从事数据安全的公司出现。大型第三方数据公司的职责是帮助许多数据人收集和处理其现有数据，有效地关联不同的数据源，并最终成为使用的产品，应用在营销产品的各个领域。营销是大数据的重要方向，因为可以通过不同的渠道获得许多客户的行踪和信息。另外，消费者越来越受到来自不同渠道的新闻的影响，而效率已成为该时代最重要的因素。如果用户先前创建一个主意并进入购物中心完成购买，则周期可能是一周甚至更长。但是今天，只需单击几下鼠标，就可以完成一次完整的购买。对于营销，公司必须先确定用户的需求，然后影响他们，改变其购买动机。

数据营销不是一个新话题。在 1990 年，就使用了 ERP 系统。 ERP 系统用于管理企业中的人员、物流和信息流，但消费群体知道得并不多。像许多大型制造公司一样，它们每年可能通过渠道向客户出售大量产品，但它们可能对消费者一无所知。在数据营销中，电子商务使用了最多的数据，因为许多电子商务销售都是在线进行的。

京东（JD.com）、亚马逊（Amazon）和淘宝（Taobao）实际上正在改变传统的在线超级市场模式，将数以千万计的产品在网上列出，分为不同类别供用户选择。我们发现大多数用户都有选择障碍，此时数据信息就提供了有效的参考实例。许多网站都是根据用户访问和历史交易习惯进行分析的，并形成一个电子货架来展示用户最有可能在最佳位置购买或浏览的产品，这样用户可以很好地进行选择。亚马逊销售额的 1/3 来自定制的推荐系统，该系统使用了大量的数据。如今，该系统不但用于电子商务网站的运营，而且已扩展到媒体。亚马逊和京东都是我们比较喜欢的购物网站，因为它们非常方便。就客户数据利用和产品创新而言，小米绝对是一匹黑马。笔者第一次听到小米的名字是在微博的米粉社区中，小米通过社交网络与消费者进行交流，以获得消费者的喜好，开发目标客户群真正想要的产品。

在大数据驱动的营销领域出现了一些新的表述，如罗辑思维的罗振宇提出的社群营销。基于社区的营销网站的状态与产品组织的状态不同，这些网站似乎先将其用户分组，并推荐这些群体更愿意为不同的用户购买的产品，从而使每个人都更容易找到组织和归属感。在这种情况下形成了快速转换。由吴方华和余春林共同创建的著名妈妈社区电子商务平台——大 V 店，在不到两年的时间里价值已达数亿美元，并成功赢得了洪泰基金、金沙江创投、光速安振等。大 V 店的营销位置非常准确。

无论是亚马逊传统的在线超市，还是大 V 商店基于俱乐部的在线业务或者向每个用户提出个性化建议，大数据在任何业务变化背后都起着关键的推动作用。在大数据时代和传统的离线营销时代，它们面临的问题实际上是相似的。我们需要知道客户的面貌、位置、联系方式以及他们的需求。作为交易员，你必须不断考虑如何快速回答此类问题。

三、大数据下的营销要简化

大数据为我们提供了很多数据。通过了解用户群信息，分析用户上次访问的轨迹，用户在线显示的兴趣点甚至是媒体差异，这些数据都可以帮助公司制定营销策略。

（一）大数据改写营销规则

大数据时代为公司进行营销提供了很多便利。营销的核心概念是关于客户。企业要经营的是用户，不仅是现有客户，还包括潜在用户。在整个连接中，可以预见的是，用户在每个阶段之间进行转换的可能性是多少以及在整个生命周期中用户将为企业带来的最大价值是什么。如果用户是具有很高生命价值的，则公司甚至会花费数倍的时间来留住该用户并吸引该用户。大数据公司可以为企业提供许多不同的排列和组合，使交易者为面对竞争激烈和时间高效的市场做好充分的准备。

对于营销来说，当从传统的 Internet 业务转换时，许多信息无法得到传统研究的支持。例如，在旅游行业中，传统的搜索公司仅关注用户的饮食、生活、旅行、购物和娱乐过程，而在线企业提供的服务正在发生变化，竞争对手的信息点也在不断变化。在这样的大数据时代，消费者获取信息的渠道和范围已大大增加。客户不再受制于企业，而是追求更多个性化的产品和服务，根据收集到的信息随时做出判断和分配，并扩大个人经验对更大群体的影响。在数据超级市场中，从基本用户信息到用户习惯和喜好甚至行业属性，可以导入的客户数据最终是提供给企业的标准化数据。多屏时代带来了许多营销方法，从PC到PAD，再到移动终端，有大量用户在使用它们。如今，技术方法已真正实现了整合营销。

随着大数据时代的到来，它带来的变化直接影响了消费者。消费者将变得更加独立，他们的自主意识正在增强，并且不再容易相信传统营销传播的“轰炸”和灌输。他们越来越喜欢质疑品牌和产品，并且喜欢表达自己的意见。同时，消费者越来越珍视品牌价值，并希望品牌能够快速回应他们的意见和问题。一旦忽略它们，无疑会导致大量用户流失。在这种环境下，传统形式的媒体营销传播正变得越来越“累人”。自从营销传播理论的建立和发展以来，这些技术被广告大师和理论家充分利用，从纸张销售到USP、ROI、4P组合，再到市场细分、CIS 、定位，最后简单地提出结合以前的理论，即集成营销传播，似乎可以轻松解决所有营销问题。但是，消费者正在逐渐远离我们。

大数据时代的营销被认为有可能颠覆经典的4P理论，即产品（product）、价格（price）、渠道（place）、促销（promotion），变革为新的4P即消费者（people）、成效（performance）、步骤（process）和预测（prediction）。最先提出新4P理论的是全球最具权威的IT研究与顾问咨询公司——局德纳咨询公司（Gartner Research）的副总裁金伯利・科林斯（Kimherly Collins）。大数据改变了传统营销的“经营商品”思维，转向以人为核心的“经营顾客”思维，而大数据时代，正提供了观点转型的最好时机。①

新4P中的第一个“ P”是“客户”。在以人为核心的大数据时代，客户的两个最大特征是异构性和可变性。其中，可变性是最难理解的。实时了解每个客户的当前状态是大数据营销中的第一步。如果能够为每个客户固定专用的通信节点，则可以随时加强营销网络，防止许多客户流失。第二个“ P”是“有效性”。第一个“ P”主要是指客户状态，有效性是指客户动态。第三个“ P”是一个“步骤”，它通过分层执行过程来改善收益等式。第四个“P”是“预测”，这意味着可以智能地监视和执行控制。

随着社交网络的全球扩展，“大数据”正在改写其营销规则。在利用数据营销的巨大价值的基础上，它已经成为互联网营销领域面临的问题。例如，数

① 陈杰豪．颠覆营销[M]．北京：中信出版社，2016:54.

据已经成为一种新型的经济资产，就像货币或黄金一样。数据不仅变得越来越可用。人工智能（AI）技术的发展，包括自然语言处理、模式识别和机器学习，使计算机更易于理解数据。数字营销也提出了新的问题。物联网、兴趣图谱、关系图谱、行为导向、数据挖掘、云计算、精准营销等都是公司营销领域的新词汇。

（二）CMO（首席营销官）应使用大数据来加强与客户的沟通

作为企业关键营销角色的 CMO 对日益复杂的市场环境感到困惑。“复杂”的决定可能不会产生良好的回报，但是“简单”的方法通常会产生意外的结果。不管是“复杂”还是“简单”，最终目标都是使营销更加“有效”。人们认识到，新的经济环境将是不稳定的、不确定的，日益复杂且结构会发生重大变化。国内外各种力量的相互影响和促进，使中国的经济环境日益复杂多变。技术发展促进了世界的相互联系，并增加了环境的复杂性。

IBM 组织了第一次全球市场营销人员调查，这是 IBM 高管调查系列中的最新项目以及最大的调查。其与来自 64 个国家 / 地区的 19 个行业的 1 734 名 CMO 进行了为时一小时的面对面演讲。通过调查，我们对 CMO 在过去十年中的角色变化有了深刻的了解。来自中国的 68 位高级营销主管参加了全球 CMO 调查。与其他国家的 CMO 一样，中国 CMO 尚未准备好应对所有变化因素，他们认为准备不足的五个因素是对业务影响最大的五个因素。

第一，数据爆炸。尽管这不是一个新问题，并且 CMO 已经开始应对数据爆炸带来的挑战，但他们仍然感到在这方面准备不足。第二，设备渠道和选择越来越丰富。对于 Internet 的普及、线上世界的增长以及一系列新渠道和新设备的出现，CMO 尚未完全意识到其影响，因此感到措手不及。第三，消费特征的变化。CMO 意识到了预期的消费者特征会发生变化，但他们显然没有做好充分的准备，部分原因是消费者特征的变化将包括更多因素和更大范围。第四，高增长市场中的机会。在中西部城市和新兴的中产阶级人群中，在一个快速发展的市场中，企业发展的空间很大，但竞争也越来越激烈。第五，品牌忠诚度下降。CMO 需要考虑如何“建立”品牌忠诚度和客户忠诚度上。CMO 需要充分利用多种渠道来加强客户沟通和客户关系。

不断变化的市场环境给中国公司以及如何跟上客户发展的步伐带来了新的挑战。新市场和新消费者群体的增长有时会导致消费者需求和购买行为发生急剧变化。如何理解“线上”世界，公司需要了解在线消费者群体的深度和广度，并需要通过在线渠道进行营销和服务。

1. 向客户提供价值

获得市场见解并了解如何与客户互动；了解客户，了解他们的真实需求、购买行为以及他们所需的信息；通过社交媒体等新技术与客户互动。促进长期合作关系，加强客户和品牌体验，并与客户建立紧密的长期关系；形成企业品牌，并确保企业内所有部门共同努力，提供一致的品牌体验。获取价值并衡量结果。实现从成本中心到贡献者，再到公司增长的观念转变；通过适当的衡量指标实现可持续的价值和增长；通过量化投资收益来反映营销的责任和价值。新的市场环境和挑战要求公司从战略运营的角度审视当今市场和消费者的特征，调整其营销、产品和服务的思维模式，然后以一种更深层次的战略变革。需要特别指出的是，由于复杂的市场变化和激烈的竞争，中国企业的市场营销改革不可能是“小步慢走”。换句话说，公司需要转变其业务模式——从以产品为中心转变为以服务和客户为中心，从以本地为中心转变为面向全球市场的转变（对于某些公司），从“线下”市场转变为“线上线下”市场通吃，不断改善了客户体验，提高了客户忠诚度，并实现品牌价值和品牌影响力的显著提高。

2. 以人为本

在营销 3.0 时代，营销行为受到消费者行为和态度变化的严重影响。因为这个时代的消费者需要更多的协作性、文化性和精神性的营销方法，可以说这是一个更加复杂的以消费者为中心的营销时代。

科特勒教授将市场营销的发展分为三个阶段，见表 1-1。第一阶段是“产品中心时代”，其营销被认为是纯粹的销售，是一种说服艺术。第二阶段是“以客户为中心的时代”，这要求公司与客户建立紧密的关系，不仅继续提供产品使用功能，还为消费者提供情感价值。公司和产品追求独特的市场定位，以便为消费者带来独特的价值组合。第三阶段是“人文中心主义的时代”。在这个新时代，交易者不但将顾客视为消费人，而且将他们视为具有独立思想和精神的完整人。它的盈利能力与企业责任紧密相关。

表 1-1　营销的未来

营销分支	传统营销概念	新营销概念
产品管理	4P（产品、价格、渠道、促销）	协同创新
顾客管理	STP（市场细分、目标市场、定位）	社区化

续　表

营销分支	传统营销概念	新营销概念
品牌管理	品牌塑造	特征塑造

3. 协同创新

协同创新涉及三个主要过程。首先，公司需要创建所谓的“平台”，即可以由消费者定制的通用产品。其次，允许给定组中的个人消费者定制平台以满足他们的独特需求。最后，整合客户的调整信息并根据此反馈丰富平台内容。公司需要学习利用消费者级网络的协作创新网络来促进营销。

技术不仅可以连接世界上的国家和企业，并在全球化中促进它们发展，还可以连接消费者并促进其社区发展。社区的概念与市场营销中的部落主义的概念非常接近。赛斯·高汀（Seth Gauding）在他的《部落》一书中指出，消费者更愿意与其他消费者建立联系而不是与企业建立联系。如果公司想接受这一新趋势，则需要帮助消费者实现这一需求，并使他们更容易形成圈子以相互交流。赛斯·高汀认为，为了实现成功的营销，企业必须获得消费者圈的支持。哈佛商学院教授苏珊·福尼尔和李拉瑞表示，消费者可以形成游泳池、网状或星形社区。池社区意味着客户共享相同的价值，但不与其他成员互动，使他们聚集在一起的是信任和与品牌的牢固联系。社区的目的不是服务于企业，而是服务于其成员。为了更好地与消费者建立联系，品牌必须具有一定的基本元素，这是区分它们与其他品牌的核心。这个基本要素应反映出消费者在社交网络中的品牌形象。只有具有独特基础元素的品牌才能在生命周期中塑造其特征。在当今的营销领域中，品牌差异化变得非常困难，而使消费者感到真实可信的差异化品牌变得更加困难。

（三）简化营销

从本质上讲，营销只是为了更好地满足客户需求并获得业务利润。简单事物的复杂性是营销混乱的元凶。用明显的常识来思考商业世界的真相，并将简单的事物恢复为简单的原始外观是解决营销混乱的解决方案。如今，消费者对营销活动的反应变得越来越重要。以前的营销方法由制造商或品牌经营，并通过广告、公共关系、事件营销、电话、直邮和其他方法“推送”给消费者。在消费者购买渠道的每一步，只要我们观察到消费者偏离最终购买的趋势，我们都会通过相关的营销活动来纠正其行为。但是，公司需要认识到这样的营销活动是不准确的，并且往往无法在正确的时间找到正确的目标消费者来传递正确的信息。在消费者决策链中，随着消费者积极收集并尝试“拉入”信息以帮助他们做出决策，以消费者为导向的营销变得越来越重要。研究表明，该品牌接触点中至少有一半参与了购买前积极的客户评估阶段，如在线评论、口碑介绍、供应商介绍和以前的客户体验。当然，品牌的接触点不超过供应商驱动的。在这里，传统的营销方法仍然很重要，但是消费者决策行为的变化意味着公司不仅是通过“推动”进行营销，还需要学习如何影响流程中的接触点。

数据不是社交性质的。大脑的数学能力很弱，但是大脑懂得社交认知。人们善于反映彼此的情感状态，善于发现不合作的行为，善于利用事物为事物增值。计算机数据分析擅长衡量社交互动的“数量”而不是“质量”。网络科学家可以衡量一个人与六个同事之间的社交互动，但他们无法捕捉到每年只见面两次的童年朋友的感受。

数据无法理解背景。人为决策不是离散事件，而是嵌入时间序列和上下文中。经过数百万年的进化，人类的大脑已经能够处理这一现实。人们善于讲出具有多种原因和多种背景的故事。数据分析不知道如何讲故事，也不了解思想的出现。即使这是一本普通小说，数据分析也无法解释这些想法。

数据创建了更大的“干草垛”。这个想法是由一个著名的商业思想家纳西姆·塔勒布（Nassim Taleb）提出的。随着我们拥有越来越多的数据，可以发现更多具有统计意义的相关性。这些关系中的许多关系都没有实际意义，并且可能导致人们在真正解决问题时迷失方向。在这个巨大的“干草垛”中，企业正在寻找的针脚被深埋。大数据时代的特征之一是，“重大”发现的数量被数据扩展所引起的噪音淹没。

大数据不能解决大问题。如果你只想分析哪些电子邮件带来了最多的竞选资金，则可以进行随机检查实验。但是，假设目标是在经济衰退期间刺激经济状况，你将无法在平行世界中找到一个作为控制群体的社会。数据有利于趋势，却忽略了杰作。当大量个体迅速对文化产品产生兴趣时，数据分析可以迅速发现这一趋势。但是，从一开始就从数据中丢弃了一些重要的（有利可图的）产品，仅仅是因为它们未知的详细信息。数据永远不会“原始”。数据总是根据一个人的倾向和价值观来构建的。数据分析结果似乎是客观公正的，但实际上，价值选择贯穿了从构造到解释的整个过程。

数据无法说话。在大数据时代，数据与人之间的关系有时是美好的。希尔弗回忆说：“数字不能代表自己，我们在谈论数字时，我们就赋予了它们含义。我们可以以一种对自己有用的方式解释数据，并将数据与客观现实分开。”企业需要考虑一个关键问题。如果大数据是大金矿，那么当前的含金量是多少。大数据已成为下一轮创新的推动力。与此同时，数据科学家也成为热门工作。面对大数据，我们需要有科学家的逻辑思维和哲学家的思维。phthon 是可以实现网络爬虫信息收集和用于数据分析和可视化的语言编辑系统，作为基于大数据分析利用当下薄弱现实，如何利用好相关的分析工具，值得当下关注。

大数据的蓬勃发展导致许多公司争先恐后地收集数据并雇用大量人员来创建不同的计算和统计模型。但是，成功的关键不是计算能力或统计技术。要成为大数据时代的赢家，关键在于问题的观点和思维方式。思维决定了数据的角度，并决定能否准确地深入研究问题。大数据竞争比的是，谁拥有最聪明的想法、最快的判断和最准确的预测。大数据就像广阔的海洋。如果你没有中心思想，跳入其中，就可能迷失方向。在大数据时代，“人”是本质，而不是“产品”。数据面前，所有人都是平等的。在大数据时代，人的想法更为重要。

四、大数据时代引领下的移动营销发展趋势

智能手机、平板电脑等移动终端设备的持续普及正在深刻改变整个广告营销生态。大数据、智能化和移动性必将在未来的营销格局中占据主导地位。在大数据时代，移动营销正在显示出以下十种趋势。

（一）智能终端成为数字营销的主要领域

随着智能手机、平板电脑的普及和访问移动网络的数量急剧增加，用户在智能手机和平板电脑平台上花费的时间越来越多，并且中国的移动广告市场正呈现出快速增长的态势。智能终端将成为数字营销的主要战场。广告商需要及时调整营销策略，合理分配营销预算，并积极将移动营销与企业功能进行融合。

（二）大数据的应用使移动营销更加准确

依靠大数据作为驱动力将使移动营销更加准确，并获得更高的投资回报。大数据移动营销不仅是定量的，还是关于数据背后用户的感知。移动营销公司使用数据挖掘技术来分析个人特征、媒体接触、消费者行为甚至受众的生活方式，以帮助广告商找到目标受众，然后准确地匹配信息。广告、媒体和用户，以提高营销效果为目的。大数据的实施使移动营销可以更准确地反映在三个方面。第一，量身定制的产品。通过分析大型移动用户数据，公司可以了解用户的需求，然后定制个性化产品。第二，准确推送信息，避免用户发送不相关信息导致用户不赞成。第三，准确的推荐服务，该服务分析现有用户的浏览和搜

索行为数据以预测其当前和后续需求，从而启动更准确和实时的营销推广。

（三）移动电子商务改变了整个营销生态

如果电子商务对实体店的存在构成重大挑战，那么移动电子商务正在改变整个营销生态。智能手机和平板电脑的普及，互联网流量费用的减少以及大量移动电子商务平台的创建为消费者提供了更多便利的购物机会。在移动电子商务购物中具有良好的客户体验，如比实体商店更低的价格、丰富的产品选择、简单的购物流程、安全的付款系统以及快速的物流和分销，所有这些都创造了不断扩大的移动电子商务市场条件。

（四）新型城镇和农村成移动新蓝海

随着国家新型城镇化战略的实施和移动终端网络的不断普及，三四线城市、新兴城镇和农村市场成为移动电商的新蓝海。事实上，阿里巴巴、京东、1 号店、苏宁云商等电商近年来已经大跨步进军三四线城市和农村市场。中国互联网络信息中心已完成第 44 次《中国互联网络发展状况统计报告》，报告中详细分析了中国网民规模情况，截至 2019 年 6 月，中国网民规模达 8.54 亿，上半年共计新增网民 2 598 万人。互联网普及率为 61.2%，较 2018 年底提升 1.6 个百分点。其中，农村网民规模达 2.25 亿人，占整体网民的 26.3%，较 2018 年底增加 305 万人；城镇网民规模为 6.3 亿人，占比达 73.7%，较 2018 年底增加 2 293 万人。另外，农村居民对网购接受率达 84.41%，人均年网购消费额在 500 ～ 2 000 元，主要集中在日用品、服装、家电等品类。随着新型城镇和农村智能手机及互联网普及率稳步提升，移动电商消费市场空间巨大。

（五）APP 营销是移动营销的主要形式

在此阶段，移动 Internet 流量主要由不同的 APP 生成。 APP 产生的流量占 70% 以上。在 iOS 和 Android 上，应用程序的数量超过一百万。毫无疑问，APP 已成为移动营销的主要形式。大量的 APP 和广告形成了两个大型的长尾市场。通过大数据分析，用户可以在正确的时间、正确的位置和正确的场景看到正确的广告信息。适用于智能手机和平板电脑的应用程序有两种类型，一种是线下安装，另一种是主动下载。无论是线下安装还是用户正在积极下载的应用程序，都有必要改善用户体验，可以采取提供奖励和激励的措施，鼓励用户参与，并建立消费者协会。

（六）本地化移动营销的广阔市场空间

本地化营销是人员、位置和移动媒体三者的组合。随着广告商和数字广告代理商不断寻找一种方式来传递高度本地化和高度相关的产品信息，本地化移动营销已迅速发展。本地化移动营销的本质发展主要体现在以下三个方面：一是增强现实；二是移动支付；三是游戏化。例如，百度地图和麦当劳联合发起的樱花甜筒跑酷活动。打开百度地图或使用“附近”搜索功能，用户会在地图上看到一个圆锥徽标。这是百度地图结合 LBS 大数据分析和智能推送技术来匹配麦当劳蛋糕站 3 公里范围内的用户，并选择了一些用户来推动“樱花甜筒跑酷 0 元抢购”的报价。用户在设定的时间内跑到麦当劳甜品站，即可免费获得樱花锥。两家公司的这种促销活动结合了各自的优势，很快就引起了“樱桃风暴”，并达到了双赢的局面。

（七）移动营销打造 O2O 营销新模式

O2O 移动营销模型充分利用了跨地区、跨边界、大众信息和大众用户的移动互联网的优势，同时充分汇集了离线资源，从而促进了在线用户与离线商品和服务之间的交易。在移动互联网时代，公司需要考虑如何有效地整合在线和离线，并将在线促销活动转化为实际销售。例如，杜蕾斯和 iPhone 发起的“婴儿项目”。这是一个育儿应用程序。一旦两个手机相互擦除，它们就可以进入儿童抚养模拟程序。如果消费者想停止游戏，他们必须购买杜蕾斯包裹并扫描其中的二维码。新的星巴克和杜蕾斯 O2O 手机营销模式不仅动员了移动用户的参与热情，还极大地促进了公司产品的销售。

（八）实时竞价成为移动广告的领先模式

实时竞价（RTB）是一种出价技术，它利用第三方技术对数百万个网页上每个用户的印象进行评估和出价。与批量购买频率不同，实时出价可以避免无效的受众群体到达，并为有意义的用户进行购买。根据研究公司 eMarketer 的数据显示，在美国，程序化广告将继续是与屏幕相关的广告的主要部分，而实时出价广告将占程序化广告的大部分。实时出价在中国移动广告市场已越来越成为广告的领先模式。中国许多领先的移动广告公司，如多盟、有米、芒果、木瓜移动已经开始进行实时（Ad Exchange）和按需（DSP）出价交换。

（九）多屏整合成为移动营销的必然趋势

中国消费者使用智能手机、平板电脑等多屏媒体的比例高于世界任何其他地区。多屏集成将成为移动营销的主要方向。这里的多屏集成包含两个含义。一是用于多屏集成的大数据分析。用户可以同时使用手机屏幕、iPad 屏幕、计算机屏幕、电视屏幕、户外屏幕和其他终端。数字广告平台需要识别跨多个屏幕浏览的用户的信息和行为，以便修改和提高消费者的认知度，从而使移动广告更加准确和有效。实际上，百度、阿里巴巴、腾讯等在线巨头已经在进行跨屏数据分析。二是多屏整合营销。也就是说，智能手机和 PC、电视、户外广告等，拥有更好的联系和互动，以实现在线和离线整合促销。例如，1 号店在地铁站外面做的广告，并根据地铁站的人潮来确定您想购买哪种产品。当用户在地铁上上下车时，他们会用手机扫描二维码来完成购买。

（十）建立战略联盟是移动营销平台的方向

在大数据时代，大数据技术和创造力将成为移动数字营销公司的核心竞争优势。建立战略联盟是开发移动营销平台的必然选择。数字营销公司可以通过以下渠道建立战略联盟。

一是主要互联网公司之间的战略联盟。例如，2014 年 10 月 30 日，阿里巴巴集团和优酷集团在北京举行了联合战略会议，双方宣布了全面合作，共同推进中国市场的 DT（数据处理技术）化进程。优酷和阿里巴巴还分别发布了大型精密数据营销计划“星球大战计划”和开放数据管理平台“达摩盘”（Alimama DMP）。

二是数字广告平台与移动媒体之间的战略联盟。例如，与多公司合作的 APP 媒体已超过 77 000 个，平均每日页面浏览量为 1.8 亿次。与 APP 媒体的深入合作已打实了多盟在移动广告平台领域的领先地位。

大数据时代是企业面临巨大挑战的时代，也是充满机遇的时代。企业需要调整其业务战略，并迅速部署数字营销和移动营销。例如，2014 年 10 月 29 日，蓝色光标大数据战略和产品发布会在北京举行。在发布会上，蓝色光标启动了自主开发的 Blue View 智能营销系统和 Blue MP 移动营销产品的大数据战略实施，将增强蓝色光标在数字和移动营销中的竞争优势。

第二章　大数据背景下移动营销面临的问题与模式转变

第一节　大数据背景下移动营销遇到的困境

随着市场经济的强势发展，中国正在逐步从商品经济向产品经济转变。产品创新能力和差异化已成为企业竞争的重点。廉价和负担得起的流行产品无法满足基础消费者的个性化需求。物美价廉的市场已经出现，市场环境的变化、竞争格局和主要消费者群体的变化带来了企业营销的挑战。公司必须积极改变其营销思想和模式，以满足多样化的消费者需求。O2O 多渠道移动营销为企业发展创造了机会。与 B2C 和 C2C 相比，O2O 的实质是使资金和信息流在线，而把物流和商流放在线下操作。可以通过 O2O 获得许多非快递产品和社交体验娱乐。它不仅为企业营销带来了新的机会，还使消费者能够享受更多的个性化利益和服务。

传统企业营销模式的局限性主要体现在营销市场环境中，如市场内容的不断扩大以及影响公司营销活动的因素不断变化，和公司的营销环境。现有和潜在的消费群体（如购买力和需求）的分布广泛，并且不稳定。研究方法（如通过市场调查、访谈、电话访谈或问卷调查进行公司的研究活动）需要大量的人力、物力和物质信息。周期长，难以进行广泛的研究，并且没有代表性。市场营销广告主要使用电视、报纸、杂志和其他形式的视觉听觉和刺激观众，并将信息强加给观众。营销策略，如公司将针对目标市场使用组合策略。在特定市场上销售正确的产品和服务。诸如公司进行营销的条件之类的营销理念是产品供过于求和市场竞争加剧，因此营销理念只是为了满足客户需求而出售产品。

O2O 移动营销的优势已逐渐为企业所认可，但许多问题正在逐渐出现。如何利用 O2O 来增加在线消费的比例并吸引用户在线购物和消费本地离线生活服务是企业营销的目标和挑战。在线支付、线下环境、增值服务等问题不仅限制了 O2O 的未来应用和发展，还阻碍了企业目标的实现。

一、网上支付中的技术缺陷

许多公司认为，O2O 的主要功能是在线发布业务信息。在强大的消费者群体和消费能力可以被立即组合并实现线下消费之前，信息迅速而广泛地传播。实际上，O2O 的本质是在线支付。只有正确完成在线支付后，公司才能使用该平台赚钱。这是消费最终形成的唯一标志，也是消费数据评估的唯一可靠标准。但是，许多公司没有保护在线支付的能力，或者支付技术不够准确，只能依靠在线购物后的统计结果来与商家达成协议。由于当前的购买数量不一致，双方经常会发生争执。另外，由于 O2O 平台产生的大量现金流，企业缺乏良好的技术和安全信誉来赢得用户和商家的信任，这也给在线支付带来了安全隐患。从目前的 O2O 情况来看，在线支付功能不完善是企业普遍存在的问题。

二、增值服务相对单一

O2O 相对于 B2C 和 C2C 的优势在于，它在决策和交易中为用户和营销人员提供了有价值的网络增值服务。但是，大多数 O2O 公司仅依靠广告或优惠信息来吸引客户，然后以相同甚至更低的价格向商家销售商品，这并不能帮助商家优化业务流程并降低成本，也无法提供失去 O2O 真正含义的快速客户和个性化服务。换句话说，没有多元化的增值服务，公司就等于收取经纪人费用的第三方经纪人。使用表面技术和低技术服务来运营 O2O 不能为公司创造更多价值，也不能为线下运营和品牌扩展创造条件，更不用说获得良好的用户价值和用户忠诚度了。目前，国外 O2O 公司的增值服务相对多样化，可以为企业提供软件系统、增值数据服务、双重营销、个性化定制等服务。利润模型是灵活的，对于中国公司来说值得借鉴。

三、线下环境有待改善

尽管互联网是 O2O 模式的核心，但线下是试用服务的载体和终端。没有良好的线下环境，企业将无法成功实施本地化营销，并且消费者也难以维护自己的权利。线下 O2O 企业存在的问题主要表现在以下三个方面：第一，企业整合的商家数量有限，覆盖范围不够大，无法让消费者真正实现近距离、高消费和定制化的需求；第二，大多数企业的服务意识不高，交易连接和服务标准不规范，消费者维护权益难；第三，许多交易者仍然采用手写记账方法，无法提供电子数据管理，并且无法顺利访问互联网。上述问题严重影响了线下服务的质量，也限制了 O2O 的整体性能和发展。因此，公司需要认真考虑如何培育高质量的线下业务，整合不同的资源以及改善售后服务。

随着经济时代的到来，销售产品和服务已不能满足利基市场的心理需求，销售经验以获得更高的附加值是企业未来的发展方向。用户通过手机，可以随时随地订购一杯咖啡，然后使用手机在线付款。在用户到达商店时，用户可以立即享受美味的咖啡和舒适的环境。越来越多的非快递生活服务产品可以使用 O2O 移动营销来扩大销售。这就是它带来的便利和商机。 O2O 移动营销将最大化物理信息与对象，实现线上和线下、实体商店和实体商店之间的无缝连接，促进用户的日常生活网络和线下业务网络，这对企业的营销创新和转型有着重大的意义。因此，创建一种新的生态的取胜的商业模式，是 O2O 移动营销的现实方向，也是在中国发展电子商务的可行途径。

第二节　大数据时代营销模式的转变

大数据是面向用户、面向业务和应用的一种思维、一种战略。基于科学的数据进行决策已经成为大数据时代经营的新型模式。传统的消费者行为分析的营销模型“AISAS”（Attention——引起注意，Interest——引起兴趣，Search——进行搜索，Action——购买行动，Share——人人分享）在不断变化的大数据时代，变成了其他的新型模式，这种新路径更多地被应用在网购的营销模式中。

通过对大宗用户数据进行一系列的整合、分析、开发与积累，营造出新型产品的运营和营销模式，像阿里巴巴、京东、字节跳动、Amazon 等公司都已在大力推进这些业务模式。大数据可以帮助企业优化营销策略。通过分析用户的社交媒体活动，企业可以向用户推荐消费者感兴趣的产品或者服务。通过公开社交数据，企业可以有针对性地进行线上和线下的产品推荐活动，如通过社交媒体的监控将能够针对用户需求的产品提前备货。

一、大数据时代的营销理念：趋于精细化

大数据背景下，品牌营销理念呈现精细化趋势，这是由信息技术发展和消费者习惯变迁综合决定的。互联网的发展促使消费者的生活时刻在线上得到记录，因此萌生了大数据时代的消费者行为模型——“SIVA”。在数据量与日俱增的同时，与之共同进步的还有数据挖掘技术。这不但有效地打破了品牌与消费者之前的屏障，实现品牌与消费者的无障碍沟通，而且有助于延伸品牌创意的生命力和灵活性。

（一）大数据时代的消费者行为：“SIVA”模型尊重消费者的主动权

大数据时代，在消费者获取信息的渠道增加的同时，海量的信息稀释了信息的价值密度。这种情况下，消费者寻找、筛选信息就需要经历一个过程。而与以往相比，消费者的消费决策路径产生了改变。当一个消费需求产生时，消费者倾向于通过上网检索获得产品信息，并进行评价权衡，最终做出购买决策。由此，整合营销传播之父唐·舒尔茨提出了以消费者为中心的 SIVA 模型，描述了在大数据时代的消费者行为模式。SIVA 模型包括消费者进行消费决策的四个阶段：解决方案（solution）、信息（information）、价值评估（value）、购买渠道（access）。

如表 2-1 所示，当消费者在生活中遇到涉及某个产品或品牌的问题时，他们会主动寻求解决方案。例如，“给婴儿喝什么奶粉好”，这就属于 S（solution）的过程，它是将消费需求转化为行动的过程。在寻找问题答案的过程中，即 I（information）过程中，消费者会收获大量涉及品牌的信息，包括品牌内涵、产品性能、价格、产地等。这时，消费者会寻找与自己消费需求相匹配的信息，以便对多种解决方案作出评价取舍。此阶段，消费者会计算顾客让渡价值，权衡利弊。在最后的 A（access）阶段，消费者将在确定了品牌或产品后，寻找合适的购买渠道进行购买。

表 2-1 “SIVA”行为模型的定义和列举

阶 段	理论定义	列 举
Solution	消费者根据自身需求寻求的解决方案	给婴儿喝什么奶粉好
Information	消费者寻找相关解决方案的详细信息，并不断修正方案	多美滋是哪个国家的奶粉品牌
Value	消费者在不同解决方案之 间进行权衡	多美滋和诺优能哪个更好
Access	消费者能够接触到的购买渠道	在天猫旗舰店购买多美滋奶粉

在大数据环境下，互联网已然成为消费者获取信息的主要平台。品牌商在开展营销活动时就应该遵循这一规律，尊重消费者的想法和主动权。而 SIVA 消费者行为模型完全适应这一规律，它将消费者寻求解决方案和权衡品牌信息的行为置于购买行为之前，符合大数据时代的消费者行为习惯。

当前，大部分品牌企业对互联网和大数据的利用还停留在较浅层面，很多企业仅从形式上配备了新媒体营销的元素，如开通微博、微信进行企业形象宣传和维护。这样的做法还没有到达新媒体营销的深层次——大数据营销，企业要充分认识和利用互联网所提供的大数据资源，才能深度洞察消费者的所想所需，进行多层级的创新。

（二）大数据时代的消费者接触：品牌精心布局接触点管理

接触点管理是指企业决定在何时、何地，以何种方式接触潜在消费者，并达成预期沟通目标所进行的管理行为。接触点管理早在 20 世纪 90 年代就成为市场营销领域中的重要课题。但是，除了线下渠道可以直接接触到目标消费者，过去线上渠道的沟通方式都有一定缺陷，而通过线下渠道对消费者层层过滤需要花费大量成本。打破与消费者的沟通屏障是大数据为品牌营销带来的一个明显优势。过去，品牌企业在售卖点、媒体上传播营销信息，它们看不到消费者所为，触不到消费者所思，经过统计得到的调查结果也或多或少存在偏差。而现在，网络和数据化作一条无形的线连接着企业与消费者，通过这条隐形线，品牌企业能够整合各种接触途径以统一的声音与消费者进行沟通。这恰恰符合“Speak With One Voice”的整合营销传播理念，即整合一个企业的各种传播方式，达到明确、一致的传播效果。

大数据思维已更新了消费者的行为模式，也更新了企业的管理方法。在信息过载和大量信息涌现的情况下，接触点管理要求公司思考：谁是品牌的目标客户，他们将出现在哪里，他们的兴趣点是什么，点击次数说多少以及如何获得这些点击。

哈佛大学心理学模型的乔治·米勒（George Miller）认为，一个普通人的大脑难以处理超过 7 个单位的信息，即观众的记忆空间有限。如果公司能够确定目标客户是谁，并在其使用频繁的媒体网站上投放广告，以便消费者能够看到他们的需求，那么消费者就更容易记住品牌的营销内容，也将方便使用者的记忆存储。以百度为例，百度根据搜索喜好、兴趣爱好和其他属性，将使用百度平台的用户划分为不同类别的人，供广告客户在放置广告时选择。换句话说，广告客户可以将广告定位到品牌的目标受众，并跟踪其目标消费者，无论他们出现在哪个页面上。不仅如此，还可以通过结合类似公司的历史消费数据来确定目标消费者感兴趣的网站和内容。在利益层面上重新与消费者建立联系，以前的普遍投资联系是不能与之相比的。

由于信息技术的进步，当前的广告技术可以设置营销的显示信息频率，如为每个目标用户平均投放 3 次展示，从而保证营销内容的有效到达。当然，在按公司或百度分析消费者数据时可能会出错。它们选择的目标客户可能不想点击营销信息。幸运的是，机器学习广告投放系统可以自动停止向负面受众群体投放广告。

大数据是一把双刃剑。一方面，大量的信息和价值密度的降低使公司难以进行市场营销；另一方面，混合数据包含巨大的商机。根据人群、兴趣、位置、屏幕频率等在数据挖掘方面，公司可以了解个人兴趣和客户访问路径，以打开与消费者的不同沟通渠道，加强与客户的联系并深入了解客户需求。

（三）大数据时代的创意传播：数据驱动科学创意

菲利普·科特勒（Philip Kotler）在《营销管理》中提到，营销是艺术与科学的结合。这里的艺术指的是驱动品牌发展的思想，而科学则是驱动思想前进的指南针。没有设定和指导科学标准，创造力将成为一匹失控的马，并偏离正确的营销方向。广告保护的想法是基于消费者的见解。市场营销人员越了解消费者的需求和欲望，他们就越能准确地定位其创意。随着 Internet 和 IT 技术的发展，获得消费者数据的渠道越来越多，成本也大大降低。这为深入了解消费者的知识结构和兴趣爱好，提供了科学数据的支持。

从理性的层面分析到对隐性需求水平的挖掘，交易者对消费者的陈述随着时间的推移不断发展。过去，营销人员专注于从相对静态的统计维度（如年龄、性别、教育程度、收入和消费者支出）中收集数据。如今，营销人员需要更多的行为数据，如注册、相对动态的点击、场景、搜索、浏览等，检查消费者的心理需求。在大数据时代，消费者的欲望和兴趣隐藏在他们产生的行为数据中，品牌公司可以通过此数据分析消费者的内心。

品牌公司使用大数据来捕获客户问题和评级。它们可以通过信息噪声的迷雾找到目标消费者，然后可以使用不同的想法来吸引不同类型的顾客。时趣互动为褚橙策划的营销方案，就充分体现了大数据为品牌创意所带来的巨大价值。时趣互动是一家善于经营社会化营销的广告公司，其与新浪微博展开了深入合作。在褚橙的营销活动中，时趣互动将过去一年里在微博提到褚橙的人和信息都进行了分析，确定褚橙的核心消费人群分别是商业人士、爱吃橙子的人群、有生鲜购买习惯的人群。针对这三类人群的数据，营销人员可以快速找到他们的踪迹，对其展示符合他们需求的创意素材。例如，向商务人士展示的创意材料表明，优质的褚橙象征着一种企业家精神。又如，对于喜欢吃橘子的人，材料表明橘子比过去具有更好的口味。这种基于数据的、基于知识的方法可以准确地表达想法。最终，褚橙在电子商务营销中实现了高转化率。

当然，大数据时代的消费者已经成为可以分析的数据流。他们已经从神秘的存在变成了图表中列出的要点，实现了从商品受众到数字受众的转变。通过使用数据挖掘系统，品牌公司不仅可以确定目标客户是谁以及他们的需求是什么，还可以知道消费者需要哪些创造性的交流方法，即广告标题、横幅、样式，甚至是特定的照片。如果传统的营销理念在很大程度上依赖创作者的经验和灵感，那么大数据时代的理念将更多地依赖数据。这些数据可以反映消费者的态度和行为，并为产生创造力提供科学依据。

二、大数据时代的营销策略：服务导向

世界上所有业务的本质都是“信息不对称”的使用，也就是说，买卖双方拥有的信息量不是对称的。但是，Internet 的普及破坏了企业和消费者之间信息不对称的状况。消费者能够了解更多的产品信息，并且消费者之间的交流越来越紧密。如果企业依靠激烈的广告和折扣促销来吸引消费者付款，那么在当今透明的商业环境中，全面的客户服务是最佳的营销策略。在当今的大数据营销环境中，公司需要打破原始思维，积极了解消费者心理，并探索竞争环境，以形成有针对性的营销策略。

（一）消费者画像助力瞄准目标消费者

在应用大数据的热潮中，我们同时步入了一个以消费者为中心的时代。过去，我们在抽样调查中用人口统计学特征来筛选和圈定消费者，而现在，人口统计学特征只能算作消费者画像的维度之一。消费者画像，即企业在收集和分析消费者社会属性、兴趣爱好、消费行为等数据信息之后，抽象出的一个消费者全貌。消费者画像可以帮助企业快速瞄准目标消费群体，开展营销推广，同时可以了解消费者反馈等更为广泛的信息。完善的消费者画像要经历一个连贯的过程，具体有以下几个步骤。

第一，企业要将收集的所有消费者数据分为静态数据和动态数据两大类。静态数据就是相对稳定的消费者信息数据，如性别、年龄、地域、职业、收入等，这些构成了消费者基本的社会属性。动态数据是不断变化的消费者行为信息，如浏览网页、搜索品牌、注册网站、发布评论等，这些信息帮助品牌开启了探索消费者心理的旅程。动态数据之所以比静态数据更能反映消费者的心理，是由于动态数据是消费者主动在网络上产生的行为数据。消费者有获取信息的需要，而网络恰好为他们提供了途径。对动态数据的获取也正是大数据时代全体样本优于随机抽样的重要原因。

第二，企业用标签将收集到的消费者数据进行分类，如兴趣标签和需求标签。兴趣标签代表消费者的兴趣爱好，它是通过消费者经常浏览的网页内容推断得来的。需求标签则代表消费者对营销信息的搜索和点击倾向。通过剖析数据并为消费者贴上相应的分类标签，企业可以对消费者数据进行有效管理，从而把握目标消费者的真正需求。如果继续深入的话，企业还可以选择不同的标签为用户建模，如将时间、地点、人物三个要素囊括其中，就能知晓哪些消费者在什么时间什么地点做了什么事，详细地再现了目标消费者的行为轨迹。

（二）竞争环境分析凸显营销突破点

在“互联网 +”和经济全球化的双重作用下，企业竞争环境在行业结构、竞争格局、消费者需求等方面都产生了急剧的变化。大数据增加了企业营销的不确定性，同时带来了更大的生存空间。数据挖掘技术突破了传统营销调研中时空和思维的限制，在其支持下，企业不仅可以选择任何时间、任何地点的消费者数据进行研究，还可以全面、宏观地洞悉行业的整体竞争环境。

北欧的汽车企业沃尔沃历经百年发展，以优异的质量和性能著称于世。但是，在竞争激烈且需求猛增的中国市场，沃尔沃依然有其亟待解决的问题。为了成功将 V40 推入中国市场，打响产品知名度，沃尔沃采取了大数据营销策略，以提升其官网流量和转化率。V40 是一款定位较高的旅行车，由于进口且消费者信赖程度高，与国产同类车型相比售价偏高。一直以来，沃尔沃汽车给人们的印象都是安全稳重的形象，那么 V40 在中国市场的目标消费者会不会是稳重且有一定财富积累的中年人？或者是低调而奢华的“富二代”？通过与百度平台的大数据营销合作，沃尔沃营销人员获得了一份满意的答卷。

（三）消费者购买决策剖析助力提升销售转化

《广告心理》一书中曾描述，广告策略应该根据不同的消费者行为分别制定，代表性的消费者行为类型有广泛决策行为类型、限定决策行为类型、习惯性决策行为类型。这说明不同的消费者有其对应的决策行为习惯，而同一个消费者针对不同品牌和产品也有其斟酌方法，不是所有的消费者都会绝对忠诚于一个品牌。

消费者都会喜欢并关注多个品牌或产品，尤其对于高额耐消品，他们希望通过比较产品质量、性能、口碑等后再做出购买决策。

汽车属于高额耐消品，以沃尔沃 V40 汽车为例，上文已经讨论过沃尔沃 V40 寻找目标消费者、洞悉竞争环境的过程。为了进一步抽丝剥茧，达到营销目标，品牌营销人员还需探索是哪些关键信息影响了消费者最终的购买决策。为此，百度营销团队试图帮助沃尔沃分析上一步的搜索行为，以确定普通用户是如何转化为 V40 的搜索用户的。在数据研究中，营销人员发现在触发 V40 搜索行为的转化中，有 18% 源自汽车通用词或价格，而不是源自沃尔沃品牌。在触发竞品的转化中，这项比例只有 5%，这说明沃尔沃的品牌影响力对 V40 的销售转化没有起到良好的促进作用。虽然作为中高端品牌的沃尔沃已经积累了一定的美誉度和影响力，但是与竞争品牌相比仍然有一定差距。沃尔沃 V40 下一步的营销动作就是提升品牌知名度，同时加强对汽车通用词和价格相关词语的引导，打通消费者对 V40 的认知路径，从而提升销售转化。

对于耐消品尤其是高额耐消品，消费者一般都会反复搜索、对比，权衡利弊，花费一定时间才做出最终决策。那么，在消费者决策过程中，如果品牌能够打动消费者的心，消费者就会对品牌偏心。由此，品牌需要找到消费者做出决策的前一步发生了什么，通过与竞品情况的对比，明晰后续的营销方向在哪里。在大数据时代，消费者习惯用网络检索解决问题已经成为不争的事实，互联网由此记录下消费者丰富的生活时刻。借助大数据平台的资源和技术，企业可以洞察到消费者的生活时刻如何转化为消费时刻，从而更好地服务消费者。

三、大数据时代的营销技术：数据挖掘

数以亿计的网络搜索数据记录了最真实、最前瞻的消费者需求，蕴藏潜在的巨大营销价值，值得企业从中提炼营销智慧。然而，面对海量、无规律的数据，传统企业可能没法理解、没法洞察，更没法用数据支撑营销创新。

虽然传统的移动通信数据规模也很庞大，但它们是结构化的，即定义好每个基站、每台电话、每个号码的对应关系，进行统一的服务和管理。而如今的互联网平台具有开放性和交互性，且每个网站的数据互不相通，因此无法对其产生的数据进行结构化管理。大数据时代，企业欲将海量数据为我所用，除了要进行必须的采集、去噪、结构化处理和分析，最重要的就是运用数据挖掘技术提炼营销智慧了。数据挖掘是指运用算法从大量的数据中挖掘出隐藏其中的信息，在营销领域的应用中包括品牌关键词数据应用、竞品数据应用、重定向追踪等，这些推动品牌营销实现了在大数据时代的成功转型。

（一）品牌关键词搜索数据分析：提炼营销线索

根据大数据时代的消费者行为习惯，当消费者有消费需求时，他们会先在网络上寻找满足需求的产品，由此产生了大量的消费者搜索数据，这些包括他们浏览的产品名称、浏览次数、产品相关词语等。然后消费者对自己了解的所有产品信息进行权衡，最后选择购买渠道，做出购买决定。在这一行为过程中，品牌企业可以通过互联网用户搜索的品牌或产品名称确定自身的目标消费者；通过用户浏览某品牌信息的次数，评判消费者对品牌的忠诚程度；通过用户搜索的品牌关键词内容，提炼营销疑点和营销目标。因此，消费者搜索品牌关键词后留下的数据信息，已经成为指引品牌营销的重要线索。

舍恩伯格在《大数据时代》一书中提到，在大数据时代我们不必知道现象背后的原因，而要让数据自己“发声”，即不必知道“为什么”，知道“是什么”就够了。根据消费者主动搜索的关键词，营销人员顺其自然地获知消费者心中的品牌印象，从而把握其与品牌竞争力之间的相关关系。例如，消费者在搜索“玉兰油”相关信息时，提出“什么年龄用”这个问题的人数明显高于同类竞品，且进行搜索的消费者中占比最高的是 25 ～ 35 岁的人。这些数据证明了“玉兰油”营销与适用年龄存在一定相关关系。另外，如果某品牌处于成长期，搜索引擎上搜索此品牌的关键词还不够多，那么通过与品牌相关的关键词搜索能对消费者需求略知一二。

（二）竞品搜索数据分析：实现差异化营销

竞品数据分析就是对竞品相关数据进行采集和分析。俗话说，知己知彼，百战不殆。把握竞品的数据信息，有利于品牌分清自己的优势和短处，合理调配自身资源，扬长避短。自从有了营销活动，企业一直很注重竞品分析，但是过去的竞品分析要先圈定好考察的角度，从主观的出发点得到客观的数据信息，这样的分析方向主要是由营销人员界定的，而不是市场。按照实际情况，营销人员不一定会知道在目标消费者心里，谁会是自家品牌的竞争者，尤其在信息量不计其数的当下，消费者很容易受到碎片化信息的干扰而改变原先的选择。这种情况下，直接观察消费者的选择要比率先圈定竞品来得明智。

竞品搜索数据是指关注某品牌的目标消费者同时搜索其他品牌的信息。例如，通过百度用户的搜索数据发现，沃尔沃 V40 汽车的竞品是梅赛德斯 - 奔驰 A 级、宝马一系和奥迪 A3，特效功能饮料启力的竞品是红牛、乐虎和东鹏。

如今的品牌类别百花齐放，企业有时不仅需要确定某个品牌的竞品，还需要进一步区分某款产品的竞品。确定了品牌或产品的竞品，才能对这些竞品的各自特点进行分析，从而另辟蹊径，杀出一条独特的品牌营销之路。

（三）重定向追踪目标人群：增加品牌曝光

在大数据应用中，除了以上两种基本的搜索数据应用，还有更多的用户数据和产品数据值得挖掘和利用。而将这些数据运用到营销过程中的重要技术叫重定向（Retargeting）。重定向是再次定向有互动行为的人群，向他们展示营销信息，以提升销售转化的方法。在互联网时代，重定向技术已经被广泛应用于品牌企业官网和电商网站。据大数据营销公司的研究显示，高达 75% ～ 80% 重定向产生的收益来自 15% ～ 20% 重定向的广告展示曝光。

大数据时代，传统商铺中的消费者转移到互联网上成了有不同浏览行为的用户，这些用户对不同品牌有不同的诉求和消费欲望，由此产生了不同程度的互动行为。一些用户会因为误点进入了某品牌页面，还有一些用户只是路过，然而品牌的忠诚用户会花费较长时间浏览品牌网页，产生注册和下单行为。面对这些复杂的用户数据，品牌需要进行用户细分管理，才能实现对个体用户的重定向追踪。

进行用户细分后，在重定向过程中就要根据用户需求，推荐其可能感兴趣的商品和促销活动，如对有过购买行为的现有客户推送品牌新品，对近期没有发生购买行为的老客户推送品牌的精品。那么，如果一个用户成为众多品牌的目标消费者，但他每天可以接触到的广告曝光次数是有限的，那么品牌如何知晓这个用户看到广告的概率呢？在重定向过程中，实时竞价（RTB，Real-Time Bidding）的出现有效地解决了这个问题。实时竞价是一种利用第三方技术、在数以百万计的网站上、针对每一个用户展示行为进行评估以及出价的竞价技术，规则是价高者得。也就是说，针对特别有价值的用户，企业可以出高价购买对其的曝光机会。这些有价值的用户可能是最近 5 天访问过品牌网站的；可能是在品牌网页上浏览超过 10 分钟的。也可能是收藏过或者购买过品牌产品的人。另外，如果重定向锁定的用户对营销信息反应平平，竞价系统还会智能地过滤消极用户，而继续对积极用户进行营销信息的展示。

在大数据的帮助下，商家能够实现真正的消费者个性化，而不仅是划分不同的群体。大数据可以帮助企业做得更加精准。在云端的数据库中，所有用户都以标签属性的形式存在。用户在现实生活中的行为，如浏览、订阅、搜索、产品应用等被数据库记录和分析。在云端，这些行为可以转化为用户的性别、年龄、收入、城市、爱好、品牌偏好等清晰化属性标签。而一些门户网站如搜狐、新浪等可以以这些标签为依据，帮助广告主开展更加有效的营销活动。互联网的高速发展为现代企业创造了无限的空间和可能，在利用网络这个平台上，大数据将会为营销带来更大的机遇。

通过运用通信技术和先进的数据库技术，可以实现与顾客的长期个性化交流，不断满足客户的个性化需求，实现精准营销。这种营销可以为企业建立稳定忠实的顾客群体，实现客户增值的链式反映，是营销达到可调控、可度量的精准要求。大数据已经展现出巨大的作用和非凡的前景，但是大数据营销仍面临较多问题与挑战。面临的首要问题是技术难题，毕竟现在还处于大数据技术的活跃前期，各方面技术尚不够完善，各项工具需要进一步改进。但实际情况是，大数据营销一旦真正启动，你面临的不仅仅是工具和技术问题，还有更重要的是转变组织架构和经营思维，真正参与挖掘这座数据金矿。

大数据时代下的企业营销模式正在面临着空前的机遇与挑战。在大数据环境里，企业在不断地创造和革新出符合时代需要的营销思维和营销模式，建立在客户响应和分析需求行为的基础上，挖掘大数据的价值，创建个性化的营销策略，源源不断地为企业带来巨大的市场价值和商业价值，使企业拥有持续的竞争优势，帮助企业建立制胜未来的核心竞争力。

第三节　大数据背景下的事件营销

一、事件营销的概念和特点

（一）事件营销的概念

事件营销最初的概念来自国外，英语里叫作 Event Marketing，国内直译成“事件营销”，也有翻译成“活动营销”。在国内的营销学术界，普遍认为事件营销是制造新闻性事件来提高企业或产品的知名度、美誉度，树立良好的品牌形象，是一种非广告的公共信息传播方式。然而，作为商业企业，运用事件营销的最终目的还是要促成产品或服务的销售，这其实也是企业开展一切营销活动的根本目的。因此，事件营销虽然不是直接推销企业自身的产品或服务，而是通过事件的传播展示企业的品牌形象，提高企业或产品的知名度和美誉度，但是事件营销的背后还是要销售企业的产品或服务的。

目前，国内比较流行的几种事件营销如下。

马成在《事件营销》一书中讲到，“所谓事件营销，就是企业通过运作公关事件来迅速提高企业及其品牌的知名度和美誉度，达到‘一举扬名天下知’的目的”，同时，他还指出，“进行事件营销，企业必须整合本身的资源，通过具有吸引力和创意性的活动或事件，使之成为大众关心的话题、议题，因而吸引媒体的报道与消费者的参与，进而达到营销的目的”。①

陈颖认为，“事件营销是销售者在真实和不损害公众利益的前提下，有计划地策划、组织、举办和利用具有新闻价值的活动，通过制造有‘热点新闻效应’的事件吸引媒体和社会公众的兴趣和注意，以达到提高社会知名度、塑造企业良好形象和最终促进产品和服务的销售的目的”。② 同时，她还强调，事件营销的着眼点在于制造或者放大某一具有新闻效应的事件以期让传媒竞相报道，进而吸引公众的注意。

邵千华提出：“事件营销（Event Marketing）即活动营销，指企业整合自身的资源，通过策划富有创意的活动或事件，使之成为大众关心的话题、议题，因而吸引媒体的报道与消费者的参与，进而达到提升企业形象以及销售产

① 马成．事件营销 [M]. 北京：中国经济出版社，2004: 7.

② 陈颖．试论事件营销在中国企业营销战略战术上的应用 [J]. 全球品牌网，2006(5):21.

品的目的。”①

综合上述事件营销定义，笔者给出事件营销的定义如下：企业有计划地制造或借用“事件”，以“事件”为载体形成注意力来满足不同利益相关者的体验需求，与利益相关者形成相互沟通传播，传递企业信息，最终形成产品或服务的销售和企业品牌的建立。

对于这个定义，笔者给出如下的解释。

（1）制造与借用。制造（造势）是指企业自身精心策划、组织、实施一个可以满足各相关利益者的事件。借用（借势）是指企业可以借助社会上发生的或正在发生的或即将发生的事件作为满足各相关利益者的事件。需要强调的是，不论企业是制造还是借用事件进行事件营销，都应在实施前充分衡量自身的资源优势，将资源有效统一的整合。

（2）事件。事件可以是社会上发生的大事情，也可以是精心组织的活动，还可以是社会关注的舆论热点话题或人物。事件可以是一个，也可以是由若干子事件组成的复杂事件。

（3）事件载体。事件作为与利益相关者沟通的中介，它应承载着企业与利益相关者所需要和所要传达的所有信息，并且保持良好的相互沟通的渠道。事件不仅承载事件的信息进行传播，还要承载着企业的信息传播。

（4）注意力。事件作为载体包含了利益相关者所需要或关注的信息，从而形成注意力资源。注意力资源迫使传播通路（主要指媒体通路）建设，从而带动利益相关者的参与。

（5）利益相关者。利益相关者（Stakeholders）也称为利害关系者，是指企业的经营活动及其效果产生影响的集团，包括了直接利益相关者和间接利益相关者。对于事件营销来说容易识别的利益相关者有目标消费者、新闻媒体、政府部门以及隐性的相关者。

（6）相互沟通。企业与利益相关者之间的信息沟通是双向的，但沟通的内容不限于事件本身的信息。

（二）事件营销的特点

1.目标的阶段性

事件营销目标的阶段性体现在两个方面。一方面，企业运用事件营销的最终目的就是要促进销售，但由于事件营销并不是直接推销和销售产品或服务，因此其销售目的是通过阶段性的目标达成的。一般过程是让利益相关者对

① 邵千华．事件营销的窍门与误区[J].全球品牌网，2006（6）：22.

企业品牌产生认知，提高企业品牌的关注度和美誉度，在企业形象塑造的基础上达成销售产品的目的。另一方面，企业发展的不同阶段或产品生命周期的不同阶段，运用事件营销的目标也是不同的。一个新企业或新产品在运用事件营销时的目标是传递相关的信息，提高关注度；成长中的企业在运用事件营销时的目标多为提高认知度；成熟的企业在运用事件营销时主要是提高企业品牌的美誉度。

2. 高度参与性

在事件营销中，事件的独特性与创意性产生更多的注意，催促了利益相关者积极参与的欲望；传播渠道与营销体系的多样性让他们能够更方便、更简单地参与到事件营销中。参与的提高与多样使营销传播的效率大大提升，利益相关者从中获得更多的信息和体验，从而加强了企业或产品品牌的接触，形成消费习惯的转向。

事件营销的参与性体现在两个方面。一方面是具体的事件或活动的参与。事件的独特吸引了大量受众关注的注意力，受众出于对事件或活动的喜好，亲身参与到事件当中，如奥运会、超级女声等。另一方面是舆论或观点的参与。公众由于对事件的认同或不认同发表自己的观点或见解，积极参与到事件的讨论中。

3. 风险性

事件营销是一个体系营销的过程。其在具体实施过程中，不仅需要满足各相关利益者的需求，还要整合其他营销资源配合事件营销。并且，在事件营销的实施过程中，事件的发展需要前后的逻辑关系和时间顺序推动。因此，事件营销实施过程中会出现更多的“变数”，甚至出现“意外事件”，这就需要企业有底线意识、较强的风险意识和随机应变的综合能力。

由于媒体的不可控制性和新闻接受者对新闻的理解程度不同，产生了一定的风险。由于没有精心策划和实施事件营销，经常会使利益相关者产生反感或不符合道德规范和法律约束的情况，甚至带有明显的炒作嫌疑，都会给企业带来巨大的甚至是毁灭性的危机。在企业置身于事件营销中的焦点时，企业会受到公众舆论和司法的高度监督。企业自身缺陷一旦暴露出来，其后果也是不堪设想的。

4. 效果难衡量性

由于事件营销的过程复杂，需要多种营销工具的相互配合，并且传播的路径相互交织，因此事件营销的效果很难用短时间内的销售量来衡量。单纯地用一两个指标（如覆盖率、知晓度等）很难判定最终效果，要在一段较长时期内用多个指标去衡量。另外，事件营销实施过程中有太多的不可控制因素，会对事件营销的预期结果产生不同的影响，甚至改变结果。

（三）事件营销的类型

对于事件营销的分类，樊志育在《促销策略》中分为行销战略型、公益活动型、经营管理型、禁忌权威型、公权特权型、时势环境型、教育新知型。

由北京广播学院广告学院企业研究所“广告主研究”课题组在2004年发布的《2003～2004广告主事件营销全报告》中给出了事件营销的“聚焦、参与、公益、危机”四个类型。此外，还有重大突发事件型、公众高关注事件型、公益活动型、社会问题型、营造事件型。

在研究中发现，以往的事件营销分类多是按事件本身的不同进行分类，笔者就企业选取和实施事件营销的角度进行如下分类。

1. 造事与借事

造事型与借事型是按企业选择事件的方式进行分类。所谓造事型是指企业整合自身资源，通过策划、组织和制造具有新闻价值的事件，吸引媒体、社会团体和消费者的兴趣与关注。奥克斯从1994年进军空调市场后，展开的“一分钱空调套餐”“米卢作秀”“爹娘革命”“空调价格白皮书”等一系列的营销活动都是成功的造事型事件营销。借事型是指企业及时抓住广受关注的社会新闻、事件，结合企业或产品在传播或销售上的目的而展开的一系列相关的活动。借事型事件营销中的典范是蒙牛,2004年借“神五”飞天,2005年借《超级女声》热播，从此蒙牛牛奶全国揭晓。在事件营销的实践中，经常是造事与借事两种方式相互融合运用，造事中有借事，借事中有造事。

2. 单一与复合

单一型和复合型是按企业在实施事件营销过程中是否使用其他营销工具或活动来划分的。2005年，如果蒙牛只是冠名湖南卫视的《超级女声》，仅仅以冠名权的形式出现在公众之中，那这就属于单一型事件营销。但是，蒙牛在冠名《超级女生》的同时，开展了大量的营销活动配合此次活动赞助，如在蒙牛产品包装上印上活动的内容，参与者需要购买蒙牛的奶产品才能参与活动，在各赛区城市举行促销路演活动，在超市进行产品促销等。附加的这些营销活动与冠名《超级女声》一起组成了一次完整的事件营销，这样的事件营销就是复合型的事件营销。

现在，越来越多的企业采用复合型的事件营销形式，但如果其他配合性的营销活动的规模和数量超过一定限度，容易背离事件营销的初衷，使消费者认为企业开展的是一次促销活动或是广告行为，从而产生心理反感。因此，企业在实施复合型事件营销的时候，需要整合自身的资源，明确事件营销的目的，分清主次，合理调整营销工具的使用。

3. 隐性与显性

隐性和显性事件营销是按实施事件营销的企业是否实际公开露面进行划分的。对活动的赞助或冠名是最直接的显性事件营销。例如“蒙牛酸酸乳——超级女声”“中国石化 F1 中国大奖赛”“黄金搭档第七届 CCTV 模特电视大赛”“闪亮新主播”“江中亮嗓红楼梦中人”等，企业都直接出现在活动中的显著位置，加深企业品牌或产品与事件、活动的关联性，具有受众明显的识别性，使企业品牌或产品全面渗透到事件的传播中。隐性事件营销的应用并不是很多，因为隐性事件营销中企业不直接出现在事件中，降低了受众对事件与企业之间的关联性。

4. 常态与危机

常态和危机事件营销是按企业的生存或经营状态的不同进行划分。企业在经营过程中经常发生危机，此危机是指危及组织利益、形象、生存的突发性或灾难性的事故与事件。危机事件营销就是指企业在危机状态下为了维护或改善其形象，维持其生存和利益而采用的事件营销。与之相对的就是常态事件营销。与常态事件营销相比，危机事件营销的特点在于企业的主要目标是维护或改善企业形象。

（四）事件营销的理论依据

事件营销的产生并非偶然，它是在市场经济环境变化中，符合了营销学、传播学、经济学以及整合营销传播、注意力经济、体验经济、公共关系管理等学科与理论的基本规律和原理，才能够长足发展。

1. 注意力资源是基础

“注意力是对某条特定信息的精神集中。当各种信息进入我们的意识范围，我们关注其中特定的一条，然后决定是否采取行动。”这是托马斯·达文波特在《注意力经济》一书中给“注意力”下的定义。从定义中我们可以看出，注意力作为采取行动的一个前提，两者之间存在着一种逻辑关系。也就是说，一个人对某件事物或事件产生注意，之后才会考虑是否行动，反之，这个人如果还未考虑是否采取行动，那么说明这个人还没对某项事物或事件给予注意。从心理学角度分析，“注意力是心理活动对一定对象的指向和集中”，“是信息加工的一种内在机制，它的基本作用在于对信息进行选择，用以调节行为”。

因此，消费者在采取购买或不购买的任何行动之前，先要对企业或产品产生注意力。

注意力作为一种资源是由美国学者迈克尔·哥尔德哈伯（Michael H.Goldhaber）提出的，他在一篇题为《注意力购买者》的文章中指出，“注意力经济”是指如何更有效地配置企业现有的资源，以最低成本去吸引用户或消费者注意，通过培养其潜在的消费群体，以期获得最大的未来无形资产，即经营消费者的注意力。注意力经济强调注意力资源的“稀缺性”，这种稀缺资源可以给企业带来经济效益和社会效益。

对于注意力经济作为一种注意力资源的生产和分配为基础形成的经济关系和商业模式可以从四个方面理解：第一，注意力是一种稀缺资源；第二，注意力经济的基础是注意力资源的生产和分配；第三，注意力是一种经济关系，它需要解决“资源的稀缺性”和“需求的无限性”之间的矛盾；第四，注意力经济是一种使企业价值随注意力质和量的变化而变化的商业模式。

现代营销管理理论强调的不再是说服与赢得消费者，而是如何建立并维持消费者的忠诚度。因此，营销的过程是让消费者从注意、理解、购买到建立忠诚度的过程。如果无法赢得消费者的注意力，那么上述任何一个目标都无法实现。因此，占取目标消费群体的注意力资源是大多数营销活动在起始阶段必须要达到的目标，也是企业事件营销的基础。注意力是人们关注一个主题、一次事件、一种行为和多种信息的持久度，而注意力经济要通过引起受众的注意来创造经济效益。事件营销的目的就是通过媒介传播获得公众的注意来推动产品的销售。事件营销实际上可以引导消费者产生注意力，从而产生影响力，最后抢占消费者的心智资源。

事件营销中的注意力来自“事件”。事件作为载体，它承载着企业的信息和事件本事的信息。事件要获得消费者的关注、市场的关注、社会的关注，这就需要企业必须挖掘、策划企业中新鲜、有意义的事情，即事件营销的创意。创意是整个事件营销运作的核心环节，也是事件营销成功与否的关键。产生注意力的创意是建立在调查研究的基础上和大量的信息吸收、消化基础上的，不是凭空产生的。创意主要解决事件营销的概念和主题提炼的问题，这也是产生注意力的关键问题。创意受企业自身资源、企业外部宏观环境、品牌形象的制约，它是一个整体，不是一个“点子”和“主意”，不是孤立的、无限制的。在事件营销中可以有多个获得注意力的点，但创意却只有一个。

并不是任何的注意力资源都是事件营销的基础。我们所讲的是正面的、积极的注意力资源，而不是靠哗众取宠的极端事件来获取公众负面的、消极的注意力资源。正如肯·萨可瑞所说，“注意力是珍贵的资产，不该随意浪费或滥用。叫喊、尖叫与硬塞，都可得到注意力，但都不是注意机制的一部分。注意机制是不同的，是较高层次的策略，是对保存注意力生态有敏感度的策略”。优秀的事件营销不仅可以成功吸纳目标消费群体的注意力资源，还能够将这种注意力资源牢固地维系下去，唤起消费者强烈的共鸣，进而改变消费者对企业产品、服务的态度，促使消费者做出对企业有利的购买决策。

2.传播沟通是主线

营销大师菲利普·科特勒在《市场营销管理》一书中提出营销必须与市场沟通的观点，“现代市场营销不仅要求公司开发出优秀产品，为其制定有吸引力的价格，并使之易于为目标消费者买到，还必须与现有和潜在的消费者沟通。每个公司都不可避免地承担沟通者和促销者的角色。”整合营销之父唐·舒尔茨在《新整合营销》中明确地提出“营销可以说是传播，而传播几乎就是营销”的观点，“如果换个角度来思考传统营销，我们会发现，过去使用多年的营销技术与方法都是一些不同形式的传播与沟通。”也就是说，企业要从“请消费者注意”向“请注意消费者”转变，要学会与消费者积极对话，开展各种形式的营销传播活动，以期与消费者进行正面、积极的沟通，如此才能保持企业与品牌的生命力。事件营销就是行之有效的一种营销传播新方式。

从传播学的角度，把传播活动分为内向传播、人际传播、组织传播、大众传播。内向传播，也叫个人自我传播，是指人们头脑里“主我”同“客我”之间的信息交流活动。在事件营销的过程中，每个受众个体都在进行着内向传播，对事件进行判断，从而提出各自对事件的观点和看法。人际传播是指两个或两个以上的人之间借助语言和非语言符号互通信息、交流思想感情的活动。事件营销中，受众间相互讨论或争论各自的观点就形成了人际传播，也形成了二次传播，如“粉丝”们对“超级女声”的讨论。当多个受众个体参与到事件的大讨论中，就形成了公众传播（一对多或多对多），如网站论坛上对“超级女生”的褒贬之争。组织传播是指以组织为传播主体进行的一切形态的传播。事件营销是企业开展的一次营销传播活动，所以事件营销肯定是一种组织传播。大众传播是指有组织化的传播机构及其专业人员通过大众传播媒介向众多、各不相同而有分布广泛的受众传播信息的社会过程。在事件营销中，平面、电视、电台、网络等媒体经常会贯穿整个过程对事件的发展进行报道，这充分体现了大众传播的特点。可以看出，事件营销是包含了各种传播形态的一种复杂组织外部营销传播活动。也正是由于事件营销涵盖了各种传播活动形态，使其能够在传播沟通上发挥重要作用。

事件通过传播获得了受众的注意力，受众又通过传播积极参与到事件中，形成了企业—事件—受众的沟通模式。企业通过事件传递信息，受众通过关注事件获得信息。通过多种的传播渠道，受众又通过事件向企业发送反馈信息。在这个信息循环的传送与反馈的互动过程中，提高了传播效率，同时使企业和受众获得了沟通的体验。更重要的是，在整个沟通过程中，参与者很有可能获得与品牌关联的深刻体验，这就是事件营销能使消费者对企业的一般接触向深度接触转化，直接拉近目标消费群与企业产品或服务的距离。

事件营销在一定意义上需要媒介传播作为整个过程的主干。即使是再有吸引力的事件发生，不进行传播，不进行曝光，那也只是埋在地下的一颗宝石而已。传播与沟通贯穿事件营销的整个过程。企业和企业的利益相关者都是通过传播与沟通来达到各自的目的，获得各自的需求的。传播与沟通拉动事件的发展。当事件发生时，企业和受众都会跟着传播的指向来做出新的对事件的认识与判断。

3. 整合营销资源是工具

唐·舒尔茨认为整合营销传播最重要的中心思想就是“各种形式的传播手段都可以运用，以完成我们所设定的传播目标。并且由于传播目标是我们改变、修正、强化的消费者行为体现的，所以循此目标所运用的各种传播手段才不会误入歧途，也不会无助于传播目标的达成”。这也就是说，企业要使营销传播活动合理高效，必须对各种营销传播资源加以科学、有规划地整合。唐·舒尔茨还强调：“如果在和消费者沟通的基础上展开营销活动，并将广告、公关、促销活动等种种工具整合成一体，可以发挥更好的效果。”资源一旦获得正确的整合，将能够产生更强的信息一致性，提高企业把正确的信息在恰当的时间和地点送达合适的顾客的能力，从而更加有效率地完成营销传播任务。

在事件营销过程中，不但要整合多种传播渠道，而且要整合多种传播信息。多渠道的传播使事件影响力放大，各利益相关者都能通过最方便的途径接受到来自事件的信息，提高事件营销的传播效率。通常在事件营销中，一方面通过电波媒介进行事件信息的“高空”传播，另一方面配合平面、户外、路演、终端等多种形式的地面推广活动，通过立体交叉的媒介网络传播同一个核心事件。企业传播的核心事件，应该成为多媒介渠道传播的核心内容，保持信息清晰一致。即便企业利益相关者的不同信息的具体内容有所不同，但必须确保传播的信息在语调、态势上都具备一致性。“事件营销如果没有广告或公共关系的共同进行，它也很难发挥效果。”事件营销整合广告、公关、促销等各种营销活动来进行统一传播，使所要传达的品牌信息通过各种渠道进入目标消费群体心智中，从而确定品牌在消费者心目中的地位并与之建立一种十分紧密的关系。可以说，事件营销是一个多种营销传播工具协同合作的传播平台。在事件营销中，广告的主要职能如下：通知受众知晓企业的事件营销活动；扩大事件营销活动的传播范围；配合事件营销活动的进程。促销在事件营销中的主要作用有以下几点：提供一些增加顾客价值的让步或者诱导机制；加强事件的良心口碑传播，引起更多数量目标消费群体的关注与参与；协助营造与事件相配合的气氛；提升短期内的销售量。

公关在事件营销中的主要职能如下：协助消费者从事件中认识到企业的新产品、新服务、新举动或者其他的创新变革；从正面传播与企业相关的事件与信息，创造有利的舆论环境；协助企业与各利益相关者建立、维护良好的互动关系。

如果传播与沟通作为主线是拉动事件营销的进程，那么整合营销资源就是推动事件营销的进程。在企业实施事件营销的过程中，保持信息传递一致，有效整合各种营销工具，将使受众人群无法逃避事件的发生，促使其去关注事件进展，从而进一步地扩大事件营销的影响范围。

二、企业实施事件营销存在的问题与误区

在我国，事件营销方式早在 20 世纪 90 年代就已经应用于部分企业的市场营销过程，但事件营销概念的明确提出是在 21 世纪初。笔者一直从事公关活动策划与执行，负责和参与了不少企业事件营销的项目，在这个过程中发现很多企业在看待和实施事件营销时存在大量的问题与误区。

（一）事件营销目标不明确

笔者在事件营销实践中发现，有很大一部分企业运用事件营销是认为事件营销可以花很少的钱而达到很大的营销效果，还有一部分企业认为事件营销能产生巨大的轰动效应，能快速提高企业的知名度。事件营销确实有这样的特性，但当与企业深入接触时，发现其实企业根本不知道实施事件营销到底要达到什么样的目标或者效果。曾经有个家具企业的老板对笔者说："我知道事件营销，现在好多企业都在玩。我也想像他们那样花点小钱搞个活动，让全市的人都知道我的家具。"不仅是这样的小企业有这样的想法，很多大企业也同样抱有这样的想法。其实，无论任何营销行为都是有其目的的，归根到底的是要销售产品或服务。但由于事件营销通常不以直接销售为目的，而是通过阶段性目标的实现最终达成销售目的。事件营销通常是要先建立产品或品牌的知名度

和美誉度，之后通过其他的营销资源整合而促进销售。目标的明确一方面是对营销目的的明确，包括是要传递信息，还是要提高认知度或者强化品牌形象；另一方面是对利益相关者定位的明确，主要包括目标消费者和新闻媒体。

（二）事件与企业品牌、产品缺少关联

国内不少企业盲目跟风，看到其他企业运用事件营销获得成功，自己也想运用事件营销来打品牌。但是，对于事件营销的本质他们根本不了解，牵强附会地将产品品牌与事件搭上关系，生搬硬套将二者“撮合”在一起，不考虑产品与事件的相关性，最终造成产品形象混乱、目标市场模糊。例如，国内很多的酒类产品企业热衷于赞助体操，消费者对这样的产品品牌与发生的事件产生不了任何联想，企业的产品信息根本就传递不到消费者的意识里。

事件作为载体是要传递企业所要传播的信息，如果企业传递的品牌或产品信息不能和事件有机融合，那么事件在发展、传播的过程中使企业信息与事件相脱离，受众将很难记住或联想到企业与事件之间的相关性。如果事件与企业彼此间缺乏关联，就可能影响单个事件营销的效果延续和积累，甚至模糊自己的消费印象及品牌形象。

（三）不讲究事件营销策略

在国内很多企业尤其是中小企业为了快速提高企业或产品的知名度，不惜用滑稽、荒诞的事件进行“炒作”。的确，企业的知名度得到了提高，但消费者对企业的美誉度大大地降低了。事件营销不是盲目的，应当促进企业各个方面共同进步和提高，而不是要以某个方面的损失为代价提升另一方面。你借助“神五”飞天，那我就借助“神六”飞天；你请娱乐明星代言，那我就请体育明星代言；你赞助歌手大赛，那我就赞助模特大赛。这样的现象在国内企业中经常见到，不是说不能借助相似的事件进行事件营销，而是企业要根据自身的情况来选择适合的事件进行事件营销。“神五”的飞天让大家记住了蒙牛，然而“神六”的飞天大家又记住了谁呢？事件的独创性和新颖性是事件营销操作中的关键因素之一，盲目的跟随效仿不会让消费者留下太多印象的。企业赞助歌手大赛的同时，整合了大量资源进行了大量的促销活动，但模仿者只看到了赞助大赛的这一行为，因此投入大量资金去赞助冠名，最后并未获得理想的销售成绩。因此，企业在选择事件营销的时候，还是要抓住事件营销的本质，结合自身企业的特点开展事件营销活动。

（四）只考虑战术层面，不从战略角度审视事件营销

许多企业认为事件营销是一种营销战术，不能从战略层面上对整个营销

过程进行指导。按照里斯和特劳特的战术决定战略理论，现在的企业事件营销应该坚持以事件为核心，通过事件营销的传播效果帮助企业完成其制定的品牌发展战略。从单个事件营销的角度来说，事件营销确实是一种短期的营销战术，但是从长期发展来看，这属于企业品牌塑造链上的一环，是一种有关品牌塑造的战略行为。

企业应该放弃试图通过一两次事件营销来确保企业永葆生机的观念，因为单凭一次或几次事件营销很难使品牌的核心文化获得全部消费者的认同。企业只有有效地整合自身资源，使企业品牌的概念主题与事件保持一致性和连续性，将事件营销贯彻到企业品牌建设的全过程中，才能让消费者对企业品牌记忆犹新。因此，事件营销并非只是图一时轰动和大出风头，它与企业的总体战略、品牌精神、内涵、市场策略以及销售等紧密相连，才能使事件营销发挥其应有的作用。与此同时，企业不要忽略了市场的长期建设，如品牌建设、渠道建设、组织结构调整、产品研发、管理变革、人才培养，这些都是事件营销的基本保障工作。

（五）只强调事件，没有构建有效的营销体系

有些企业只迷恋事件本身，将事件实施得尽善尽美，而忽略了事件是用来传播，是用来营销的。笔者曾执行过某企业赞助并举办的汽车拉力赛的活动，期间整个赛程的安排、组织、选手的衣食住行以及期间公益性活动的安排都相当的细致和完善，活动本身做得非常的好。但整个活动期间，只在车队出发前举办了新闻发布会，通过媒体进行了小范围的报道，可随后的过程中再没有媒体进行宣传与报道，在活动经过的城市也没开展宣传活动，使整个活动在悄无声息中结束。这样的活动对参赛选手来说是好事，对汽车体育事业来说是好事，但没有使品牌认识度提高，也没有促成产品的销售。

（六）忽视风险的存在

事件营销存在着很大的风险，这与它具有很好的营销效果是分不开的。然而在营销实战中，很多企业只看最后的营销效果，而忽视了其高风险的存在。事件营销是借助事件为载体，而事件本身存在着太多的不确定因素。很多企业对此把握不够，缺少事前风险的评估，造成适得其反的结果。

三、企业实施事件营销存在问题的原因分析

在我国，许多中小企业受制于经济实力单薄、企业文化底蕴肤浅等因素，在具体运用事件营销时，往往目光短浅，营销方式单一；部分大型企业虽然拥

有雄厚的资金实力，但对事件营销本质的认识不够，无法正确把握事件营销的度，因此经常达不到事件营销预期的效果。究其原因，主要有以下几点。

（一）企业的管理模式和人员素质无法满足事件营销的需求

这一点是企业面临事件营销出现诸多问题的最主要也是最普遍的原因之一。事件营销的实施通常是多部门、多组织的协同实施过程。一些企业内部组织结构复杂，部门横向、纵向沟通存在障碍，决策与反馈不能及时传递，造成营销目标分散，行动滞后。在各合作单位之间，同样存在沟通障碍，分工和职责不清，各组织只顾及自身利益，事件营销目标分散。这都将导致事件营销效果不佳，甚至失败。企业在针对事件营销时，应建立具有快速反应能力的组织结构，如项目型与矩阵型组织结构，与各合作单位建立利益共同体的合作体制，这样才能应对事件营销实施的需求。

事件营销从调研、策划到实施都需要具有专业知识的高素质人才。企业中一些具体操作人员由于对事件营销认识的局限性，会做出错误的信息判断，影响最终决策。运用事件营销的风险性很大，这需要企业决策者对事件营销要给予高度重视，但由于一些企业的决策者缺乏事件营销的相关知识和经验，经常会犯个人主义或错过介入事件的最佳时机。因此，这需要企业加强营销人才培养，加强企业管理决策的稳定性。

（二）企业缺乏相关资源支持

事件营销需要整合大量的企业资源，其中包括内部资源和外部资源。企业内部的营销体系的完善与销售渠道通畅对事件营销的成功有非常重要的作用。笔者遇见过这样的企业：当事件营销开展时，企业的其他营销或促销手段无法跟上事件营销的发展，产品销售渠道不畅通，无法将产品送达到消费者最容易接触到的地方，使事件营销最终成为悬在空中的“光环”。保持良好的媒体关系与政府关系，对开展事件营销是相当重要的。事件营销需要依靠媒介将事件传播出去。企业如果不能把控传播渠道，将无法确定事件的发展。媒介资源的缺乏也导致企业在事件发生或将要发生时，不能及时地向受众传递所要发布的信息。当事件的轰动性或舆论性达到一定程度时，政府的干预将是必然的，这对企业来说是一种考验。在事件营销中也经常需要依靠政府有关部门的支持或出面，让事件保持在公证和可信的状态下，这样目标受众才会积极参与到事件营销中。

（三）事件营销的执行力与驱动力不足

笔者一直从事广告、公关公司工作，期间发现，作为执行企业事件营销的专业广告公司或公关公司，在执行动力上和执行力上存在严重不足。事件营销相对广告、促销等其他营销手段来说有明显的“低成本优势”，并且运作事件营销是非常的“费心”，同时风险相当的高，这让一些从事专业营销策划、咨询的机构不太愿意执行事件营销。在利益的驱使下，有些公司会加大其他营销手段在整个事件营销中的比重，从而颠倒了事件营销中的主次关系。目前，国内的公关、广告机构的专业化水平良莠不齐，具有高水平的策划、咨询的营销专业人才缺乏，媒介资源一般化，事件操作能力差。这些都导致在实施事件营销时无法适应其高强度、高应变能力的综合要求。因此，企业在选择事件营销的执行公司时，应尽可能充分地调查了解这些公关、广告公司是否具备操作事件营销的综合能力。

在我国，许多中小型企业受制于经济实力单薄、企业文化底蕴肤浅等因素，在具体操作事件营销时，往往目光短浅，营销方式单一；部分大型企业虽然拥有雄厚的资金实力，但由于对事件营销本质的认识不够，无法正确把握事件营销的度，因此出现了许许多多的问题。

事件的发生，有时带有偶然性，这就需要上游企业的决策者必须对事件快速做出反应，制订计划和目标。同时，下游企业应立即调整步伐，协同作战。过去，企业主要是凭借在供应链上的抢位与占位来获取相对竞争优势。但企业的供应链各环节是相互隔绝的，信息是不畅通的，利益是不均衡的，企业的供应链没有形成整体优势。而未来企业的竞争，关键在于速度的竞争。企业的速度又决定于供应链整体的速度，这就需要企业从供应链的抢位转向供应链的整合。

企业通过媒体进行事件传播后所产生的影响，或者说媒体受众对事件的反应就是事件营销的效果。这种效果可以从受众的心理影响、社会影响和企业产品的销售影响等方面表现出来。媒体受众对事件的反应程度是受多方面因素制约的，如经济、文化、风俗、习惯等。消费者从接收信息、理解、改变态度到最后形成购买行为，需要一定的时间，相对于促销、广告等的立竿见影，这是一个相对滞后的营销过程。这种滞后性表现在事件发生后，公众通过各种其他方面的途径深入了解该事件，形成对事件的认识，同时加深了对关联企业和产品的认识。这种认识可能会在短期内激起受众的购买欲望，也可能是受众在时机成熟以后才会实施消费行为。

只有报刊、电视、网络等大众传媒工具以新闻形式发布，才能让消费者无障碍地接受。就绝大多数尚处于生存和发展阶段的企业而言，并不具备丰富的事件营销关键资源事件。因此，要想达到事件营销的目的，就必须进行适度投资，通过媒体进行广告宣传，以新闻记者、编辑资源为主体的媒体通路作为后盾来保证事件营销的效果达成。当然，企业也可以通过自身的渠道、销售终端等方式进行营销活动，但这种方式最终的影响力往往只局限于企业自身周围的有限群体当中。

事件营销企图以小博大，实现低成本运作，这与上百万的制作、上千万投放费用的广告所产生的利润相比，事件营销的利润微乎其微，所以从事营销策划、咨询等的专业机构一般不愿意做这样的工作。大多数专业机构并不具体指导事件营销的实际操作行为，而是尽量通过整合营销的方式引导企业进行市场运作，最终导致事件营销被冷落，专业人员和系统理论更是少之又少。

公关、广告等公司尽管可能有一定的媒介资源，但是事件营销关键点是要“策划、组织和利用具有名人效应、新闻价值以及社会影响的人物或事件”。而有些公关、广告机构所缺乏的就是这种事件营销的策划、组织能力。

我国的企业，在企业发展的过程中往往仅关注企业自身管理，很少关注与企业相关的行业的发展，更加没有对全球的整个经济环境形成统一的大局观。这种大局观的缺失使企业在重大事件发生时敏感性不高，不能预见事情的发生。

一般认为，客户关系的发展是具有明显的周期特征的，一般分为五个阶段，即准备期、形成期、发展期、稳定期、破裂期。企业在决定使用事件营销时，应该考虑到企业客户关系管理的周期因素的影响。处于不同客户关系阶段的企业在使用事件营销的时候，对恰当事件的选取的出发点也是不同的。虽然我国企业拥有 CRM（客户关系管理）系统的比较少，但是简单的定性分析客户关系发展到哪个阶段对企业来说还是可以做到的。但国内企业在进行事件营销时往往具有随意性，仅根据事件制定事件营销策略，根本不考虑客户关系生命周期，更不考虑企业的战略，直接造成了营销效率的低下。

虽然现实中事件营销总是以营销战术的方式出现，但是并不能据此认为事件营销只能局限于战术的层次。如果能够合理并且熟练地利用，完全可以上升为战略层次。因为实践中事件营销总是随机的作为营销战术出现的，这就使人们往往误认为事件营销应该归入战术层面，不能从战略层面对整个营销活动进行指导。而世界顶尖营销大师里斯和特劳特把战略定义为具有一致性的市场营销方向。所谓一致性是指以选定的战术为中心，从这个中心去发展和确定战略。按照里斯和特劳特的战术决定战略理论，现在的企业营销工作同样可以坚持以事件为核心，然后归纳形成所要传播的品牌形象战略。如果企业的每一次事件营销活动就如同一颗颗散落的闪亮珍珠，一旦把这些散落的珍珠用一致性的串链给连起来，那就形成了光彩夺目的品牌珍珠项链，这就是事件营销的项链理论。许多企业在营销过程中由于认为事件营销只是战术，所以总是先找条串链，后找事件珍珠，务虚多于务实，把串链看的比珍珠还重，这是企业在事件营销方面存在的误区之一。

体育营销中必须将企业的品牌个性和体育活动的精神相结合，所赞助的对象应该与企业的品牌战略和品牌个性相一致。企业所做的一切的赞助都应该是对品牌建设的长期投资，而这却是国内企业经常忽视的点。国内大多企业所投赞助往往与自己的发展战略不尽相关，或是盲目攀比竞争对手的赞助策略，碰上“拉赞助”的就赏脸给钱，至少是要在消费者面前混个脸熟。殊不知，这不仅没有将企业的有限资金做到“有的放矢”，还分散了企业或品牌在消费者心目中的统一形象。

大部分国内企业总是把事件营销当成一种突发性营销决策，事件发生后就匆匆介入，生怕错过好的时机，却往往忽视事件营销运作之前的对运行事件营销前后两个阶段的风险评估和企业品牌价值评估。

（1）评估企业风险。其实，这一环节在整个营销过程中相当重要，不可忽视。由于事件本身往往具有突发性、不确定性、不可控制性等特点，这导致在实际的事件营销中很多因素都难以掌握，面临很多不确定的风险，如新闻事件炒作结果的不确定性，组织活动中突发事件的不可预见性，明星私人生活对其形象的影响乃至对其所代言品牌造成的连坐之害等。事件营销在给企业带来高收益的同时，不可避免地会带来一定的风险。国内企业把注意力只放在事件营销所带来的正效应和收益上，忽视了事件背后的潜在风险带来的负面效应。反观一些在中国市场驰骋的国际品牌，它们在把握和创造事件营销机会的同时，不忘通过风险评估十分谨慎地规避了风险。它们不像某些国内企业动辄就“豪赌”一把。宝洁、耐克等国际品牌在事件营销上的运作之道，当为国内企业所借鉴。

事件营销的利益与风险并存，我们既要学会取其利，又要知道避其害。对于可能存在风险的项目，我们先要做的是风险评估，这是进行风险控制的基础。风险评估后，根据风险等级建立相应的防范机制。事件营销展开后还要依据实际情况，不断调整和修正原先的风险评估，补充风险检测内容，并采取措施化解风险，直到整个事件结束。

（2）评估企业事件营销前后的品牌价值。不仅是事件营销，基本所有的营销工作都面临一个很大的难题，就是很难通过财务的方法来说明企业的某项营销策略到底给企业带来多大的收益，到底产生多大的投资回报率。因为营销工作所产生效果往往是具有滞后性的，现在的一项营销工作它的效应可能 1 年以后甚至几年以后才会得到体现，而会计制度要求在一定的会计期间根据营销费用实际发生数来据实扣除，这种差异就导致企业内部特别是财务部门与营销部门产生分歧，时间一长就连营销部门自己也会产生自我怀疑。

四、我国企业实施事件营销的策略建议

在我国，市场环境瞬息万变，要求企业在运作事件营销时应时刻关注信息的变化，及时收集、挑选、分析、评估所需要的信息，并有机整合现有资源，谨慎、细微地运用事件营销，这样才能保证企业及时调整和纠正营销目标和营销策略，最终达到营销目标的实现。针对目前我国企业在实施事件营销过程中普遍遇到的问题进行分析研究，给出参考性的解决办法。

（一）明确事件营销目标，做好事件营销定位

在我国企业事件营销实践中，很多企业并不知道实施的事件营销要达到什么样的目的或效果，经常是为了事件而营销。在笔者参与和了解的事件营销案例中，有些中小企业甚至是大企业都不清楚通过事件营销要达到什么样的效果，更有甚者连营销的目标受众都含糊其词。因此，要解决企业在实施事件营销时存在的无目的、无目标的问题，就要明确事件营销的目标，做好事件营销的定位。

1. 确定营销目标

事件营销的目标是指特定的事件营销活动所要完成的沟通任务和所要达到的沟通程度，这是开展事件营销活动先要解决的问题。企业必须对其内外部资源和环境进行分析研究，以企业的产品类型、目标市场群体、潜在消费者以及企业的产品生命周期等因素作为参考依据，确定企业的营销理念、目标和发展战略。企业可以通过三个方面来实现事件营销的目标：向受众传递信息、提高企业品牌在受众中的认知度和强化品牌形象。

（1）向受众传递信息。传递信息是一个企业刚刚进入某一行业或新产品上市阶段最常用的事件营销方式。其目的是通过事件营销让企业信息向目标受众传递和表达，使目标受众了解经营范围和性质，或者企业产品的功能、价格以及使用状况等方面信息，使目标受众对企业和产品有初步的了解。企业所传播的信息一般包括以下内容：向目标受众介绍有关企业和新产品的信息；使消费者产生品牌认知；建立品牌联想；说明制作工艺；描述可以提供的服务；改正错误的品牌印象；树立品牌的良好形象，等等。例如，宝洁公司的新产品“激爽”上市之初，组织的“激爽沐浴劲歌大赛”就是典型的信息传递的事件

营销。通过这一新颖的事件策划方式，让目标受众了解了这一新产品，用自然、健康、激情的营销理念树立专为年轻人推出的品牌概念。

（2）提高品牌认知度。处于成长期的企业多会以提高产品品牌在公众中的认知度为目标进行事件的策划和运作。在这一时期，面对市场上大量的竞争对手，企业只有向公众突出企业产品和服务的特点和优势，促使公众产生品牌认知，进而形成特殊的品牌联想，形成有利于产品销售的品牌优势，促进消费者购买企业产品。通过一个重大事件，很容易将企业的产品的特征与竞争对手区别开，形成消费者对产品理念和优势的认知，将消费者从不同的产品中拉到自己面前。例如，奥克斯“空调成本白皮书”事件，就是通过吸引注意力的方式进行事件策划，突出产品价格诉求点，从而有效地启动市场。

（3）强化品牌形象（美誉度）。当企业或产品处于成熟期或衰退期时，消费者出于消费习惯已对企业品牌产生了品牌忠诚，因此在这一时期，企业应该增强消费者对品牌的回忆和理解，以强化品牌形象。在这一时期，许多企业会选择赞助体育或是公益事业的方式来强化自己的品牌特征，只要赞助目标与营销目标保持一致，就会有很大的强化品牌的效果。例如，农夫山泉结合申奥推出“一分钱一个心愿，一分钱一分力量”的事件营销活动，非常有效地强化了农夫山泉品牌的民族化、健康化和公益化的良好形象。总之，事件营销的目标确定不是随机的，而应该建立在考虑各种影响因素、充分的目标市场调查和研究的基础之上。企业在不同产品周期中的目标并不一定是单一的，可能是多种目标的组合。因此，企业应该在其事件策划和实施过程中不断地改进方式和手段，以达到企业营销目标的共同实现。

2. 把握营销定位

企业要结合其制定的发展战略和规划、企业内外部资源状况和环境等条件进行事件营销定位，包括事件定位、诉求定位、利益相关者定位等。企业在实施事件营销时要体现差别化和个性化，并符合企业目标受众的习惯和需求，不能照搬照抄别的企业的成功事件营销模式。

（1）事件定位。笔者将事件分为“策划事件”和“突发事件”。研究事件的大多数学者侧重对“策划事件”进行研究，而对“突发事件”进行研究的较少。事件关联就是品牌关联点原理中的事件关联模块，其原则是与品牌核心理念相一致，也就是要选取合适的品牌关联点，而不应一味地抓住具有轰动效应的事件策划营销活动。只有将公众的关注点、事件的核心点、企业的诉求点重合起来，才是有效的事件营销。从企业长期角度来看，事件的定位还要有一贯性，符合企业品牌发展战略。

因此，事件的选取不是越大越好，不是越轰动越好。企业一定要根据自身品牌的发展战略，将事件与企业相融合，找好关联点，保持一贯性，这样的事件才是企业运用事件营销的好事件。

（2）诉求定位。在事件营销过程中，企业无论是要表达品牌诉求还是产品诉求都要和事件有机结合在一起，因势利导，切不可将事件与产品简单堆砌。这也正是品牌关联点理论所阐述的核心内容。

在进行诉求定位时，必须要充分结合目标市场的人口分布、经济状况、消费习惯、购买特点等，通过详细的市场调研，进行细致的产品细分或定位，创造差异性，找准产品的卖点或品牌的特点，选取适当的切入点，再与其他营销手段相结合，这样才能最终达到营销传播的效果。

事件的应用必须和企业的诉求点紧密联系，或者说企业的诉求点要与事件紧密关联，这样才能达到营销的预期效果。否则，即使投入再大的人力、物力和财力也很难引起消费者的共鸣，最终功亏一篑。

（3）利益相关者定位。事件营销中的利益相关者一般包括消费者、媒体、政府部门、执行公司、员工、股东以及竞争对手等。本书主要对消费者、媒体进行定位研究。消费者是事件营销的主要营销对象。对消费者定位，首先要了解和把握消费者的心理特点。消费者心理特点是指消费者所想的东西（认知）、他们所感觉的东西（体验）、他们所做的事情（行为）以及能对这些产生影响的事情和地方（环境）。消费者的心理受诸多因素影响，由于消费者心理千变万化，所以在这些因素的共同作用下，消费者的消费行为将更加多样化。其次，在事件营销中，不同的事件定位的消费者不同。企业在针对不同的事件进行消费者定位时，只有以消费者的心理需求和购买动机为依据，“投其所好”，才能使营销模式可能取得成功。总之，事件营销的目标群体定位既要突出企业的近期和长远战略目标，又要考虑到不同消费者的特点和心理需求，要因人而异，因事而异。

媒体或者媒介通路在事件营销中起着非常重要的作用。对于很多事件，如果没有媒体的有效传播，可能就不会真正成为具有利用价值的事件。首先，企业需要综合权衡媒体价格、传播效果、社会参与度等几种因素来选择传播媒介。不同的传播媒介具有不同的价格水平，企业应根据自身实力和营销需要来制定传播费用预算，真正达到事件营销的效果。其次，媒介的选择还需考虑的一个重要因素，就是公众参与的程度。不同的传播媒介具有不同的特性和功能，其受众参与程度也不尽相同。通常，人际传播的媒介的参与程度最好，组织传播媒介次之，参与程度最低的是大众传播的媒介，企业可以就此作为选择媒介的参考依据。例如，“超级女声”采用了电视、平面媒体、网络媒体、短信等最新的传播和沟通介质，使整个营销获得回报的周期缩短，迅速地将需求转化为商业回报。因此，企业在进行事件营销时，不一定仅选择一种传播媒介，可以对不同的媒介进行策略组合，以达到最优的传播效果。

（二）保持品牌关联性，形成品牌一致性

目前，我国企业在实施事件营销过程中最突出的问题就是不能有效地保持营销事件与企业品牌的关联性，抓不住事件与品牌之间的内涵，这是很多企业在实施事件营销后达不到所预期效果的主要原因。通过接触点原理在实际中的应用可以增强事件品牌的关联性，并在此基础上，使每一次开展的事件营销都与企业品牌保持一致性，建立长期的品牌营销体系。

1.抓住事件与品牌内涵，构造品牌关联点

在商品同质化程度越来越高的今天，鲜明的品牌个性是品牌定位的需要，也是目标消费者区别同类产品的重要参考依据。只有以鲜明的品牌个性吸引消费者的注意力，使消费者偏好承载品牌个性的产品，才能牢固树立消费者对品牌的忠诚度。因此，先要充分了解自身产品品牌的特征及内涵，这样才能重点去发现事件、创造事件，与消费者的体验和期望紧密切合，使消费者获得更好的品牌认知，最终驱动消费者购买企业产品。

在事件营销实践中，品牌关联点模型可以有效地使企业品牌与事件相关联，避免“生搬硬套”“牵强附会”地将品牌与事件“撮合”在一起，造成产品形象胡乱、目标市场模糊的现象发生。企业从品牌关联点模型中的两个关联模块出发，一方面挖掘企业品牌的内涵，另一方面发现事件所将承载的信息内涵。当内涵保持一致时，将形成注意力资源，企业所要传递的信息与品牌形象将随着事件的发展展现给消费者。赞助航天事件的蒙牛用一贯的品牌信息“强壮中国人”和宣传口号“举起你的右手，为中国喝彩”与“神五”飞天事件紧密关联在一起，既给蒙牛注入爱国、公益和责任感的民族情，又向消费者传达蒙牛产品质量信赖程度之高的品牌信息，用等同航空食品的严格标准证明蒙牛产品的健康和营养，从而有力地推动终端销售。

2.保持事件营销品牌一致性，形成事件营销战略视角

在事件营销体系中要始终贯彻保持品牌战略定位的一致性，即维持品牌认知与品牌联想中的主要因素不变。享誉百年至今仍充满活力的世界级品牌，如可口可乐、百威、万宝路等都是在品牌一致性的基础上开展各种品牌强化的事件营销的。保持品牌一致性并不意味着保持营销组合策略不变。恰恰相反，

僵化地执行单一的营销策略往往是品牌老化的重要原因。为保持品牌战略一致性，需要对品牌的市场活动进行策略性的调整，即在不断调整和改变新的营销活动与新的营销主题开展事件营销以外，还应以价格策略的改变、产品功能的开发、品牌的延伸等作为辅助，通过这些策略性的调整保持品牌活力，保证品牌认知与品牌联想的战略定位的一致性。

在国外，“维珍”（Virgin）品牌的建立过程被公认为一部关于事件营销的优秀连续剧。在其发展过程中，事件作为维珍阐释品牌个性的符号，不只为追求一时的轰动效应，更加重要的是事件的本身与维珍的品牌个性相符，形成长期效应。此外，百事可乐的音乐和足球、农夫山泉的健康和金牌等优秀案例，都向我们阐释了当事件营销与品牌形象、品牌个性相吻合时，它所发挥的威力和持续的程度将贯穿一个品牌的成长。

通过案例，事件营销的营销管理者必须通过采取一系列行动，使企业的事件营销实际活动与原战略规划尽可能保持一致，在实施中通过不断地评估和信息反馈，不断地根据最新的情况重新调整计划和进展，连续地对营销措施和营销策略进行纠偏和调整，这样才能确保事件营销战略始终如一的长期贯彻。

（三）制定事件营销策略组合，确保预期营销效果

事件营销的最终目的是促成产品或服务的销售。作为以消费者需求为导向的营销方式，企业在运用事件营销时应以消费者的需求和满意度为策略选择的标准，并联系企业实施营销活动的目标而制定最有效的营销策略组合。营销策略组合的策划与实施是整个营销模式中的关键环节，是前面各环节工作的落实与实施，直接决定事件营销活动的成败。综合事件营销的策略为概念策略、公益策略、文化策略、宣传活动策略四个方面。

1. 概念策略

概念策略是指企业为自己的产品或服务创造一种新的理念，引领消费者新的消费倾向和潮流。在应用概念策略时，策划者将市场看作理论市场与产品市场两个不同的侧面。通过先启动理论市场而不是产品市场来传输一种观念，进而做好产品市场。

2. 公益策略

企业参与公益活动突出了其公益性和文化性。着眼于企业的整体形象和长远利益，通过赞助公益事业的方式可以提升企业的知名度和美誉度。公益活动形式多种多样，可以通过企业本身的节目为中心，以庆典或纪念活动的形式扩大影响。可以结合企业的情况，举办各种有文化含义的专题活动。此外，各

类的赞助活动深受欢迎，如赞助教育事业（资助希望工程、设立希望小学、教育基金会、奖学金、奖教金、研究基金等）、赞助体育活动、赞助文化娱乐活动、赞助社会慈善和福利事业（扶贫工程、残疾儿童福利院）、赞助宣传用品的制作（赞助有特殊意义录像带、电视片、电影等）、赞助其他活动（赞助职业奖励、竞赛活动）。这类公共关系活动容易扩大社会影响，提高社会声誉，赢得公众的支持和赞赏。

3. 文化策略

通过利用文化内涵，与企业的产品理念相联系，深入消费者内心，提升消费者的自我满足感，达到提升知名度的目的。例如，“水井坊”。水井坊的事件营销，从定位到细节实施，全部围绕“文化”展开，与“文化”的相关性成为水井坊成功开展事件营销的关键。水井坊“穿越历史，见证文明”的品牌内涵为“文化”事件营销的运作提供了条件，为“文化”事件营销的开展奠定了坚实基础。

4. 宣传活动策略

宣传活动策略是指企业为推广自己的产品而组织策划的一系列宣传而非广告的活动，以吸引消费者和媒体的眼球达到传播企业理念和产品的目的。利用企业宣传活动进行事件营销是向公众传播企业理念和产品信息的重要而有效的方式。通常，企业会通过冠名或赞助体育比赛、娱乐活动以及利用明星的知名度增加附加值等方式追求宣传效益最大化。例如，联想与国际奥委会建立全球战略合作伙伴关系，以赞助体育活动成奥运会全球 TOP 合作企业。

企业在实施事件营销时，要以营销策略为营销行动的指导思想，选择正确的营销策略，这也是事件营销成功的基础和保障。选择事件营销策略时，企业应当考虑自身的现实状况、市场竞争状况和经济形式的发展，针对不同时期的战略目标制定不同的营销策略，以满足企业的营销需求。

（四）构造接触系统，构建事件营销体系

为确保事件营销的效果，我们有必要建立事件营销体系。目前尚无这方面的文献，笔者通过对事件营销的研究提出自己的见解。事件营销体系包括事件及事件关联点选择、注意力引导、沟通传播、目标实现。事件及事件关联点的选择主要是指通过制造或选择事件并将品牌与事件相联系。沟通传播是通过建立合适的接触体系使受众能更多地参与品牌信息的传递，实现“病毒”的自我复制。目标实现是达到我们事件营销所设定的目标，实现产品的销售或是品牌的建立，这不是一个单独的点，而是贯穿于体系的每一点。

企业传播的内容要通过传播媒介市场这一渠道传递到受众市场和竞争市场之中，受众市场的接受程度和竞争市场的反映又制约着传媒市场传播方式的调整和改变，且企业对受众市场和竞争市场的反馈调查又决定着企业传播内容的更新。因此，企业、传媒、受众和竞争市场之间存在相互影响、相互促进的关系，应形成相应的事件传播体系。品牌形象的成功塑造是企业生存和发展的宝贵财富，不能一蹴而就。因此，企业必须在整个事件营销传播体系初期加强品牌建设，在进行营销策略实施过程中也要注重企业的品牌塑造和强化。

1.搭建接触体系平台，确保营销体系建设

良好的沟通传播需要精心设计事件营销的接触体系。在建设接触体系中，要把握事件营销的一致性、独特性和高参与性三大特点来构建事件营销的内容和形式，要在充分考察相关利益者以外的接触情况和习惯的基础上来设计相应的接触体系。通过这样一系列的事件营销活动，使利益相关者产生一般接触和深度接触，从而形成接触系统，完成品牌信息的传播任务。同时，信息叠化效应贯穿整个实施过程中，促进了接触系统的形成。

在事件营销接触体系设计时不仅要突出独特性，还要把握好独特性的尺度，因为如果活动的内容和形式过于怪异，或者严重背离国家法规和社会伦理道德，都将导致大众很难或无法理解和接受这种活动，甚至导致活动被大众严厉抵制或被政府取缔。此外，在设计事件营销活动接触体系时还要充分考虑到媒体对事件活动可能采取的报道和参与方式。

在事件营销接触体系建设中，要加强与媒体的深度合作，并调动媒体的积极性，因为所有的公众最初的接触都源于媒体对事件的报道。媒体作为利益相关者同样要对事件、对企业进行接触，其对新闻报道的选择性和舆论导向性又会作用于消费者对营销事件的接触广度和深度。因此，在事件营销接触体系建设中，务必要与媒体进行深层次的合作，即使是危机事件同样要积极面对媒体的报道，逐步改善与媒体的关系。

2.营销活动支持配合，确保营销效果

要围绕事件制造更多的接触点形成接触体系，让更多的目标受众参与企业事件营销，就要利用好各种促销工具，即人员推销、销售推广、广告、公共关系等方式的选择及其组合。要提高促销定位的准确性，必须分析产品的属性和消费者的特性，同时要考虑到企业本身的实力，从而找准既适合产品，又适合消费者的促销方式。事件营销过程中增加公众的深度接触，强化品牌还应依赖其他市场营销手段来实施，这些手段包括广告宣传、价格调整、促销策略、渠道策略等。对以产品相关的品牌联想为品牌核心的品牌来说，事件营销过程中应着重于宣传企业产品的设计、制造及各种创新营销方式。对以非产品相关的品牌联想为品牌核心的品牌来说，事件营销应以广告活动为主要的强化策略。企业可以通过广告活动与消费者进行沟通，在广告中采用符合品牌联想的品牌使用者及使用场合，从而加强品牌建设。

事件营销成功的要点是事件与其他传播手段的协调与合作，包括新闻、电视广告、平面广告、宣传海报等，形成围绕“事件”的一个有机整体。例如，蒙牛赞助“超级女声”这一事件营销，蒙牛冠名湖南卫视《超级女声》的费用是 2 000 多万元，与此同时开展大量营销活动配合此次活动的投入有 8 000 多万元，附加的这些营销活动与冠名《超级女声》一起组成了一次完整的事件营销，真正达到了营销的目的。

（五）加强风险控制，进行反馈管理

在进行事件营销过程中，企业必须实施营销管理控制。管理控制可以衡量和评估营销策略与计划的执行情况，并能够及时采取纠偏措施以确保营销目标的完成。在事件营销的策略实施过程中难免发生各种各样的意外情况。企业必须连续不断地对营销活动进行评估、监督、反馈与控制。

1. 认清风险，加强控制

事件营销的风险主要来自事件发展的不可预见性给事件营销运作带来的风险。由于事件发展的不可预见性，企业对事件策划的掌控能力的强弱，风险暗藏在事件营销的整个过程中。如果企业不能认识到事件本身具有发展的不可预见性，只按照事件发展的一种可能性来准备策划方案，一旦事件发展不如人意，将会使前期投入化为泡影，不能获得相应的投入产出，更会让后期的营销活动无法延续，偏离现实预定目标。在蒙牛助飞“神五”的事件营销中，蒙牛乳业集团副总裁孙先红对事件的不可预见性早有准备。他说：“我们对策划的方方面面都做了谨慎的考虑和周密的计划，但最关键的是，对于存在的风险或者可能导致的失败，要事先做好分析和判断，预测好成功的概率。这次国家投入如此巨大的人力、物力进行航天载人飞行，且志在必得，所以我们充满信心，预测‘神五’成功发射与返回的成功概率比任何一次航天发射都要高，但即使有 99.99% 的希望，我们还是准备了详细的预后方案，以使蒙牛的宣传进退有据。”因此，企业在运作事件营销过程中必须具备风险规避意识，充分意识到事件发展的不可预见性带来的风险，在实际操作中做好两手或更多手的准备，准备好紧急应变方案，才可能有效降低事件不可预见性给企业营销投入带来的风险。

2. 有效反馈，加强效果

营销反馈是事件营销过程中和结束后不可或缺的重要环节。一个双向沟通的信息反馈渠道是事件营销中对事件的把控、消费者反馈、风险评估以及营销策略调整等所必需的。反馈控制从两个方面入手。①从内部反馈控制开始。企业通过量化的检测数据，如销售额、发稿率、参与量和执行人员反馈等，判断是否沿着预定的营销目标发展，是否呈现潜在风险，是否需要调整营销策略。②从外部反馈控制入手。企业通过利益相关者的反应与态度，如问卷调查、拜访、参与积极性调查、认知度调查等，了解消费者是否已明晰企业所要传达的信息、是否已开始做出消费判断，了解媒体是否贯彻企业事件营销所承载的传播信息，了解竞争对手是否采取相应的竞争举措等。反馈控制能够有效地获取事件营销实施效果信息，为调整营销策略和防范风险做出评估。

（1）营销绩效反馈。营销绩效反馈可以通过比较企业实施事件营销前后的销售业绩、成本和利润实现。①销售业绩。销售业绩的反馈重点在于了解企业销售收入的扩大程度。②成本和利润，即进行事件营销所付出的人力、物力、财力和所赢得的利润，一般包括销售总利润率、销售利润率等。

（2）消费者反馈。消费者反馈可以通过消费者基本情况调查、知名度和美誉度状况两方面体现。①消费者基本情况调查。企业应根据不同的消费者分类，采取针对性的调查方式，通过问卷调查、随机采访等方式不定期进行有关企业产品和服务的调查研究，帮助企业及时了解各类消费者对企业产品或服务的意见和建议，促进企业产品或服务的改进和更新。②知名度和美誉度状况。企业可以委托市场调研部门通过消费者问卷、实地调查、抽样调查等多种市场调查方式进行消费者调查活动，了解企业产品和企业形象在消费者心目中的地位。为了了解企业的知名度和美誉度的有关情况，在设计问题时应侧重企业本身知名度以及消费者对同行业其他企业的了解程度。

（3）竞争者反馈。对于竞争者状况的反馈，企业可以通过市场占有率和市场份额的比较、竞争者业绩状况、竞争者反应调查三个方面体现。①市场占有率和市场份额的比较。市场占有率指产品在一定区域内占同类产品总销售量的百分数，而市场份额是指企业销售占总体市场销售的百分比。随着市场份额的提高，规模经济、对市场的控制能力以及管理效率的提升将为企业带来较高的利润率。因此，在事件营销实施过程中对企业产品的市场占有率和市场份额进行调查，可以帮助企业认清自己在行业中的地位和实力，为营销战略和策略的调查提供依据。②竞争者业绩状况。要调查竞争对手的产品状况、技术状况、价格状况、盈利状况等，并且这些方面的调查中，设置一些能够量化的指标，确定指标权重，然后根据各指标比较结果描述出自己相对于竞争者的优势和劣势，从而选择正确的市场策略。③竞争者反应调查。企业在实施事件营销的过程中，要关注竞争者的反应状态及变动趋势，明确自己当前所面临的威胁和挑战，从营销战略、产品开发、行业介入等方面避重就轻，准确决策。

总之，事件营销效果反馈可以在营销过程中及时调整策略，使企业的各项工作按计划进行，也可以在营销活动结束后总结经验教训，并为企业今后的营销工作提供参考。企业可以依据事件营销的效果反馈结果做出适当的人事、组织机构和合作者的调整；可以明确责任人的工作成绩，奖优罚劣；可以及时调整企业的发展战略方向；可以检讨企业进行事件营销活动的各项举措的准确性，并做出适当改进。

第三章 大数据背景下移动营销的创新发展研究

第一节 移动营销概述

一、移动营销的定义

随着短信业务的发展，移动营销（Mobile Marketing）概念涌现出来。但到目前为止，它还没有一个被普遍接受的定义。一些研究机构和专业协会对移动营销给出了以下定义。

2006 年，移动营销协会将移动营销定义为利用无线通信媒介作为传播内容进行沟通的主要渠道，所进行的跨媒介营销。

美国移动营销协会在 2003 年将移动营销定义为，对介于品牌和终端用户之间作为通信和娱乐渠道的移动媒体的使用。移动营销是随时随地都能够带来即时、直接、交互沟通的一种亲身渠道，概而言之，就是透过移动渠道来规划和实施想法、对产品或服务进行定价、促销、流通的过程。

无线广告组织将无线营销定义为通过无线网络向移动设施，如手机、PDA 发送广告信息。

Dickingeretal 认为，移动营销是运用无线媒体向用户提供时间、地点、个性化的产品、服务信息，进而为多类人带来价值。还有人认为，移动营销是用互动移动媒体向消费者提供基于时间和位置的个性化产品和服务的促销信息，为利益相关者创造价值。

国内学者对移动营销也给出了各自的定义，如移动营销理念的倡导者冯和平和文丹枫共同出版了《移动营销》一书，该书将移动营销定义为“移动营销就是利用手机、PDA 等移动终端为传播媒介，结合移动应用系统所进行的营销活动”。安志弘提出，移动营销是指在移动过程中所产生的营销行为、方式和媒介。

移动营销是在数据业务的基础上发展起来的，它属于移动商务（Mobile Commerce）范畴。它是利用手机通过无线广告把个性化信息精确有效地传递给消费者，并进行各种营销活动，包括收集信息、销售产品、维系客户关系等。

在国外，对于移动营销的定义也不统一，不同学者从不同角度进行了界定。在美国，纽厄尔·莱蒙提出新的移动营销模式是一个双向的、上下颠倒的方式，真正的实时营销是客户激发、商家反应、客户反应的模式，用一句话说就是互动营销。学者 Kava SSaliS 认为，移动营销和其他营销方式一样，是企业整体营销战略的组成部分，但是其方式同其他的媒介有着本质上的不同，是一种交互式的营销。在欧洲，维也纳大学经济管理学院国际营销专家 Parlssa Haghirian 对移动营销做了如下的定义：使用互动的移动媒介为顾客在时间、地点和感觉上提供个性化的信息，对商品、服务和理念进行促销，从而为股东产生价值的行为。在日本，移动营销的发展走在世界的前列。移动营销专家藤田明久发表了《移动营销：让 6 000 万人动起来》，着重研究了移动营销最重要的特征之一互动性，通过一系列的案例的描述体现了移动营销比其他营销模式更具有优越性。2004 年，其又发表了《移动营销：IT 时代的整体解决方案》。在他的作品中，阐述了他对科技时代移动营销应用的看法，并提出了移动营销的整体解决方案。

将移动营销定义为“使用移动媒体来传送广告信息，鼓动人们购买产品和服务的商业活动”。该定义强调了促销目的，却没能充分表达营销的含义。美国移动营销协会则将移动营销定义为“对介于品牌和终端用户之间作为通信和娱乐渠道的移动媒体的使用”。该定义虽然强调了广告的含义，但是对移动营销的特质和优点没有涉及。2002 年，美国宾夕法尼亚州增补的《电信广告法案》中就“移动营销”也给出了定义，“电信运营商、内容提供商或者非运营商机构以及个人提供经过接收者许可的文字、表格、图片或语音电话和信息用来推销商品和服务，但事先经过接收人邀请双方已经建立商业关系的除外”。这个定义强调了“经过接收者许可”这个前提，但未充分表达其营销作用，更趋近于一个管理规范。Ovum 咨询公司将其定义为“利用无线媒体与消费者沟通并促销其产品、服务或理念、借此创造利润”。美国移动营销协会指出，移动营销是随时随地都能够带来即时、直接、交互沟通的一种亲身渠道，概而言之，就是透过移动渠道来规划和实施想法、对产品或服务进行定价、促销、流通的过程。

综上所述，笔者将移动营销定义为，利用无线通信网络，并通过对用户信息的数据挖掘，将广告信息发送至用户手机、PDA 等移动通信设备上，对顾客进行一对一的实时营销，旨在通过这些商业信息影响受传者态度、意图和行为的商业活动。

互联网的兴起，使企业由传统营销方式下的大众时代进入了电子商务模式下的“分众”时代，而在移动商务模式下，企业将从“分众时代”进入更为精确的“个众”时代。因为在此模式下的客户都随身携带可以随时随地接收信息的移动终端设备——手机。在个众时代，企业可以很方便地与其持有手机的客户进行沟通，了解客户的相关信息，而客户可以通过此平台来和企业进行互动，随时反馈意见和建议。企业通过收集与客户沟通的相关信息，就能够有效地分析客户构成并制定相应的市场营销策略。

移动营销是一种将广告信息发送到手机、PDA 等移动通信设备上以达到广告推广效果的一种新兴的营销形式。较之传统营销形式，移动营销具有其突出的特性，如用户覆盖面广，信息传输不受时空制约，可随时随地进行实时互动等。另外，在获得用户许可的前提下，可以根据用户的偏好进行数据分析，为用户提供精准的一对一定制服务。英国移动营销公司 Enpocket 最新发表的报告显示，76% 的英国手机用户会阅读后删除他们手机接收到的短信营销信息，23% 的手机用户会把这种信息存储下来以便以后阅读，20% 的手机用户会把这种信息给一位朋友看，平均 8% 的收到短信营销信息的手机用户将对信息做出回应，6% 的手机用户会访问相关的网站，4% 的手机用户会购买广告宣传的产品。此外，美国移动电话应用软件供应商 AvantGo 称，其公司通过移动电话发布广告的回复率比一般直复营销的回复率平均高出 5 ~ 10 倍。

移动营销的精髓是将合适的信息传递给合适的受众人群。而目前随着国内移动营销市场的高速发展，一些问题也逐渐显现。移动营销实施者并没有充分利用短信广告个性化的优势，其发送方式仍然属于群发性的撒网方式，效果往往不理想。

在芬兰，一项针对营销者对手机媒介使用的调查中发现，营销者在使用手机媒体进行广告发布时，与使用传统的大众媒体并无区别，他们针对了一个群体，而非针对个人做出具有针对性和明确指向的营销传播活动。

加利福尼亚州的 SkyGo 无线广告公司指出，目前手机媒体的营销内容并不具备个性化特质，营销者很少根据用户的特征来进行营销传播，仍停留在广而告知的阶段。

二、移动营销的特点

手机媒体，是以手机为终端的个性化信息传播载体，它是以分众为传播目标，以定向为传播效果，以互动为传播应用的大众传播媒介，被公认为继报刊、广播、电视、互联网之后的“第五媒体”。手机媒体具有无线网络媒体传输的随时、随地、随身的新特征。随着科技的不断发展，手机终端功能越来越多，处理速度越来越快，再加上 5G 时代的到来，手机媒体越来越显示出相对传统媒体的优势特性，但也存在劣势特征。作为一种全新的营销形式，国外研究者对手机营销的优势和劣势做了大量详细的阐述。

在移动营销的优势中，先是通过手机可以识别用户，进而实现向用户提供个性化信息。移动终端属于个人沟通工具，人们几乎每天都携带它，不会和别人分享它。因此，移动广告可以随时随地传递给用户，但是传统的广告，如电视、报纸杂志广告，只能在特定的地点、特定的时间传达给用户。因此，通过手机终端，可以识别用户，使个性化和针对性的广告可以实现。如互联网广告可通过电子邮箱地址或 IP 地址识别用户。而传统的广告受众是不可识别的人群，如电视观众或报纸杂志阅读者，造成很多非目标客户也成为受众者，造成用户经常看到自己不感兴趣的信息。

移动营销还实现了互动性。互动性包括两个方面。一是企业与用户之间的互动。消费者可以通过电话、短信、E-mail 等形式对广告信息进行反馈，或用户可以根据需求索求进一步信息。二是用户可以给朋友转发信息（如发送电子邮件或短信）。Wimker 和 Hughes 认为接受者可以方便地将信息转发给朋友，而短信广告这种带有病毒性传播的特点，能够最大限度地扩大广告活动的影响力。移动营销的“向朋友转发信息”，从营销角度考虑，这是一个很好的机会。通过消费者质检传递广告信息，消费者接收到来自朋友的广告信息，会比来自企业的广告有更强的信任度。

另外，移动营销具有多媒体功能。互联网广告可利用多媒体内容，如图片、广告歌曲、声音、图形和动画形式。许多广告营销人员利用这些元素来创造品牌意识。这对品牌和具有标识的广告至关重要（Bulanderetal）。此外，随着第三代移动通信网络提供的巨大带宽，使移动服务得以实现。

从用户的角度和商家的角度总结了推送式短信的优势，如表 3-1 所示。

表 3-1　短信广告的潜在优势

从用户角度	从商家角度
无干扰电话声：低干扰	成本低
无须和电话接线员交谈	个性化信息
无社会干扰	易用性
易于咨询	快速
信息短（160 字）	可靠
个性化服务	不受时间影响
交互性	不受位置影响

从营销者角度分析，用短信来联系是一种相当便宜的手段，可以轻易地将信息扩散到目标用户中，尽管有时候会出现延迟现象，但其传播速度相当快。此外，其不受时间和空间约束，这意味着一个活动可以随时启动，用户在任何地方都可以收到信息。

移动营销对用户隐私造成了一定的威胁。用户要使用移动广告，需要提供个人信息（如年龄、婚姻状况、感兴趣领域等），但这些信息是需要保护的，尤其是基于位置服务，能够跟踪用户的具体位置，这涉及个人隐私。商家只有保护好消费者信息，用户才会愿意提供个人信息。

手机作为移动营销传播媒介，其自身的一些弊端对移动广告产生一定的影响。例如，手机有限的用户界面给广告商和用户带来了不便。由于移动终端有限的尺寸和重量，造成有限的用户界面——小的显示屏、低分辨率和色彩，并且没有一个完整的键盘。因此，用户不能输入大量的数据，同时手机广告需要精心设计才能呈现在手机屏幕上。此外，市场上有很多不同种类的移动终端，在色彩、显示尺寸和分辨率、数据输入设备上都不相同，这就出现了在一款手机上看起来很好的广告，在另一款手机上却显示很糟糕。在开发新的移动应用程序时，由于不同类型手机的测试和植入应用，造成开发成本很高。另外，手机的资源有限，如有限的宽带、计算能力、内存及电池，造成手机终端的资源很有限。

另外，移动数据通信费用较高，阻碍了消费者用手机来搜索感兴趣的产品和服务信息。国内学者对移动营销特点进行研究，从手机作为媒体开展手机广告的角度出发，认为其劣势有虚假与不良信息传播、侵犯个人隐私、垃圾信息过多以及对信息安全造成危害。

与传统营销相比，移动营销在技术和媒介上的特点决定了其具有独特的优势。

（一）可达性

在移动营销中，商家可在任何时刻、任何地点通过无线装置与顾客进行无线连接。传统的电视、杂志、报刊媒体和固定互联网媒体往往需要消费者占用大量的时间进行阅读和观看，还因携带不便而受到时间空间的限制。而移动媒体几乎总是被消费者随时随地携带在身边，无线网络传输也不受时间空间的束缚，因此营销信息可随时随地发送和接收，具有很好的及时性和可达性，轻松达到营销的实时性要求。

（二）个性化

移动营销的传输媒介是移动媒体。移动媒体都具有个性化特点，如手机终端，其别出心裁的铃音、图片和独特的外观通常被人们用来彰显个性。更为重要的是，每个移动终端设备都有唯一的顾客身份标识，使手机与消费者个体形成了自然捆绑，而商家可根据此标识信息，投放个性化的广告信息，这为广告信息的针对性发布、广告受众的精细化识别创造了极其有利的条件。在获得用户许可的前提下，移动营销运营商可以根据用户的偏好进行有选择地向目标消费者有效推送个性化信息。同时，运营商通过对消费者的行为进行数据积累和分析，可有效挖掘高价值客户、分析消费者动向、预测市场发展状况。

（三）便捷互动

手机与电视、广播、报纸、杂志等媒体最大的不同在于，它是一个随身携带的、可以随时使用的、高效便捷的、互动的、个性化的媒体。企业可以应用移动商务数字平台向用户端发送消息、图片等，顾客可以通过移动设备直接向企业表达他们的需求和愿望，这就意味着企业的营销人员能够与潜在的顾客进行实时的交互活动。其具体表现为信息交流的互动性、产品交易的互动性及服务的互动性。手机是人机互动，这种好处就是双方产生了沟通，有沟通就会有认知，而认知度越高，购买或合作的倾向就越强烈。对企业营销应用来说，能够互动是一个“杀手级应用”功能。

（四）位置可感知

在移动营销中，可跟踪到移动终端设备的物理位置，因此可帮助广告商传送基于位置的广告信息。受到媒体和传输手段的限制，传统的营销渠道如电视、报纸、杂志等只能在几乎不考虑情境的情形下，将相同的信息发送给众多的消费者。新兴的网络营销虽然能根据消费者的偏好设置和使用习惯传送有针对性的信息，但受到终端位置固定的制约，无法提供实时的情境营销。而随着越来越多的移动终端和设备都采用全球定位系统（GPS）技术，移动营销可根据消费者所处位置提供实时的情境服务。例如，当一位消费者从商场旁边经过时，如果他许可了接收商品促销信息的营销服务，商场就可以用短信、彩信等形式向消费者的手机终端设备发出当前商场促销打折信息或优惠券。对广告商来说，这样通过移动设备发送广告的优势是能够在正确的地点和时间定位目标用户。

第二节　大数据背景下营销模式的创新

一、目标市场分析模式创新

与传统的抽样调查相比，大数据时代的自动数据采集方法更加科学、可靠、真实。可以看出，大数据时代为公司分析消费者行为，定义目标客户群的特征，开展不同的营销和创意合作奠定了良好的基础。首先，公司必须使用现有的设备和基础架构来捕获客户数据的图像。客户数据的图像包括目标客户组的特征和位置、其类型和分布以及目标客户关心的主题。其次，公司应使用大数据分析来跟踪客户行为的发展。也就是说，如果客户需要该产品并对该主题感兴趣，那么使他或她对该产品感兴趣的动机是什么？产生了哪些动机？再次，公司应使用这些大数据来映射客户兴趣和关系，兴趣如何产生以及存在哪些其他关联，如兴趣的其他特征、相关要点、相关主题以及这些主题的重要性。这是大数据分析的重要内容。目标是使客户隐含，以便公司可以更好地了解客户，然后根据客户特征开始准确地营销。

大数据在消费者IT中的作用更加明显。只要用户使用PC来访问Internet或移动电话来浏览信息，他们就会在网上留下印记，如性别、年龄、爱好、足迹、信誉等信息，几乎成为一个透明的数字人。目前，产品分销商可以使用来自搜索引擎，电子商务平台和旅行网站的数据来制作用户的生日、饮食、旅行、婚姻、孩子、购房、购车，为用户安排了特价机票、婚纱、宿舍房间和海景房。

二、营销模式创新

通过对大量用户数据的一系列集成、分析、开发和积累，已经创建了一种新的产品运营和营销模型，并且亚马逊、谷歌等公司大力推广了这些业务模型。大数据可以帮助公司优化其营销策略。通过分析用户的社交媒体活动，公司可以推荐消费者感兴趣的产品或服务。通过发布社交数据，公司可以有针对性地在线上和线下执行推荐活动。由于他们了解用户的消费趋势，因此可以增加各自区域内相关产品的库存。借助大数据，营销人员可以实现真正的客户个性化，而不仅仅是共享不同的群体。大数据可以帮助公司对人们更加准确。在云数据库中，所有用户都使用 Tag 属性形式存在。从数据库记录并分析现实生活中的用户行为，如浏览、订阅、搜索和应用产品。在云数据库中，这些行为可以转换为用户定义的属性，如性别、年龄、收入、城市、爱好和品牌偏好。某些门户网站（如搜狐）可以帮助广告商根据这些标签执行更有效的营销活动。一些购物网站，如拼多多、好省、淘宝等都加入了视频营销、微信营销等方式，在很大程度上促进了商家的发展。互联网的飞速发展为现代企业创造了无限的空间和机遇。在互联网平台上，大数据带来更大的营销机会。

（一）云计算与大数据客户关系管理系统

该系统可以深入挖掘目标客户，帮助企业在不同部门之间实现全面的应用和管理，创建客户营销管理平台，细分客户群，并帮助企业有效捕捉最重要的客户才能获得最大的利益。沃尔玛、麦当劳、家乐福等知名公司都在关注大数据。通过获取更丰富的消费者数据，如社交数据、Web 浏览数据和地理跟踪数据，公司可以基于此映射最完整的消费者行为。大数据技术可以全面有效地管理客户信息的各个方面，并进行深度挖掘。

大数据可以预测未来或需求的数据。当公司进行数据处理时，可以归纳为三个层次。一是沟通层次。例如，去咖啡馆。一旦顾客进入，通过了解和观察顾客，就知道顾客可能想吃更精致的面包。下次，咖啡店将向客户提供此服务。二是产品层次。随着大数据的应用，可以分析公众意见，例如每个人都在谈论的事情，以根据公众口味开发产品。三是市场营销层次。可以将自己的公司数据与 Internet 上某些客户的非线性数据结合起来。通过合并和不同级别的逐步转换来跟踪每个营销业务流程之间的每个关键步骤，从而为将来的营销做出更准确的估计或更准确的执行。

在数字社会中，人们不断生成和收集大量数据。这些数据的提取、使用和进一步利用将改变人们的社会生活。公司如何努力进行营销创新，以应对大数据时代带来的机遇和挑战。当广告公司面对客户时，客户通常会问一个问题：公司对客户的作用以及可以与客户共享的内容。许多公司着眼于大品牌所做的事情，并花了一些时间思考和学习。例如，三星电子合并大小数据。三星相机与其他相机的不同之处在于，用户可以在拍照后立即使用内置的 Wi-Fi 相机系统，然后通过 Wi-Fi 网络将照片转发到微博、微信和其他 SNS 媒体。通过这种产品创新，它可以吸引更多的客户注意力。数据显示，大约 60％的人认为，由于人与人之间的交流很少，希望通过 SNS 加强人与人之间的情感交流。而三星相机可以立即交换照片。这极大地满足了人们的社会需求，而不是满足单个人的需求。因此，发现大数据和小数据的组合就是他们擅长发现隐藏在大数据背后的最简单、最原始和最基本的事物和营销方式。

（二）以客户为导向对市场营销实现全过程管理

在准确地分析企业的客户群时，可以以多维水平和垂直方式在关键目标客户中搜索复杂的客户数据，并且可以准确传达产品折扣等信息，以确保准确的营销。 例如，在顾客进入商店后，零售商可以使用大数据技术搜索数据库，发现该顾客是需要维护和执行在线营销的有价值的顾客。

（1）基于客户行为分析的产品推荐。产品推荐涉及两个重要方面：一是基于客户交易行为分析的销售；二是基于对客户社交行为分析的社区营销。前者根据历史行为跟踪数据（如客户信息、交易历史和获取过程以及同一产品的其他客户行为数据）执行行为相似性分析，以向客户推荐产品。后者是在微博、微信、社区和其他在线平台上分析客户兴趣、爱好和其他数据，使其对他们有利，并为他们推荐相关产品。通过对客户行为数据的分析，可以使产品推荐更加准确和个性化。传统公司可以通过直接分析客户交易数据和来自其电子商务网站的数据来实施产品推荐，还可以通过针对大型贸易公司的产品推荐系统来增加销售额。

（2）基于客户评价的产品设计。客户评估包括产品满意度、物流效率、服务质量、产品外观体验评估、包装和功能等。同时，客户将针对这些缺点提出一些针对性的建议。有效收集和分析此客户评估数据将有助于公司改善其产品的外观、性能和服务。同时，它可以帮助企业创建以客户为中心的产品创新系统。

（3）基于数据分析的广告。投放广告时，公司和广告客户都密切关注广告投放的准确性。该问题涉及明确的产品营销要点和隐性要点，如产品影响力和受欢迎度，这大大增加了准确沟通的难度。加上，公司和广告商之间对广告分发准确性的不一致理解，彼此之间存在差异，很难保持一致的协作。在大数据时代，在从受众那里收集大量数据之后，需要对受众数据进行全面分析，以使广告传播更加准确有效。

（4）基于数据分析的产品定价。合理的产品定价需要进行实验和数据分析，根据客户对产品价格的敏感性对客户进行分类，并测量不同客户群体对价格变化的直接反映和容忍度，以便提供参考产品定价决策。

通过使用通信技术和先进的数据库技术，我们可以实现与客户的长期个性化通信，不断满足定制的客户需求，并实现准确的营销。这种营销方式可以为企业创建一致且忠诚的客户群，提供增值客户价值链，并使营销达到可以调整和衡量的确切要求。大数据显示其拥有广阔的前景。但是，基于数据的营销仍然面临许多问题和挑战。第一个问题是技术难题。毕竟，它仍处于活跃的技术热潮的初期，各方面的技术还不完善，需要进一步改进各种工具，最重要的是改变组织结构和业务思维。为了真正参与数据金矿开采，企业营销模式面临着前所未有的机遇和挑战。在大数据环境中，公司将继续创建和创新满足当时需求的营销思维和营销模型。根据客户的响应以及需求和行为分析，公司可以利用大数据的价值并制定场景化的营销策略，使企业具有可持续的竞争优势。

第三节　大数据背景下企业移动营销

在大数据时代，随着智能移动终端的不断普及和无线网络的不断成熟，移动营销开始进入企业的视线中，成为企业营销的新宠。移动互联网时代的关键特征是可以轻松调用生产商信息，并可以跟踪用户搜索行为，从而使制造商可以有效地干预消费需求，最终促进消费。这也是移动营销企业热捧的原因。

移动营销主题的兴起源于从移动电话向数字移动终端的转变。当移动信息成为一种新的媒体形式时，营销领域开始意识到移动媒体营销的价值。研究移动媒体的特征是研究移动营销的基础。移动媒体具有两个关键功能，即随时随地进行双向信息通信和限制作为便携式设备的信息量。这两点也是所有移动营销的基础。第一个因素决定了移动营销的价值，第二个因素限制了移动营销的范围。

一、营销理念创新

使用移动大数据等先进技术来改变营销观念并促进营销创新。互联网，尤其是移动互联网在商业中的广泛使用为企业营销创新提供了新的机会。由于传统媒体广告的高昂费用，一些中小企业无法承受。但是，网络营销为他们提供了更多机会。根据对国内大型 IT 网站的最新调查，本地公司已开始使用该网站上的客户服务程序。借助 Web 客户服务软件，内部和外部企业之间的通信和管理变得更加经济、直接、安全且易于管理。此外，移动媒体的发展也为企业营销创新带来了新的机遇，特别是在大数据时代。在营销创新的道路上，公司还可以提出新的想法。

二、营销手段创新

面对当前复杂的市场营销环境，企业要在激烈的市场竞争中把握有利的发展地位，进一步强化对市场营销的重视，转变传统的营销方式和理念。首先，要积极根据当前社会消费者的需求，制定明确的产品和服务营销目标，在满足消费者个性化需求的同时，为企业的市场营销建立一定的企业品牌，加深消费者对企业的印象，以此提高企业的竞争优势。其次，企业要进一步采取创新性的营销战略。例如，利用产品定价和活动促销的方式来创新营销内容，举办多元化富有特色的营销活动，以此吸引社会消费者的有效关注。最后企业要积极树立一定的营销目标。例如，短期营销目标与长期营销目标等，为企业营销活动的策划提供方向性的指导。

（一）精准营销的应用

新技术应用的发展不仅改变了生活方式，还对社会的商业模式产生了巨大的影响。随着互联网经济的飞速发展，搜索引擎、黄页、在线广告、在线交易平台、中文网站等精准营销模式的推广为企业的营销创新带来了机遇。

顾名思义，精准营销意味着营销是准确无误的。精准营销基于精确的定位，并依靠现代信息技术来创建个性化的客户交流服务系统，并实现可衡量的低成本企业扩展。它是网络营销概念中的基本思想之一。准确的营销强调通过个性化系统实现“准确性”。它包括以下五个方面。（1）准确的市场定位系统市场差异化和定位是现代营销活动的关键部分。只有准确的市场差异化才能确保有效的市场、产品和品牌定位。通过准确地测量和分析消费者的消费行为，并创建相应的数据系统，通过数据分析和市场测试验证来优化客户，以确定定位是否准确有效。（2）建立与客户的个性化沟通系统。从准确营销的字面上可以看出，它不使用大众传播，而是需要精确，即一对一直接传播。（3）一对一分销的集成销售组织摆脱了对传统渠道营销系统和营销级别框架组织的过度依赖，从而实现了一对一的分销。（4）提供定制产品与准确的定位和沟通是一致的。只有为不同的客户设计、制造和提供定制的产品和服务，我们才能准确地满足市场需求。（5）客户增长服务系统准确营销的最后一步是客户保留和增值售后服务。就企业而言，只有在售后阶段才能实现完美的质量和服务。营销界认为，忠实客户带来的利润远高于新客户。只有通过准确的客户服务系统，我们才能留住老客户，吸引新客户，并获得客户链反馈。

（二）数据库营销

互联网商业模式带来了互联网营销模式。当事件发生时，只要当当网向客户发送电子邮件，如你关注的书正在打折，或者获得电子优惠券，就可以直接在当当网系统下订单。这是一种成功的客户关系维护。电子邮件使维护这种关系的方式变得容易。因为不需要知道客户是谁，但是可以成功地让客户购买产品。这种几乎免费的电子邮件节省了商家与客户交流的成本和时间，但是在发送此电子邮件之前的工作非常费力。当然，最好一次与客户沟通就达到目标，但是更多时候，必须做更多的工作，如分析购买习惯、购买偏好和列表中每个客户的购买力。分析给客户发送的电子邮件，甚至尝试找出客户除了现有服务还需要什么。因此，完整的客户信息数据库和全面的数据库计划至关重要。当然，如果公司拥有如此丰富的邮件列表，那么只要公司完全了解客户，这些忠实的客户几乎就是公司的固定财产来源。作为老朋友，客户将信任有关公司提供的产品的信息，并期待公司发送的电子邮件。但是，建立和维护这样的邮件列表的方法一定令人头疼。如果企业没有进行数据库营销，那么找一些专业的第三方营销公司来提供帮助是一个不错的选择。第三方代理机构可以帮助公司完成一些电子邮件营销。更重要的是，它们可以完全理解数据库营销和电子邮件营销的概念。像所有传统的营销方法一样，数据库营销是一个系统的项目。不要期望第一个数据库营销就会增加销售量。但是，如果公司坚持使用数据库营销并创建自己的邮件列表，它们将获得比预期更多的回报。

第四章　大数据背景下移动营销模式研究

第一节　LBS 移动电子商务营销模式

LBS（Location Based Services）是指基于位置的服务，它将通信网络和定位系统结合起来，为用户提供相应的服务。随着我国移动互联网的快速发展和手机网民的增加，基于 LBS 的移动电子商务应用呈现出较快增长态势。

随着移动智能终端的加速普及，移动电子商务、休闲娱乐、社交、手机游戏等领域的使用率都在快速增长。移动互联网的快速发展，为移动电子商务提供了坚实的基础。移动电子商务作为移动互联网和电子商务两大领域的结合体，更具灵活性、开放性和包容性的特点。

我国 LBS 相关应用正式走向互联网领域是从 2010 年开始的。经过近几年的快速发展，LBS 已逐步走向快速发展的轨道。将 LBS 应用于移动电子商务领域，促进了营销模式的创新。

一、LBS 移动电子商务营销模式分析

我国基于 LBS 的移动电子商务营销从 2010 年开始萌芽，经过近几年的发展，目前已经进入快速增长期。LBS 通过不断强化自身定位和服务两大功能，逐步与移动互联网各种商业模式密切结合，成为各种应用的基础服务。现对 LBS 移动电子商务营销领域进行系统梳理和归纳，将基于 LBS 的移动电子商务营销模式划分为签到营销模式、生活服务模式、社交营销模式及商业营销模式四种类型，如表 4-1 所示。

表 4-1 LBS 营销模式分类

分 类	特 点	应用实例
签到营销模式	签到加 SNS 模式	玩转四方、开开、街旁
生活服务模式	生活服务信息查询与推送、各类优惠活动	百度地图、打车软件、餐饮
社交营销模式	地点交友、以地理位置为基础的小型社区	微信、微博为代表的社交应用
商业营销模式	根据位置进行商业信息、优惠活动推送	大众点评网、街旁、美团网

（一）基于 LBS 的签到营销模式

基于 LBS 的签到营销模式源于美国 Foursquare 网站，该模式被引入中国后成为国内 LBS 向业模式的最初形式。例如，2010 年国内出现的街旁、网易八方、开开、玩转四方等。用户在 LBS 服务平台上签到，通过分享个人位置、相片和个人状态实现社交互动，获得积分、勋章、优惠券等奖励。国内用户对这种签到模式的认可度并没有预想得那样高，企业在如何吸引新用户并保证原有用户黏性方面存在较大困难，加之商家没有找到切实可行的盈利模式，这种位置签到模式并没有形成较大的市场规模。目前，美国主流 LBS 平台的最新签到数据显示，包括 Facebook Places，Groupon，Four square，Living Social 以及 Yelp Checkn 等用户签到服务的签到率也不高，使用签到服务的不足 20%，另 80% 用户不使用签到服务。

用户签到率低的主要原因是没有签到动力及对个人隐私的考虑。经常使用签到服务的用户动机都来自折扣，特别是针对餐饮行业，如餐馆、咖啡厅、酒吧的优惠活动。我国在移动互联网基础设施、商业环境以及文化价值等方面都与国外存在较大差异，复制而来的仅是签到这一表现形式，属于盲目照搬商业模式的外壳；对于 Four square 的核心商业模式并没有进行深入研究，对其内在商业价值方面的开发还处于较低水平。另外，国内平台的开放性不够，限制了 LBS 相关应用的广泛传播，因此国内基于签到模式的产品仅停留在小众层面。

（二）基于 LBS 的生活服务模式

1.LBS+ 手机地图

基于 LBS 的手机地图应用是目前最具代表性的生活服务模式之一。手机地图最常用的功能包括地点查找、路线导航和定位。随着人们对交通出行及本地生活服务需求的不断增加，手机地图中各类生活服务功能也逐步丰富。手机地图在地图服务基础上，提供了大量生活服务信息，如附近银行、ATM 位置分布、商铺、餐馆以及休闲娱乐场所等的查询。目前，国内手机地图领域由百度地图和高德地图占据大部分市场份额。百度地图利用 LBS 和云计算技术实现对路线、路况的智能分析，在定位和导航过程中主动推送生活服务信息和商业信息。各地图企业纷纷与互联网公司开展合作，手机地图逐步实现了从应用工具到基于 LBS 的移动位置服务平台的转型。LBS+ 手机地图这一生活服务类营销模式依托消费者对位置信息的依赖具备良好的发展前景。

2.LBS+O2O

2014 年是 O2O 大发展的一年，无论是互联网企业还是传统行业纷纷加入。以大众点评网为代表的餐饮行业、以去哪儿网为代表的旅游行业以及以滴滴打车、快的打车为代表的打车软件形成了拉动 LBS+O2O 商业模式发展的主要动力集群。手机打车应用自 2012 年开始出现至今，已经发展到一定的市场规模。

基于 LBS 的生活服务营销模式打破了传统交易方式中信息不对称的壁垒，注重在特定时间和地点的信息匹配，满足了供需双方的共同需求。LBS+O2O 这种新型商业模式通过基于位置的服务，实现非常高的供需匹配度，是商业模式的成功所在。手机地图、手机打车等移动应用与本地化服务相结合，成为连接线上与线下的重要平台，给人们的交通出行、娱乐餐饮及购物等带来较大便利，不仅增加了用户黏性，还加大了移动电子商务的渗透力度。

（三）基于 LBS 的社交营销模式

LBSNS 是 LBS 和 SNS 的结合，LBS 负责提供信息，SNS 负责满足用户需求，将二者结合起来实现了技术服务与社交功能的有机组合。国外的 Foursquare 公司就是典型的 LBSNS 模式。Foursquare 公司借助该商业模式用户保有量大、盈利模式清晰的特点创造了巨大的商业价值。目前，国内外均已在此基础上出现 LBS+O2O+SNS 模式，力求实现移动社交与线下消费的完美组合。国内的互联网企业如腾讯、人人网、新浪微博等纷纷推出基于 LBS 功能的手机客户端，其中最热门的应用当属腾讯公司推出的微信。微信作为一款 IM 服务软件，集成了文字、图片、视频、语音短信、查找附近好友、二维码扫描等多重功能。通过 QQ 好友、手机通信录建立基于熟人的好友圈，实现了相对稳固的点对点的信息传递。另外，微信基于强大的用户群体及较高的用户忠诚度可开展形式多样的营销活动，如微信营销、微信公众平台、微信支付以及微信会员卡等是微信进军电子商务领域的主要手段。

基于 LBS 的社交类应用以用户的个人位置信息展示和生活状态分享为切入点，极大地提升了用户的关联度和黏性。目前，国内基于 LBS 的社交类应用软件种类繁多，但主流的社交应用中以新浪微博和腾讯微信为主，二者由于在社交功能上的落脚点不同，可共同占有未来市场。社交类应用引入位置服务后突破了时间和空间的限制，基于朋友圈的口碑传播更给营销活动增加了外部驱动力。总之，基于 LBS 的社交营销模式将成为未来移动电子商务营销的主流力量。

（四）基于 LBS 的商业营销模式

基于 LBS 的商业营销模式主要以商业信息和广告推送为主。目前，较为常见的商业模式是基于 LBS 的定位功能，根据用户的喜好实现精准投递，为用户推送所在位置周边的购物、餐饮、休闲娱乐活动等信息。例如，给机场附近的用户推送休闲娱乐方面的内容，给商场附近的用户推送各种折扣信息，给电影院附近的用户推送影讯等。这种信息推送营销模式面临的主要困难是用户对广告推送的满意度不高。目前，虽然手机网民对手机广告的关注力度有所增加，但对手机广告的接受度依然较低。根据针对手机网民的调查，只有 15.4% 的用户表示无所谓，32.4% 的用户表示只要不影响正常使用即可，更多的手机用户对手机广告则是持否定的态度，甚至有 22.4% 的用户表示会卸载该应用。

目前，比较成功的营销模式是通过基于 LBS 的商业营销活动增强商家和用户的联系，并给双方带来实际利益。用户可以通过移动智能终端进行传统的电子商务购物，也可查找周边商铺和商品信息后到店消费，如定购食品、鲜花、快餐等即时需求。以大众点评网为例，商家通过大众点评网进行营销推广，推出优惠券、团购活动，用户通过位置服务向网站发送请求，再由大众点评网收到请求后向用户推送优惠信息。基于位置的营销活动使消费者与商家之间的空间感进一步缩小，线上的优惠促销活动能够提升用户的消费体验，而用户良好的购物体验又能进一步促进线上、线下的交互，消费者与商家能够借此建立起比较稳固的信任关系，有助于形成良好的商业生态系统。基于 LBS 的商业营销模式以信息查询和广告推送为主，如果能克服消费者对广告的接受程度较低等问题将会获得更大的发展空间。另外，通过对用户属性和行为特征进行有针对性的数据分析，提高广告的精确化程度是未来发展的主要方向。

二、基于 LBS 的移动电子商务趋势

随着移动互联网的不断发展，LBS 相关营销模式呈现多元化特点。基于 LBS 的移动电子商务行业未来发展趋势是为消费者提供更加便捷化、智能化、个性化的服务，让消费者参与到产品的设计和服务当中，结合数据发掘技术，让消费者可以随时随地查询并购买商品或服务，同时实现轻松支付。移动互联网的发展为移动电子商务提供新的环境，技术和营销模式的创新为移动电子商务注入了新的发展动力。基于 LBS 的移动电子商务营销具有以下五个发展趋势：① LBS+ 大数据；② LBS+ 精准营销；③ LBS+ 开放式平台；④ LBS+ 新智能终端；⑤ LBS+ 泛在网。五种趋势既独立向纵深发展，又相互促进、共为一体。

（一）LBS+ 大数据

近年来，大数据的商业价值为越来越多的企业所关注。大数据带来了新的商业机会，同时引发了商业领域的变革。阿里巴巴、大众点评已经率先开展数据深挖，并借此提升用户体验，这种跟交易密切相关的大数据积累势必取得突破性进展。百度公司是目前国内大数据领域的领跑企业，已具备每天处理近百亿次 LBS 定位请求的能力，其推出的百度司南、百度迁徙等大数据应用产品已经取得初步成功。2014 年 9 月，百度公司与圆通速递公司合作建立基于大数据和 LBS 平台的战略合作伙伴关系。在未来发展方面，百度致力实现在数据积累、大数据智能化研究及产品开发等方面占据全球领先地位。

大数据处理有利于深度挖掘用户潜在的个性化需求，使服务更加贴心。在移动电子商务营销过程中，LBS 大数据对电子商务企业至关重要。企业通过对基于 LBS 的大数据进行分析，通过对用户的消费习惯进行归纳和总结，对有价值的信息进行深度挖掘，为实现精准营销提供强有力的信息支撑。在未来移动电子商务营销活动中，通过对用户需求进行搜集和评估，通过对大数据的采集、处理、分析和决策反馈实现针对个体用户的精准营销，提供更加个性化的服务，改善用户体验。此外，企业还可通过数据挖掘预测行业未来趋势，做出基于知识层面的前瞻性的决策。

（二）LBS+ 精准营销

精准营销（Precision Marketing）就是在精准定位的基础上，依托信息

技术手段建立个性化的客户沟通服务体系①。个性化服务是未来基于LBS的移动电子商务营销活动的主要发展方向之一，而这种服务是建立在庞大的个人信息库基础之上的。基于大数据的个人信息整理被称为“用户画像”。电商企业针对消费者的个人信息及消费数据评价出消费者对商品种类及价格的敏感度，对每位消费者建立一个“用户画像”。企业根据用户的不同需求和消费行为习惯，将不同的内容投放给用户，这种针对不同用户的个性化推荐看似简单，实际上需要相当复杂的计算。

未来，基于LBS的移动电子商务营销活动应通过技术方法深度分析用户特点，结合商业模式创新满足用户个性化需求，实现在适当的时间、地点为不同的用户提供恰当的信息和服务。企业应通过LBS技术对用户信息进行收集和整理，与消费者一对一互动，使批量生产转型为个性化定制，实现在同一位置范围内，有相同需求的消费者可以通过移动电商平台定制产品。LBS+精准营销还可基于位置开展反向定制和反向团购活动，以消费者为主导的反向定价模式，这将进一步提升用户体验，实现真正意义上的商业模式创新。

（三）LBS+开放式平台

随着移动电子商务的蓬勃发展，无论是通信运营商、电子商务企业还是设备商及电子商务应用提供商，都无法独自占有移动电子商务市场。建立开放性的电子商务平台，吸引更多的合作伙伴，提高企业的竞争力，走合作共赢、优势互补的发展道路，建立集移动、位置、社交、支付多功能为一体的开放式平台成为未来发展的主旋律。将平台掌握的数据向用户和合作伙伴开放是平台类企业发展的必然趋势。目前，互联网企业已经意识到开放平台的重要性，并已逐步增加资源的共享力度。淘宝已经开始面向全球分层开放数据，商家和消费者都可以分享其海量的消费信息。高德建立基于LBS的开放平台，搭建LBS生态圈，目前已经接入几十万应用，包括生活服务类、游戏类、SNS等各种APP。

2014年4月，百度公司全球首家开放大数据引擎，将数据工厂、百度云及百度大脑等开放给传统企业。作为技术和数据共同驱动的产品，百度大数据和LBS核心能力的开放必将成为传统行业转型升级和商业模式创新的全新引擎。目前，手机应用软件种类繁多，移动电子商务方面的应用更是层出不穷。开放式、个性化的移动电子商务平台的研发也将不断深入。在未来的移动电子商务领域，各企业应共同致力开放本地LBS数据库，建立LBS搜索引擎，通

① 于健宁.LBS本土化应用模式与前沿趋势研究[J].前沿，2014（2）：99.

过云服务和大数据将资源高度整合，在互联互通的网络基础设施之上，实现信息数据和服务内容的有效协同，将基于 LBS 的移动电子商务营销模式扩展到更为宽广的领域。

（四）LBS+ 新智能终端

目前的智能终端正向着屏幕更大、速度更快、色彩更清晰、功能更完善的方向发展。①综合性能不断提升。可穿戴设备的研发速度非常快，头盔式、眼镜式全景显示的无线上网终端将克服以往手机屏幕小且显示内容有限等问题。未来的移动终端设备，可以是手机、pad、可穿戴设备，甚至可以是冰箱、洗衣机、门窗以及卫生间的梳妆镜等智能家居产品，其应用非常广泛。

智能终端作为移动电子商务营销活动的外部载体在不断发生变化，而电子商务营销模式本身也应紧跟时代步伐。基于 LBS 的移动电子商务营销模式将随着智能终端的变化而拓展得更为宽泛，新的商业模式将不断涌现。在未来的商业模式中，商家和消费者可以随时随地通过智能设备参与电子商务营销活动。未来的移动终端设备将拓宽人们利用移动互联网的广度，激发大量的潜在需求，形成一个新的基于 LBS 的巨大商业市场。

（五）LBS+ 泛在网络

麦肯锡研究机构的报告显示，在决定未来经济的十二大颠覆技术中，移动互联网排在第一位。在即将到来的泛在网时代，不但人与物都能连入互联网，人与人、人与物、物与物之间的交互关系也将成为虚拟体被连接到互联网上，形成多关系交互的更加复杂的网络，即物联网（The Internet of Things，简称 IOT）。未来的移动电子商务营销活动在泛在网络的环境下将获得更大的发展空间。如何在网络资源无线扩展的下一代网络环境下增强电子商务营销模式的创新力是未来从业者及研究人员面临的主要课题。

根据蒙特卡菲定律，一个网络的市场价值跟网络连接的节点的平方成正比，人、物以及基于云和大数据的知识体在泛在网络的环境下将产生更大的网络连接效应。未来移动电子商务将随着硬件、软件领域的大比拼进入高速发展阶段，将与 LBS 相关的人、物、位置、信息四个基本要素进行合理重构，基于 LBS 的移动电子商务营销模式必将获得更大的发展空间。

我国基于 LBS 的移动电子商务领域和国外相比还存在一定差距，但随着 5G 时代的到来和 Wi-Fi 覆盖范围的不断增大，我国移动电子商务已经进入快速发展阶段。LBS 技术作为移动互联网的标配，必将给移动电子商务营销

① 杨志斌．移动电子商务发展对策研究[J]．电子商务，2013(3)：124.

领域带来更大的变化。未来基于 LBS 本地商务平台会产生基于 LBS 的搜索引擎、AppStore 以及许多目前无法想象到的新应用。总之，LBS 作为移动互联网高速发展的助推器，必将继续改变商业营销模式，不断推动移动电子商务领域的新发展。

第二节　O2O 电子商务营销模式

O2O（Online To Offline）模式下，商家可以在线上平台招揽客人，然后把线下商店中的产品或服务提供给消费者，完成交易。这种模式下产品营销很快就会达到规模，其最大的特点就是推广速度快，推广的效果可查，交易的过程可以追踪[①]。

移动互联网技术的发展及移动互联网网络覆盖的完整性为 O2O 模式的发展壮大提供了可能，使它在产品服务和商品零售行业有了较大的发展空间。对一些商家来说，通过 O2O 模式，消费者在完成产品筛选、商品支付的同时为商家提供了购买数据。商家可以对用户的购买数据进行分析，进而为消费者下一次消费提供更为精准的营销指导[②]，维护并拓展客源。O2O 模式不仅对商家有益，还为消费者提供了更为广阔的对比空间，使他们对卖家更为了解，能够享受优质和高效的服务。对平台来说，这种模式下可以汇聚多样化的商品，同时可以带来多样化需求的消费者，从而掌握大量的消费数据，并为商家提供增值服务[③]。

微信 O2O 营销模式，即微信线上参考及付费、线下获得商品或服务。基于微信朋友圈、微信公众平台，收集绑定线下目标客户，利用游戏、优惠券等互动方式关注商家线上商城，从而吸引客户预订，产生订单，使客户养成线上消费，线下体验的行为习惯[④]。将微信的“摇一摇”“扫二维码”“附近的人”等功能与 O2O 有机结合，形成了微信 O2O 营销模式。微信的二维码扫描功能是直接把线下引流到线上体验，将二维码图案置于取景框内，使消费者可以链接到相关企业，通过关注企业微信公众平台账号获得会员折扣和商家优惠，

① 刘兴亮．移动社交是未来的方向 [J].IT 时代周刊，2011,12(6):68.

② 赵越．微信平台商业模式研究 [D]. 北京：北京印刷学院，2015.

③ 戴慧祺．移动互联网时代背景下的微信营销探究 [D]. 南昌：江西师范大学,2014.

④ 张义．微信 O2O 营销模式发展困境与出路 [J]. 经营与管理，2015（12）:41-42.

而商家可以通过此功能来获取更多的潜在客户。另外，微信具有良好的移动性。基于地理位置的服务（LBS），微信会根据地理位置找到附近开启本功能的潜在用户。商家可以利用“签名档”这个免费的广告位为自己做宣传。附近的微信用户看到商家的信息后，如果感兴趣即可形成线上互动。精明的商家还会通过扔漂流瓶或捞漂流瓶来进行品牌宣传。例如，招商银行曾发起“爱心漂流瓶的活动”。微信用户在使用“漂流瓶”功能时有概率捡到招商银行的漂流瓶，回复之后便会通过“小积分，微慈善”平台为自闭症儿童提供资金或者其他帮助。微信O2O营销模式已经广泛存在于现实生活的方方面面，如微信打车、订鲜花、订餐、发红包等①。

微信O2O营销模式通过不断的优惠打折等服务方式，将企业线下门店的打折促销信息通过互联网移动平台及时推送给手机端用户，将广大的互联网用户转换为企业自己的线下交易客户。

一、基于微信移动平台O2O营销模式理论基础

（一）移动互联网营销理论

1.新媒体营销理论

随着互联网2.0时代的到来，人们将关注点放在沟通和体验上，更加强调创新。营销环境的巨大变化，使新媒体营销崭露头角。利用网络和通信技术，以互联网、电脑、手持移动端、数字电视等为依托，向消费者提供信息、娱乐等服务的媒体形态，被统称为新媒体。营销环境发生变化的同时不断要求营销思维随之改变，新型媒体营销也逐渐成为现代营销模式中的主要方式。

新媒体营销是从引导目标客户需求入手，对产品或者服务进行分析，从而达成既定营销目标的目的。新媒体的营销手段逐渐由宣传向渗透转变，将目标群体的意见融入营销活动当中。例如，通过微信公众平台发布话题讨论，引起众多网友关注和思考，完成企业推广品牌影响的目的。

新媒体营销是组合式营销，即通过多种渠道进行营销互动，如除了各门户网站、微信微博、手持移动端等新兴媒介，还也可以与其他传统营销方式相结合，形成全方位营销。口碑营销曾经是新媒体营销中的热门传播方式，其利用的就是用户之间的社交关系。新媒体平台可以为商家和消费者提供双向沟

---

① 郭华月，江琳.刍议“微信”营销的O2O模式[J].福建商业高等专科学校学报，2015（05）:46-50.

通的有效渠道，而基于微信移动平台的 O2O 营销模式即为新媒体营销中的一种[①]。

2. 网络整合营销理论

网络整合营销是以消费者为整个营销过程的核心，以消费者的需求为基础开展的营销活动。网络整合营销理论的发展有其特定的社会背景，随着第三产业在社会经济中所占比重的不断提高，企业的发展也开始从为客户提供更加优质的服务入手。以顾客为中心，最大限度地满足客户，提高客户体验度，为其提供热情周到的全方位服务。企业可以依托移动互联网，及时有效地和客户进行沟通，随时随地为客户提供必要的服务，及时掌握了解客户的需求，做出响应。互联网营销手段已经成为目前最具潜力和发展的营销方式。

网络整合理论是在传统营销理论的基础上，为了适应新的网络环境和营销环境逐步演变而成的。在网络营销中，消费者通过网络互动，真正参与到整个营销活动的进程中，商家也越来越重视消费者的地位。网络整合营销理论就是主张消费者的主动选择权得到最大限度的实现，提升互动性和主动性。

伴随移动互联网的发展，微信成为最流行的社交通信工具，其多样化的个性功能为电子商务的发展，尤其是 O2O 电子商务的发展提供了良好的平台。

（二）SoLoMo 理论

SoLoMo，即 Social（社交化）、Local（本地化）和 Mobile（移动化），于 2011 年年初由 KPCB 公司风险投资人约翰·杜尔提出，这一理论预示着移动互联网未来的发展趋势。“社交、本地化、移动”三大支点撑起了互联网的创新应用[②]。

SoLoMo 模式是通过移动互联网，有效地将线上、线下资源进行整合，向潜在客户提供需求，提供本地化的服务。SoLoMo 这个概念从提出到发展成为各大移动互联网公司未来发展的方向，依托即时通信设备与技术的进步，凭借自身的特质在电子商务领域中优势较为明显[③]。

SoLoMo 理论实现了信息的实时互动。消费者角色多样化是互联网时代与消费市场融合的必然，他们在消费的同时成了信息的发布者和传播者，使产品信息在社交中得以广泛传播。当消费者在选择困难时，社交关系中朋友提供的信息将成为决策的重要依据。社交网络的移动化和本地化，使这种信息的交流成为现实，实现了消费者之间即时沟通和有效分享。

---

① 王博．电子商务背景下企业微信营销模式研究[D]．哈尔滨：哈尔滨工业大学，2015.

② 龙亚平．微信营销——基于 SoLoMo 的应用[J]．商场现代化，2013（22）:88-89.

③ 陈云海，移动互联网 SoLoMo 应用模式分析[J]．电信科学，2012（3）:18-22.

微信移动平台中的定位服务将本地化与移动化进行了整合，实现商家与消费者的双赢。首先，它可以确定手持移动端客户的地理方位。其次，提供与位置相关的各类产品信息与服务。基于通信技术的定位服务（LBS）使消费者可以准确获取商家发布的最新动态以及优惠信息。而商家也可以快速找到消费者，向他们传递服务与商品信息，把被动销售变为主动营销。

本地商家通过设置商店的微信公众号和订阅号，向已经关注的微信用户进行信息发布，吸引线上消费者。而后利用电子优惠券、消费红包等手段吸引消费者线下到店进行消费，建立长效的客户连接。商家可以通过微信方便地进行 CRM（客户关系管理）管理，分析消费者的偏好，从而进行针对性营销。微信公众平台的关注是微信用户主动选择的结果，因此微信公众号粉丝最有可能成为潜在的消费者。在 SoLoMo 理论中，Social 代表人的社交，Local 代表着与本地商家的交流，而 Mobile 提供新的技术支持，这三种不同要素之间相辅相成。微信与 O2O 在 SoLoMo 三个方面都达成了协调统一。

二、基于微信移动平台 O2O 营销模式实现流程

（一）微信 O2O 营销模式实现的关键点

微信 O2O 营销模式中商家与消费者在线下有着直接的联系。为了实现 O2O 营销闭环，不管是微信移动端线上宣传、下单，还是客户线下体验，都必须探索出合理高效的实现路径。实现微信 O2O 营销需要把握好以下几个关键点。

1. 充分整合资源

在微信 O2O 营销模式实现过程中，不仅要利用微信这一传播媒介，还应同微电影、微博、线下媒体、门户网站等各种新媒体进行整合，形成合力，覆盖每一个目标消费者，真正实现 O2O 营销闭环。在整合传播媒介的同时，要注重整合相关的产业链，如电影院可以整合餐厅、KTV、咖啡厅等与休闲娱乐相关的行业资源，形成一条龙消费模式，用性价比高的套餐来吸引消费者。

2. 明确盈利模式

商家在做微信 O2O 营销时要打破传统思维。在传统营销思维中，主推产品往往具有较大的利润空间，但对于微信 O2O 营销，主推产品不应该过多的追求利润，而是用来吸引消费者。通过互动营销、口碑营销等营销策略将尽可能多的消费者吸引到微信公共平台中，通过提高产品或服务的质量使其成为固定消费者。例如，星座爱好者的公众号主推的核心产品是星座的相关信息，其所销售的书籍、塔罗牌等周边产品才能真正带来利润。

3. 拒绝硬广告

微信 O2O 营销模式在营销过程中应拒绝采用硬广告，更多的关注与消费者的交流沟通，提升消费者产品和服务的体验度，再利用线上和线下打造的营销氛围吸引顾客购买产品或服务。

（二）微信 O2O 营销模式实现的具体流程

实现微信 O2O 营销模式的具体流程，如图 4-1。

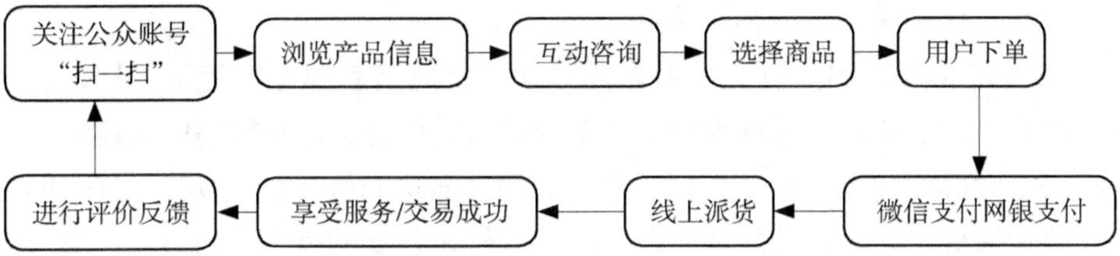

图 4-1　微信 O2O 营销模式流程图

在微信 O2O 营销模式的实现过程中，应采用以下流程。

第一步，商家发布宣传信息。销售商依托微信公众平台，将自己的资料及产品信息如实填写，供消费者浏览，其文案和配图都要抓住眼球。

第二步，锁定目标客户。商家利用微信功能，添加目标用户，或者在线下通过各种活动吸引客户使用“扫一扫”“查找公共账号”等功能来关注自己微信平台账号①。

第三步，消费者与商家进行线上互动。微信线上平台通过向消费者展示商品的有关信息、优惠活动促进消费者在其他同类商家中进行对比，最终帮助消费者选择，实现消费目的。

第四步，提交订单与支付。消费者根据线上获取的信息，在线下单和支付，同时线下接受商户提供的服务与产品，完成最终消费②。

第五步，消费者朋友圈分享及产品信息反馈。消费者把自己切身感受反映到线上平台，有利于指导其他消费者进行消费决策。商家可以通过线上平台对消费者的反馈信息进行分析，进一步完善自己的信息库，从而吸引更多的消费者，最终完成 O2O 营销模式中的销售闭环。

---

① 杨晨 . 浅析基于微信的新型营销模式 [J]. 现代工业经济和信息化，2014（15）：204-206.

② 焦汉明 .O2O 商业模式——电子商务进入一个新阶段 [J]. 信息与电脑，2012，11（09）:56 -59.

三、基于微信移动平台 O2O 微信营销模式实践中存在的问题

微信和基于微信的 O2O 商业模式的共同运行孕育了微商时代。由于微信 O2O 商务模式的发展还尚未成熟，微信技术人员还需要努力在用户和市场之间建立联系，并且调控好社交与商务之间的分配。微信 O2O 营销模式目前还处于探索阶段，缺乏经验，在技术上也不够成熟，需要不断地完善。

（一）社交与商业存在摩擦

随着互联网络的推进，国内外的移动社交应用适用范围更加广泛。虽然国外的社交网络应用比微信提早半年增设游戏等内容，但是微信的应用开发也处在一个发展的商业阶段。目前，微信的最主要功能是社交，以移动互联网为媒介来传递信息。最初的微信开发目的就是作为 QQ 的替身，通过一些简单的功能实现人与人的交流。微信作为一个简约的社交媒介核心就是人和信息，通过这样的方式减少电话和短信的使用。在 2013 年 5 月，微信通过 API 接口与第三方应用相联系，用户可以和朋友分享生活，将自己的生活以图片、音乐和视频的形式呈现在朋友圈，这样使微信平台的影响增大。当然，微信最基本的属性仍然是社交属性，而不是媒体属性①。随着微信 O2O 模式的开启，微信开始开发新的功能，后来推出移动客户端扫描二维码加会员的功能。用户在扫描二维码成为微信会员后，与商家的联系是以微信作为媒介，同时微信开始设立了电子商务功能，用户可以在微信里面呼叫出租车、订酒店和找餐馆。这样方便快捷实惠实用的功能不仅促进了用户对微信的喜爱，还有助于商家建立起较完备的广泛用户体系，逐步形成新媒体的移动互联的信息通道。虽然微信不断向商业化推进，然而微信里面的广告却受到人们的排斥。在 2012 年 11 月微信出现的失控事件，主要原因就是由于广告的肆意营销传播导致的。蘑菇街和美丽说用户在微信上大量分享“心理年龄测试”和“性格分析”，并且对其刷屏，分享后还得对其关注，才可以看到答案，迫于压力微信关闭了蘑菇街和美丽说的分享通道。此次事件之后，微信开始向协调用户的体验和提高商业的价值两个方向努力。微信先采取的一个措施就是对微信营销进行缩减，把之前无差别的公众号划分成服务号和订阅号。服务号每个月只能够群发四条信息，将订阅号的显示内容和首页进行压缩，微信通过这样的方式减少了商业与社交的碰撞。然而，微信的发展还需要做出多方面的努力，需要在后续控制信息的导向，还需要监督第三方应用。微信还必须在保证商业不干扰社交的基础上促进

① 王康，杨笑希．微信的盈利局 [J]. 经理人 ,2003（4）:42-43.

商业的发展，监控适度，否则用户的流失将会给微信后台所有有关的部分造成经济上的损失。

（二）软件开发与普及存在矛盾

官方微信具有许多优点是毋庸置疑的。由于微信简洁的界面受到用户的喜爱，作为一个即时通信社交软件已经得到用户的好评，尤其是可以在 30M 流量之内接收或者发送上千条语音，这是其他软件无法匹敌的。微信的朋友圈可以以视频、图片和文字形式分享自己的生活，公众号可以了解关于娱乐、明星、生活等多方面内容，最方便的就是通过扫描二维码添加微信群、微信好友、公众号等。然而，微信的缺点则是用户不会主动去发现内部的网络消费功能。对于简洁的界面，微信里面的商务功能藏在二级菜单里，用户对于“状态定位”“公众号平台”“我的银行卡”以及购物方面没有深层次的了解，这就会阻碍微信 O2O 商务模式的开启。微信进一步的优化在于可以通过微信支付，进而影响营销模式的发展。该软件开发商通过对用户在消费方面的推广、新功能的展示，刺激用户对新软件的深入了解，让用户去尝试使用微信软件里面新设置的功能，潜移默化地改变用户的消费习惯。目前的微信 O2O 只是处于微信的附属地位，和“摇一摇”性质相似。然而，微信的 O2O 营销模式具有极大的潜能，当用户习惯使用微信进行购物和支付时，将会给商家和开发商带来巨大财富。如果开发和推广普及过程中，不对软件进行优化和改进，只是不断累加功能，那么只会占用智能手机的内存和屏幕界面，这样的软件终将被淘汰。微信在打开了 API 接口之后加入了一些新的简易应用，因此微信的功能从最开始的精简逐渐趋于完整。微信移动平台 O2O 微信营销模式之所以不能够在用户之间普及，最根本的一个原因就是微信虽然已经发展成为综合性的平台，但是微信的功能不能够和用户需求相匹配。就用百度的“两个页面原则”的产品原则来分析，开发商就在两个页面里面集中产品，最好就是在两个页面里面创造商业价值，这样的模式比美团、淘宝等更具有针对性，用户在进行购物的时候最开始就是跳转到这些应用里面进行选择。相比较而言，微信的 O2O 入口已经在第三、第四层级，这样烦琐的路径不符合用户的消费习惯。

（三）便捷与安全存在冲突

在 2013 年 8 月 5 日，微信 5.0 版本增设了在线支付功能。在线支付功能是由财付通提供途径，在线支付的开放实现微信 O2O 的支付闭环，同时为微信 O2O 营销模式的发展奠定基础。微信用户可以在个人信息栏当中添加“我的银行卡”，绑定银行卡和个人信息验证之后就可以使用微信支付，这样简单便捷。虽然用户通过这样简便的支付密码和手机短信验证完成商品的支付过程，但是用户匿名的形式对银行卡绑定也在削减其安全性，银行不能够单方面对银行卡账户的安全性承担责任。银行账户在绑定服务账户之后会产生一些变化，一般用户是很难察觉到的。银行为了确保银行账户安全会对客户采取限场景、强实名、多重验证来检验其真实身份。这样的做法虽然一定限度上能够保证客户的支付信息安全性，但是对账户的个人信息安全性缺乏保障。

由于微信 O2O 模式的位置信息共享就意味着自己的私人位置信息会被附近的人和附近的商家知道，因此个人的位置信息将会暴露，这样会导致个人信息具体化、现实化，用户的人身财产安全会在一定限度上受到影响。

四、完善基于微信移动平台的 O2O 营销模式实践策略

微信的商务化运作必将会是一个前进发展的趋势，它与 O2O 营销模式的完美融合还有一定的距离。下面着重提出完善现阶段微信移动平台 O2O 营销模式的策略。

（一）加强微信安全引导用户体验

由于手机平台是一个开放性的体系，所以微信要做好安全防护。目前，手机端也出现了许多恶意攻击软件和网络病毒，在微信的使用中要配置相应的安全防护软件，减少这种网络盗窃和欺诈行为的发生，提高用户的安全防护等级，实现一个安全的使用环境。微信在后期更新中加入了微信支付的财产保障体系，和中国人保财险 PICC 合作，用户的交易风险由险企承担，提高了用户使用微信支付的信心。后期微信需着手把赔偿手续简化，给用户优质的使用体验。在网络社交中，人与人的社交基本上可以定义为标签与标签的社交，用户虚拟化程度太高，所以身份识别具有不确定性。信息安全也是安全里的大事，如果不加以重视，后果不堪设想，所以软件开发商要积极主动引导用户提高信息安全、支付安全、支付习惯的警惕性。引导用户不在社交中透露安全信息，如银行账号、取现密码等。为减少损失，还要将卡的额度进行限制，设置支付短信提醒等。

另外，微信在为用户提供服务时，会把不同差异的人群看作一个完整的人，这个人不同于现实意义中的人，他没有性别、年龄、区域、语言之分。“他就是一个服务的主体，这个主体是所有人的需求的交集”，微信运营人张小龙总结说。我们可以看到微信的开机启动后永远是一个孤独的人遥望着地球，这就是所有人的需要集合。在看待微信时，我们不能够使用传统的眼光，

不能够用对待阿里巴巴的商业价值观来对待微信，因为微信所传递给人的价值和阿里巴巴是不同的。阿里巴巴传递给我们的只是产品，而微信所建立起来的是一个有价值的产品，它需要一个人际群体，并且存在潜在的价值观念属性，所以能存在于很高的价值体系，依赖它的“人的生态”体系。微信在运转过程中还是要坚持社交为第一属性的原则，毕竟社交属性是维持微信关系链的基础。随着大数据和移动互联网时代的风起云涌，人们的价值体系和价值观念发生了前所未有的改变。在新的价值观念上，传统的营销策划和模式也正在失去它的意义。基于这种环境，微信营销最根本的任务就是要建一个精准的洞察体系，满足市场需要。由于市场的改变，消费者行为方式的改变，媒体平台和产品营销方式也在变化。消费者正以前所未有的速度学习这种变化，并且积极影响周围其他人参与到这种变化中来。科特勒在《销售革命 3.0》中定义了营销的概念，他认为营销不仅是关注产品的人文精神。微信在营销过程不仅要重塑自身的服务定位，还要立即引导线下商户营销思路的转变。虽然营销部门在互联网时代主要依靠智能没有发生改变，但是要更好地了解用户的个人需求，寻找潜在客户。在具体营销过程中还要积极主动关注市场前沿动态，给予各个部门最精准直接的反馈，使自己的每个经营策略最大化地满足客户需求，与客户形成共鸣，使用户体验度得到进一步提高。

（二）完善微信功能，寻求跨界合作

目前，微信 O2O 营销模式还面对着很多挑战，这些挑战必将为微信平台带来新的思考。微信在后期发展中放大用户的二级需求，可以使用户的个人需求和社交功能达到某些平衡，并且可以借助某些移动社交功能实现更多的商业拓展。后期应用平台的开发实现了开放性，也为微信也带来了许多的应用选择。在满足微信多样化功能的同时，带来许多问题，如原有的简单布局在很多手机上并不适应，反而会带来功能上的弱化。微信不能走这种路线而是要有所指向，对于用户喜好的软件可以植入，这其中“滴滴打车”就是一个范例。“滴滴打车”这款软件在植入微信之后，积极与微信通信、微信支付相结合，形成一个完整的消费闭环。的士司机在为客户服务的同时可以与客户建立长期的联系。司机要做好微信的日常维护工作，才能更好地为客户服务。微信在发展过程中还要学习融合优势对象，把微信自身的商业价值抬升一个更高的高度、一个独立的产品，最能吸引人的是由于它能够满足顾客多样化的需求。对于微信来讲，就是如何在小于两个页面的选择上实现商业价值，因为用户通常都是没有耐心的。如果在进行了两步操作好，并没有达到他想要的结果，用户

就会选择放弃。只有直接快速的垂直服务才能在最短的时间使用户得到最高的体验。

微信发展起步晚，但是发展的速度和规模令人叹为观止。QQ 从产生到目前为止数十年，拥有大量的忠实客户，并且建立起了一套完整成熟的营销模式。微信 2013 年才完成支付闭环，开始了商业化探索的道路，对 QQ 的超越还为时尚早，在中国 O2O 模式发展还处于起步阶段，没有一个完整的线下和线上的联动体系，商业生态圈没有形成，收益模式还有待开发。移动互联网的发展已经送来了第一张船票，微信也顺利地走出第一步，它有巨大的用户基础，流量规模变现潜力巨大。微信要做好平台整合，做好未来的市场调研，肯定会受益良多。其在发展中要坚守合作、互利、共赢的理念，与优秀团队积极合作。与外部团队的合作，一方面可以释放内部的人力和财政资源，使重心移动到核心平台 O2O 模式的开发上；另一方面有助于在持有大量股权上继续得到丰厚利益。在这种模式上，用户和商户的关系是双向的，目前微信的线下商户难以满足规模巨大的用户需求，供需比例严重失调，这限制了 O2O 营销模式的发展。面对这种情况，微信要积极吸纳、整合线下商户，把微信的商业体系建立起来，使其满足本地化需求，这对于 O2O 模式来讲有重大促进作用。微信的每一次 O2O 营销模式服务升级都是为微信提供服务的经验，一方面培养了用户移动支付的习惯，另一方面使平台得到了反馈，这有利于平台的长期发展，对用户信息的进一步整合，以便完成更为广阔的本地商户信息库，从而获得收入。另外，微信的用途不应该仅停留在商业化上，还要以电子商务作为入口，实现人们的社群聚合，这才是微信以后的发展方向。立足于聚合积累，把它作为腾讯扩张的方向。当前，社群电商的聚合还在整个行业内重视程度不高，它需要大量的用户作为支撑，而移动互联网正好提供了先天的基础，必将成为未来的发展方向。

（三）基于微信“二维码”的营销模式创新

在 O2O 的模式下，互联网扮演着重要的角色，它是连接两者的基础，是线上交易的营销平台和支付平台。这种模式一方面可以在线上交流中吸引消费者，另一方面可以加快平台建设。微信产生之初，就带着浓重的 O2O 营销模式色彩。微信二维码进入了加速发展时期，它已经融入我们的生活。企业把二维码扫描也运用到了自己的内部。为了扩大企业的关注度，把微信二维码印在了公司内部或者名片上来吸引顾客添加公众号。二维码承载大量的广告信息和产品服务内容，因此蕴含巨大的商机。用户扫描二维码后可以完成快速上网，手机时时查看，分段浏览商家信息，快速了解广告和优惠政策。另外，二维码扫描和腾讯的财富相结合，使微信具备了支付和转账的功能。用户在购买线上或者线下商品的时候，都可以采用扫描二维码的方式完成，达到真正意义上的一拍立购效果①，使用户主动参与到O2O营销模式中去。二维码成为电子商务平台线下与线上合作的重要端口，它的使用大大简化了商品的支付过程，进一步深化网络消费。

（四）基于微信"朋友圈"的营销模式创新

微信在4.0版本之后加入公众平台功能。在这个平台上，个人或者公司可以注册自己的微信公众平台，同时用户可以在微信公众平台加入第三方应用，实现微信用户灵活调用，实现内容上的多样性。微信公众平台的加入使企业同消费者之间的联系更加方便，商家可以通过发布企业介绍、行业动态、优惠等信息让更多用户关注自己。"朋友圈"功能实际上就是一个产品的"口碑"宣传，很多网站和软件中都有这个功能，这样分享式的口碑宣传，为商户创造了更好的条件。手机携带方便，微信用户可将自己手机中的视频或者图片内容在朋友圈分享，这比电脑端的传播方式更为便捷。用户在朋友圈内分享的方式不需要专业的营销人员，也不要企业做后台运转。商家在推广上一般会把优惠信息和分享结合在一起，通过优惠政策吸引使用户主动分享，这样的方式不仅给用户带来利益，还为企业带来利益。这样一来，用户就成了企业的"营销人员"，为商户主动推广。

综上所述，通过微信营销模式的创新，为未来微信移动平台的发展奠定了理论基础和实践基础。

第三节　社群营销模式与特点分析

自媒体不仅是一种传播信息的媒介，还有其深层内涵：自媒体的用户实际上是一个固定的社群，是一群有着共同兴趣爱好和相同价值观的社群集中体；自媒体社群往往具有交流效率高、聚合度高的特点。因此，自媒体本身展开的营销具有网络用户数量庞大、营销成本较低和营销效率较高等优势。除此之外，自媒体背后的社群力量还能产生巨大的经济影响，创造出巨大的商机。"罗辑思维"是知识型社群品牌，本节以"罗辑思维"为例，分析社群营销模式的概念和特点以及成长空间。

---

① 侯兴云．基于微信的企业营销模式创新研究[D]．广州：暨南大学，2015.

一、“罗辑思维”的社群

社群即社会群体，它是一个社会学概念，指“由两个或者两个以上的具有共同认同和团结感的人所组成的人的集合，群体内的成员相互作用和影响，共享特定的目标和期望。[①] 在互联网时代的大背景下，持续关注自媒体节目的用户即可视为加入了该自媒体的社群。如此一来，社群的内涵就非常广泛，只要是因为相同的兴趣爱好、特质需求、相关属性等原因聚集起来的群体或组织都是社群。“暴走漫画”和“罗辑思维”的用户实际上都是固定的社群，它们表现得更为集中和典型。

“罗辑思维”是一个知识型社群品牌，用户的主要构成是学历较高、与时俱进、对知识追求狂热、有着独立思考能力的知识分子。“罗辑思维”社群由罗振宇为代表的 40 多人的核心团队、1.6 万铁杆会员、5 万亲情会员（发起会员）、500 多万罗辑思维用户和关注者以及一些合作的商家共同构成。

“罗辑思维”自媒体品牌的内容推广和产品营销都离不开背后的社群，维系社群的纽带是对社群价值观的高度认同。

二、引爆社群的社群营销模式及其特点

“罗辑思维”都采用了多种多样的营销策略，但是市场经济学里的营销模式更侧重一种体系，而不是简单的营销策略和手段。目前，大部分学者都专注于研究“罗辑思维”这类自媒体的营销策略，对于它们的营销模式仍然处于研究空白。笔者受社群概念和社群经济的启发，大胆地将社群经济下的自媒体的营销模式称为“社群营销模式”。笔者谈及的“社群营销模式”不同于已有学者提及的“网络社群营销模式”。网络社群营销是基于圈子、人脉、六度空间概念而产生的营销模式，只是在虚拟空间存在的营销模式，是一个口口传播的过程。[②] 而笔者所提出的社群营销模式，是指自媒体对用户的深度动员，涵盖了线上线下，不仅在虚拟空间进行商业活动，还在现实生活中进行。社群营销模式就是以社群用户为中心，形成有鲜明特征的受众定位、品牌定位、意见领袖和魅力人格体，注重 O2O 会员互动和跨平台延伸产品形态以及团队化运营的模式。

---

① 戴维·波普诺．社会学 [M]. 北京：中国人民大学出版社，1999：53.

② 李莲莲．自媒体“罗辑思维”的社群营销模式探究 [J]. 新闻世界，2015（6）：42.

（一）组织化发展和团队化运营

虽然自媒体的运营成本相对传统媒体显得微不足道，而且自媒体的运营工作也更精简，但是单打独斗绝不可能做成自媒体品牌，更不可能带来社群经济，越来越多的自媒体意识到组织化发展和团队化运营的重要性。“罗辑思维”也由最初的罗振宇和申音 2 个人发展成 40 多人的核心团队，视频脱口秀和微信公众号等平台都分工明确，很多线下的活动都需要依靠团队的力量去完成。在微商城的运营中，所有的微商城店铺会员都是团队中的一员，他们与“罗辑思维”一起共同成长、共同发展。

（二）内容为王的社群凝聚

自媒体社群品牌的核心竞争力是满足社群需求的优质内容，只有优质内容才是凝聚社群的安定剂。“罗辑思维”主创人员深谙内容至上的法则，内容涉及范围广泛，基本都是趣味性和知识型的话题或者类似野史，但又有着充分依据的能吸引受众的历史细节和合理的创新观点等。

（三）多种传播平台的有效利用

单一的产品形态或者单个产品很难形成规模经济效应，所以“罗辑思维”从最初的单一产品形态逐渐发展成全方位的产品形态，利用多种媒介形成网状传播渠道，跨越传统媒体、新媒体等多个平台，充分整合内容资源和媒介资源，形成传播共振。“罗辑思维”的产品形态也从最初的单一的脱口秀视频发展到目前融视频、语音、微信公众号、微信商城、图书、微刊等于一体的全方位产品形态。

（四）意见领袖与社群的深度开发

如果不是大众消费品的覆盖传播，而是分众的市场传播，最重要的事情就是摸清楚人群中的中心节点群，为的是更好地渗透到目标客户中去做传播覆盖。这里的人群节点就是传播学里的意见领袖。“罗辑思维”的意见领袖是罗振宇。

“罗辑思维”非常重视与用户的互动，因为用户能够带来非常强大的社群经济效应。重视用户的互动就是把握好了社群经济的脉络。“罗辑思维”在会员管理方面不仅首创了会员付费模式，还注重用户体验，将社群用户的线上互动与线下互动紧密结合。线上的沟通交流提高了用户对社群价值的认同感和黏性。

三、社群营销模式的发展图景

自媒体的用户绝大多数都比较松散，用户产生的凝聚力主要集中于内容。

一旦自媒体内容的趣味、方向、质量发生变化，那么原有用户就可能流失，社群就有可能解体。所以，自媒体以团队化、组织化运营，保证优质内容的产出来维系社群就变成了主流趋势；将内容营销、精准营销、整合营销和情感营销融为一体的社群营销模式也将全面普及，成为最有影响力的模式之一。

自媒体内容的生产需要得到有力的保证，在内容方面的投入也将持续增加。为了保证投入，自媒体必将深度开发自己的社群，使之朝着社群经济的方向发展，这样自媒体组织与社群用户的关系也会越来越密切，甚至会成为利益共同体。从这个趋势上看，微商城是社群营销模式的重要组成部分，未来可能成为自媒体的“标准功能”。通过社群关系形成的认同感和信任感是淘宝、京东等电商平台所不具备的，而微商城功能不仅限于购物，还有微社区和交流平台、众筹平台，进而在社群内部达到资源整合和共享，实现资源利用的最大化。

不过，当前采用社群营销模式的自媒体还不多，社群营销模式本身也还有很长一段路要走。目前的自媒体组织没有对应多样化的营销策略，盈利模式也较为单一，以广告盈利和衍生产品盈利为主，很难形成规模经济效应，需要开发新的更大规模的盈利增长点。衍生品虽然可以带来盈利，但是不够丰富多样，创新也不充分。自媒体的品牌意识还需要提高。

第四节　共享营销模式的构建与实施路径分析

一、相关理论分析

（一）共享经济

共享经济是基于陌生人的物品使用权暂时转移的一种商业模式，其最终目标是获取一定盈利。共享经济主要涵盖行为发生主体、闲置资源、收益、网络平台四个基本要素。与传统经济模式的区别之处在于，共享经济基于经济剩余而出现。在企业方面，经济剩余指库存和产能的闲置。在个人方面，经济剩余指物品、时间以及资金的闲置。近年来，经济发展速度放缓以及产能过剩现象凸显，消费者的消费理念发生变化，不再过于关注产品的占有权，而是倾向于如何获得使用权。并且，受到去中心化理论的影响，在商业发展过程中，合作分享的思维方式被更多企业所认同，这种思维方式正逐渐对社会资源、供需等产生深刻影响。此外，共享经济中的经济剩余部分，是以碎片化的形式，散乱分布在社会各个领域中，如果将这些经济剩余进行整合，需要非常高的成本。而现阶段，分享经济发展逐渐成熟，大量的经济剩余可以被有效整合并利用，在全社会范围内，实现供需各方资源的精准匹配，进而带动社会经济发展。

（二）跨界营销

跨界营销是指两个以上不同类型的企业，合力发起一系列营销活动。企业基于自身品牌的内涵、特征以及独有的优势，寻找与其品牌相匹配的企业，发起合作诉求，针对共同的目标消费群体，开展跨界营销宣传活动。企业采取跨界营销方式，在为消费者提供多元化消费体验的同时，可以提升企业经济效益，进而实现双赢。新形势下，跨界营销能够体现一种新型的销售理念，并且有利于增强消费黏性，促使跨界合作企业实现营销效益最大化。

从企业角度来说，开展跨界营销的原因是为获取消费者的价值认同，提高合作企业自身的品牌价值，进而促使效益最大化。一种文化难以充分迎合消费者的生活方式及态度，因此企业在自身品牌文化的基础上，需要联合其他品牌，实现品牌的相互渗透。尽量迎合消费者需要，以此谋求更多商业利益。从消费者角度来说，随着生活水平的提高，消费者的消费理念与产品认同发生了改变。消费者不再只关注产品的使用功能，而是倾向从产品或者服务中，寻找一种价值认同。并且，跨界营销为消费者提供了多种选择产品或服务的渠道，消费者可以在短时间内获取自己满意的产品或服务信息。可见，跨界营销不是企业之间简单的功能契合，而是合作企业之间相互融合，优化营销模式，将单一的企业品牌形象塑造成多维立体式，使品牌更加具备张力。

二、零售企业跨界共享营销模式构建

现阶段，诸多零售企业的营销理念比较滞后，着重于“产品”本身，而忽略消费者的购物体验；新零售在满足用户便捷购物的同时，强调满足用户对品质的追求，但在提升消费者忠诚度方面仍然有欠缺。未来的零售企业营销趋势是跨界联合，通过共享资源、合力运营促使经济效益最大化。同时，采取线上线下结合的方式，从运营、产品、商品管理等层面，运用线上的技术和数据、线下的用户真实反馈，指导销售行为。在此背景下，零售企业只有进行零售跨界共享营销，为消费者提供“深刻、优质的购物体验”，这样才能提高用户忠诚度，保证零售企业稳固发展。

（一）联动数据库营销模式

在联动数据库营销模式中，联动主要是指数据的联动，跨界合作企业采取某种方式，从相关企业的信息载体上，收集数据，通过分析数据间的关系，获取数据中隐藏的精准客户信息。零售企业通过大数据分析，进一步细分、挖掘消费需求，结合大数据精准化、智能化特征展开营销活动。在大数据的支持下，零售企业以价值共创为战略导向，展开跨界共享营销活动，将供应、生产、需求、信息进行联动。在营销活动展开之前，对潜在消费者的消费需求、产品体验期待进行大数据分析，通过大数据进行精准、高效的数据引导，进而制定跨界共享营销策略。同时，合作企业基于同生共赢的目的，可以将各自数据进行共享，持续进行数据资源的交换，基于自身的核心竞争力，为合作企业提供优质的辅助服务。在这个过程中，可以极大地调动零售企业与企业之间、企业部门之间参与的积极性。

在动态商业环境背景下，联动式数据库营销模式可以有效提升零售企业跨界共享营销的经济效益。具体而言，联动数据库营销模式是零售企业基于现有的集成数据库，建立一个数据强关系网络。跨界合作企业在价值共创导向的前提下，对数据进行整合，实现供应联动、生产联动、需求联动。在营销活动设计方面，基于数据库，实现跨界合作企业的多方联动，共同塑造新的共享经济创造模式。此外，在联动数据库营销模式中，利益相容与价值共享是该模式持续、高效运行的前提。合作企业之间产出的所有收益，仅取决于联动数据库的功能发挥情况，而非受制于企业边界。零售企业在整个零售跨界合作过程中，产生经济利益、交互体验、运营能力等一系列收益，均能够分散到每个合作企业中。

（二）场景体验营销模式

随着体验经济的不断发展，零售企业传统的产品差异化特征已不能满足消费者多元化、个性化、情感化的消费需求。零售企业采取价值单一的同质化产品，难以在激烈的市场竞争中占据优势地位。因此，零售企业可以通过构建跨界共享营销场景，将企业与消费者紧密结合，采取富有情感的互动方式，吸引消费者进入场景中。合作企业在特定的时空范围内，构建企业与消费者行为的场景，由此来表达一种商业模式，从而实现经济利益共享。场景体验式营销模式运作流程通过设计特定的场景，强化合作企业与消费者的联系，获取消费者的心理认同。合作企业基于共同的利益诉求，合力构建与消费者的互动场景，为消费者自由表达产品偏好提供环境。场景体验营销模式具有极强的情感导向性，通常置身于场景中的消费者，很容易被触发某种情感，从而激起购买欲望。在跨界共享场景体验营销模式中，情感的产生可以是工具性互动或表意性互动，也可以是合作企业之间特意安排的互动。

在场景体验式营销模式中，由合作企业之间“链接”的关联内容，构成消费者的浏览环境，而这些消费者感兴趣的关联内容，可以充分占领消费者的生活时间。因此，跨界营销场景的构建主要是通过注入特定情感，占领消费者生活时间，由此培养更多潜在消费者。这种意义下，跨界营销场景与用户感知界面完全不同，其核心是在场景中，突出零售企业与消费者的社会互动，并在场景中注入情感，激发消费者的参与热情。这种场景体验式营销模式，通过深入挖掘消费者需求以及痛点，提供极致体验服务，引导消费，为跨界合作企业创造更多利益共享机会。

（三）品牌生态管理营销模式

现阶段，营销活动不再是单向地从品牌—媒介—用户的过程，而是基于互联网背景，对时间、空间、资源、品牌进行整合、协同与匹配。现阶段，品牌作为企业的形象，是激发消费者体验心理的主要诱因。跨界合作企业各自的品牌是否可以相互匹配，品牌理念、品牌角色感是否具备一致性，是决定跨界合作能否取得共享利益最大化的关键因素。由于企业品牌在打造之初便定位了目标群体，且拥有特定的消费人群，因此在品牌生态管理营销模式中，需要实现品牌生态管理。合作企业需要具备一致的消费群体，如消费者的社会特征、消费心理、消费理念等特征趋同。这有助于品牌识别、品牌生态系统识别和品牌关系运营共同推动。不同行业、不同品牌的企业，在品牌形象、声誉和个性相一致的情况下，针对特定的消费群体，开展跨界营销活动，不仅能够引流另一方的消费群体，还可以增强消费者对本品牌的关注，促进合作企业销售额快速增长。

由于跨界营销面向类似的消费群体，企业在对跨界合作对象选择时，需要深入思考分析品牌关系、目标群体的消费习惯，根据品牌关系、消费群体心理需求与行为来获得跨界合作对象。同时，企业需考虑品牌合作的市场范围，或选择相同或相近的营销区域作为合作前提。进一步来说，零售企业零售跨界营销能否实现共享营销利润最大化，能否将传统区域与互联网对接，取决于跨界交易双方在品牌战略、市场方面的匹配程度。只有跨界合作企业在这些方面具有一定的互通性以及近似的价值理念，才可以有效实现跨界营销活动。事实上，以关联性的元素为品牌联合纽带，是跨界营销的主要活动目的，通过建立合作战略，利用关联因素进行融合，实现双方品牌的价值互动。因此，跨界营销战略的实施，必然从关联性元素出发，从而选择最佳合作品牌以获得叠加效应。

三、新型模式的具体实施路径

（一）充分利用大数据，实施精准营销

跨界合作企业应借助大数据的优势，带动自身的发展。首先，企业应该利用大数据，对行业特点做专业的精细化管理和全流程管控，让物资的采购、仓储、物流在响应速度、效率及运营品质上实现全面升级，帮助企业实现营销活动效果最大化。其次，企业应利用大数据，精准定位目标群体。很多消费者是有针对性地发出试用申请，进而发生购买行为。因此，跨界合作企业应联合起来利用大数据，科学、合理筛选现有数据库中的信息，寻找优质的潜在消费者，并对这部分消费者有针对性地发起精准营销活动。再次，跨界合作企业能够利用大数据，智能分析消费者的购物偏好，精准推荐产品。通过这些方式，实现新兴技术与零售业跨界合作企业间产生协同。

（二）搭建零售多元化场景，打造消费新体验

在移动互联网时代，追求极致的用户体验，是商业模式成功的关键。当前，用户体验凸显出多场景化、高端化、交互式等特征。因此，零售业跨界合作企业应该搭建零售多元化场景，打造消费新体验，贯通各个场景，实现消费者的“无感购物”体验。通过与消费者进行深入的互动交流，引导消费者深度参与到营销过程中。一方面，基于消费者消费心理，跨界合作企业应该合力提升购物场景化，将消费者、产品、场景等传统商业要素，进行重新配置，进而重构商业生态体系。另一方面，通过多元化的产业链供应，使消费者体验变得更加便利、高效，消费场景变得更为丰富且人性化。让消费者在整个购物过程中，能够感受到符合自己预期的氛围和场景，并因由人物、故事、空间所组成的场景触动内心而付费。如此，既能够整合碎片化的信息资源，又可以实现消费者情感的引导和心灵的共鸣，

（三）匹配品牌基因，提升品牌识别度

当前，每个零售公司都有自己的品牌基因。品牌基因是品牌 DNA，其中包括品牌的核心价值和品牌个性。不同的品牌基因是品牌之间差异化的主要原因。零售商选择合作伙伴时，他们必须根据品牌声誉、品牌形象和品牌个性等来匹配品牌基因，然后选择合适的公司寻求合作，并继续将品牌基因扩展到产品中，提高品牌知名度，并加强其定位。而且，随着消费者更新和转型的促

进，零售商是否能够匹配消费者的“气田”是吸引顾客的重要因素。合作企业需要提高品牌知名度。具体而言，它可以提高知名度，转移竞争力，找到自己的消费群体并形成区域规模经济。通过这些方法，在跨境合作企业互利互惠的同时，消费者体验得到了提升，品牌得到了提升。此外，协作公司需要共同努力，以使品牌出现在所有可能的生活场景中，平稳地接触客户，始终满足客户需求，并使品牌能够与用户建立更有效的联系。

（四）建立客户体验机制，提高服务质量

合作公司需要建立客户体验机制来提高服务质量。产品上线之前，企业可以使用客户反馈机制来模拟体验。上线后真正的三天工作经验，上线后一个月的后续体验以及该体验在线四个月后的消费反馈都是很重要的环节，这样可以有效缩短产品优化和更正的周期，并在新产品发布的各个阶段提供客户感知。反馈机制可用于清楚地定义任务控制、启动、计划、实施、响应、更正和重新滚动各种控制链接，以创建用于故障排除和优化的闭环。营销活动经过市场验证后，公司可以使用客户体验机制来收集消费者对产品和营销的意见，并根据客户的反馈对跨境营销活动进行适当的调整，达到精准定位的目的。如果跨境营销活动未收到良好的市场反馈，则企业可以使用客户体验机制来分析其不足之处，并为将来的跨境营销活动提供参考。

第五节　社交电商营销模式分析

社交电商是在互联网发展到移动互联网阶段崛起的，是移动社交时代的电商变革。

一、社交电商的界定

（一）电子商务概述

1. 电子商务的含义

电子商务是通过网络实现的商务活动，包含为广义的电子商务和狭义的电子商务。广义的电子商务是指，通过使用互联网等电子工具使企业、供应商、合作伙伴和客户进行商业交易活动。 狭义的电子商务是指，利用电子工具进行商业交易活动，这里说的商务活动是提供产品或服务的企业、供应商、消费者等与商务活动有关的企业的行为总和。

2. 电子商务模式的主要类型

将电子商务按交易对象划分，是最常见的分类方式，其中包含 B2B、B2C、C2C、O2O、C2B、ABC、B2M、B2G、C2G、C2B2C 等。

B2B 是指，企业间通过互联网交换产品、信息或服务。

B2C 是指，企业面向普通消费者进行交易的模式。

C2C 是指，用户和用户之间进行交易的模式。

O2O 是指，线上和线下上午结合的交易模式。

C2B 是指，消费者群体与企业进行交易的模式。

ABC 是指，由代理商、商家、消费者群体构成的将生产、经营和消费集中在一起的模式。

B2M 是指，企业和该企业的工作者或该产品的销售者之间进行交易的模式。

B2M 是指，企业与政府之间的交易。

C2G 是指，消费者与政府之间的交易。

M2C 是指，企业代理人和消费者之间进行交易的模式。

B2B2C 是指，在卖方和买方之间增设可以提供附加服务的作为联系的平台。

（二）社交电商

1. 内涵

全称社交电子商务（Social Commerce），是指基于人际关系网络，利用社交网站、SNS、微博、社交媒介、网络媒介等多种传播渠道，借助社交互动、用户自生内容（UGC）等手段等进行品牌或产品推广，促进用户购买商品，同时将关注、分享、互动等社交化的元素应用于交易过程之中，实现更有效的流量转化和商品销售的电子商务新模式。

简单地说，就是在互联网上，通过社交关系进行电子商务活动。

在传统网络时代，PC 端是电商交易的主导入口，此时为电商 1.0 时代。进入移动互联网时代，人们随身携带微信、QQ、微博等社交及媒体工具，而且随时都可能打开，移动端应用成为消费者连接电商平台的主要通道，通过社交关系进行交易，成为人们的新选择，于是进入到电商 2.0 时代。

2. 社交电商的影响因素

天时，地利，人和。社交电商的兴起，是在多种因素相互作用下发生的。

（1）人的因素。

如今的消费者越来越重视自身的个性化需求，用户时间愈加分散，并越来越关注场景化体验。在消费升级大环境下，进入了以消费者为中心的时代，搜索购物模式逐渐演变成发现式消费，流量呈现出去中心化的趋势。

人们的时间普遍碎片化，平时被各种新闻、视频、游戏等应用占据，同时消费过程中的信息传播、交互方式、应用场景与营销形式更加多元化。消费荇购物习惯已经改变，人们越来越愿意在移动端完成购物。

与此同时，主流电商发展已经进入瓶颈期，电商平台对商家的控制作州降低。对商家来说，流量越来越贵，运营成本与获客成本越来越高，流量转化率整体走低，电商生存环境恶劣。传统电商平台的盈利模式和搜索货架模式，使得卖家的竞争要素成本不断上升，利润越来越低。

在这种趋势下，移动电商通过向消费者提供多元化流量入口、采用场景化营销策略、在运营过程中添加社交元素等方式来增加消费者黏度 3 经过长期运营逐渐形成良好的品牌效应，最终实现商业转化，并积累 A 己的长期用户。

（2）平台。

凭借微信，腾讯公司获取了移动互联网时代的一张船票。自 2011 年发布第一个版本，微信异军突起，迅速成为中同最大的社交平台。甚至可以夸张地说，移动互联网就是微信互联网。到目前为止，还看不到任何产品显露出颠览微信的迹象。

大量用户每天在微信上投入大量时间，已经成为这个时代的一个特征。在这种环境中，社交分享成为推动电商快速增长的重要力量。从朋友圈、微信公众号到小程序，微信不断分配着更多流量，也释放着更多购买力。随着互联网与移动社交媒体技术的发展，供应链与支付环节日渐完善，为社交电商的崛起提供了必要条件。

（3）政策。

2015 年 11 月，国家工商行政管理总局发布《关于加强网络市场监管的意见》，首次将社交电商纳入监管范围。2016 年 12 月出台的《电子商务“十三五”发展规划》，明确提出要正确倡导社交电商发展，鼓励社交网络发挥内容创意且用户关系的优势，建立连接电子商务的运行模式，为消费者提供个性化电子商务服务，刺激网络消费实现增长。2018 年 8 月 31 日，《中华人民共和国电子商务法》发布，为社交电商健康发展提供了进一步的保障。①

以上种种，为社交电商的爆炸式发展带来了前所未有的机遇。

① 石树元．社交电商生态思维 [M]. 北京：华文出版社，2019:35.

二、社交电商的本质

传统电商的核心是商品和供应链，社交电商则更强调以“人”为核心，利用社交具与移动应用更直接地连接人和商品。社交电商的本质是社会化零售。

社交电商既属于电商，又是一个全新的物种，以往传统的游戏规则不再适用了。社交电商将商品、信息和用户三者真正连接起来，让电商销售终端无处不在，连通消费者生活的所有角落。

（一）社交电商的主要类别

目前，社交电商主要可分为以下几类。

1. 传统微商

传统微商可以称为社交电商 1.0，是较早时期的社交电商。微商的主要特征是，以单品牌少量属性切入，用线下传统分销结构在线上分销商品，即将“个体自然人”代替“传统实体渠道各层级分销商”。

微商是一种基于社会关系网络的商业模式，追求的是变现和盈利。微商加上好友以后，利用朋友圈和私信，不断地在对方面前展现产品，刺激顾客需求，对于大多数移动互联网的新用户，这种广告很有效。所以，微商在短时期内创造了很多所谓的“奇迹”，比如出现众多微商品牌，成就了月赚几十万的居家妇女，等等。但由于假冒伪劣产品泛滥，以及多层级分销囤货严重，微商在 2014 年遭遇断崖式下跌。

2. 社交内容电商

内容电商主要是以个人为中心，通过流量较大的社交工具（直播、微博、公众号等），基于产品创作有一定价值的内容，吸引消费者购买产品，从而实现销售的转化变现。

3. 社交分享电商

平台通过利益机制设置，鼓励用户利用社交工具（微信、QQ、微博等）进行分享、传播，个人成为商品的推广者，使传播者在传播链条中都能获得激励。由于利益的激励，分享电商能够极大程度地降低流量成本，迅速实现流量几何级增长，从而快速实现销售增长。

4. 社交零售电商

社交零售平台通过整合供应链上的商家成立线上商城，通过个人招募进行推广，每一个传播节点都能使平台和推广人获得最大收益。这类模式一般整合供应链多元品类及品牌，开发线上分销商城，招募大量个人店主，实行一件代发。

相对于前文提及的内容电商，社交零售型电商平台的典型特征是零售去中心化。

（二）社交零售电商平台的主要模式

社交零售电商平台从平台运营、产品结构等维度也可细分出儿种不同的模式。

从运营维度上可分为：

1.100% 自营型社交零售平台。

2. 开放型社交零售平台（纯第三方入驻货源）。

3. 混合型社交零售平台（既有自营，乂有第三方入驻货源）。

从货品维度分为：

1. 跨境商品社交零售平台。

2. 综合商品社交零售平台（跨境 + 国产）。

3. 国产商品社交零售平台。

社交零售并非中心化的零售平台型生意，而是去中心化的零售渠道生意。跟传统线下实体零售一样，社交零售的基本盈利点仍然是商品的渠道分销利润。只不过线下是实体店面作为渠道载体，而社交零售是以个体自然人作为渠道载体，而且用互联网技术升级了渠道运营系统，提升了渠道运营效率。所以，从这个层面上来讲，它是一种非常先进的商业模式。

（三）社交电商的主要优势

社交电商之所以兴起，是因其与传统电商相比有三大优势：

1. 运营效率较高。摆脱过去“中心化”的电商平台，社交电商促进了人和人的沟通，个人影响力的传播速度更快，传播面更广。哪里有社交，哪里就会有交易，大大节省了时间、人力与推广方面的成本。

2. 社交电商的推广快速即时。人与人之间的信任是社交的核心，有了信任才会交易，有好的商品才能维持信任，进而持续销售商品。社交电商的购物圈沿着社交工具中熟人关系链拓展，由此可以实现购物信息即时推广，并能够把影响客户的周期从儿秒延长到几天甚至几个月，甚至还有多次影响和持续销售的机会，从而与客户进行更为良好的互动，提升转化率，实现用户的“裂变式”扩张，并带来更多的流量。

3. 社交电商平台功能更齐全。社交电商平台集电商、社交、支付等功能于一身。通过社交场景的应用，更容易将用户引导到电商平台进行消费与购物，大大节约获客成本，还能够显著提升用户的购物体验，增加消费乐趣。

4. 社交电商体现了分享经济的理念。分享经济是指将闲置资源通过社会化平台与他人分享，进而获得收入的经济现象。社交电商很好地体现了移动互联网时代分享经济的精髓。社交电商不仅仅是人与人的简单聚集，更重要的是强调服务、信息以及内容的整合输出。社交电商运营的落脚点在于朋友之间分享，而要达到让人分享的目的，势必需要用最投入的匠心去做好每一个细节。只有好东西，人们才乐于去分享；只有不断地分享，才会不断产生利润的分配点，这也是移动社交电商发展的根本所在。

总结来说，社交电商是未来的发展趋势，这种获取流量的新方式将成为主流，但归根结底，社交只是一种手段，货品和服务才是根本，社交电商最后还是要回归到零售的本质，强调卖货思维。只有好产品才能在社交关系链上流动，而这是社交电商平台可持续发展的核心。

三、社交电商的营销模式

对推广产品进行定位，锁定目标人群，是进行推广的第一步，也是决定推广成败的关键。定位目标人群是推广产品之前必须深度思考的问题，常见的定位方法有用户调研、市场调研、竞品分析、数据分析等。当通过尽可能多的行为、属性标签将用户画像渐渐描绘清晰时，接下来就只需要找到他们。

（一）流量归集

区别于传统自带公域流量的中心化平台，就如今用户的消费习惯而言，微信是一个闭环生态，在这样一个生态环境里若想实现低成本推广及营销，首先需要归集渠道现有流量，建立私域流量池。因为只有当商家在真正意义上持有流量后，才能具备“自我造流”的能力。在进行流量归集前，首先需要梳理当下的获客渠道，根据不同获客渠道的特性，设计有效获取消费者关注的方法，以此将流量归集的效果做到最大化。私域流量池包括线上渠道流量，以及线下渠道流量。

1. 线上渠道

（1）传统电商平台：天猫、京东、淘宝、拼多多、美团、饿了么、苏宁易购、网易严选等。

（2）社交渠道：个人微信号、公众号、微博、微信群、QQ 等。

（3）搜索引擎传播渠道：百度、搜狗等。

（4）内容平台：知乎、豆瓣、小红书、今日头条等。

（5）其他渠道：官网、BBS、贴吧等如图 5-1 所示。

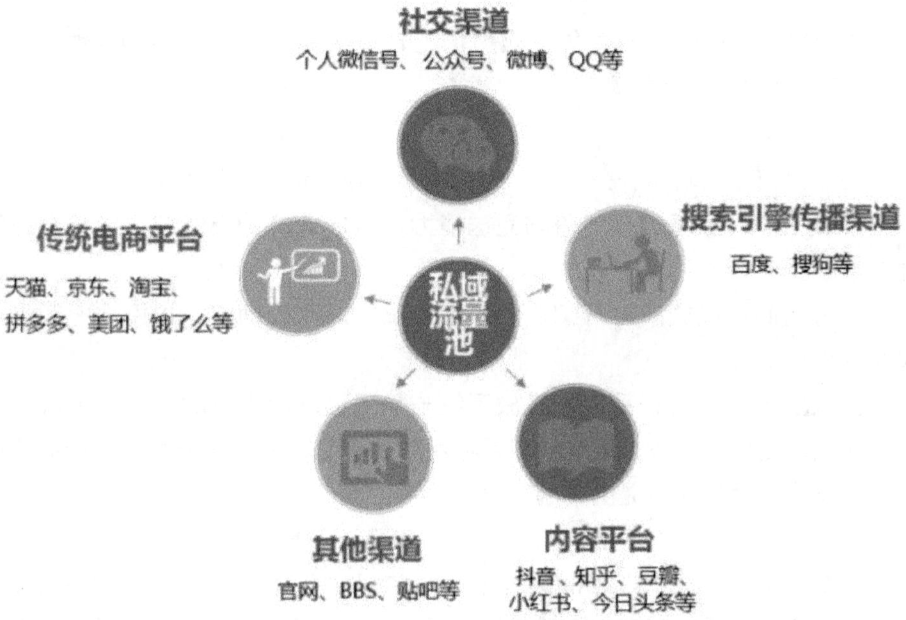

图 5-1 线上渠道流量[①]

归集线上渠道的现有流量实现了商家与潜在用户的连接，通过某种方式让消费者感知到企业所传递的消费场景、消费方式与消费渠道。因而，企业所提供的购物方式、渠道在消费体验上要优于传统的。企业需要时刻注意为用户节省更多的时间，并提供更好的消费体验。

2. 线下渠道

（1）门店、地推、展会。常见的归集方法：①扫码关注可连接无线 Wi-Fi；②扫码关注可免费打印照片；③扫码关注有福利相送（会员权益）；④扫码可参与互动游戏（摇一摇、幸运大抽奖、有奖竞猜等）；⑤问卷调查。

（2）包装。

常见的归集方法：①一物一码营销；②瓶盖内侧设置福利。

流量获取主要有三种方式：出钱、出力或置换（交叉引流），其中前两种情况较为普遍。把出钱买流量的行为称为外部流量获取；把出力引流量的行为称为内部流量获取。通常商家会依据自身的发展阶段、人力与资金预算来选择

① 有赞学院讲师团编著．新零售实战系列 社交电商运营全攻略[M]. 北京：电子工业出版社，2019:72.

匹配的流量获取方式与渠道。下面将对两大维度的流量获取（外部和内部）方式进行解析，并对不同渠道流量的属性、特点、成本等给出大致的分析。

（二）社交广告拓展

1. 线上广告

投放渠道：朋友圈、公众号、今日头条、百度竞价、微博等。

地域定向：基于城市覆盖与配送能力、目标人群聚集情况，选择合适的地域投放。

投放时间：投放前进行初步的投放测试，以此来确定广告投放时间。一般在 9 点—22 点。

投放复盘：通过有赞广告投放系统与落地页营销工具的结合，不仅能够获得流量、提高转化率，更能抓取目标用户的画像数据、多维度统计投放效果数据，还能为后续营销提供策划支撑。

案例 1：幸福西饼线上广告投放[①]

幸福西饼在“双 11”期间利用有赞广告投放系统进行引流，成功引流 15 万人次进店，店铺成交额相比日常提升了 5 倍。有赞广告投放系统具备很强的数据分析能力，能够拉取幸福西饼以往下单人群数据，判断用户群体的基本特征。将有赞及幸福西饼的用户通过 look-a-like（相似人群匹配）与微信的人群进行匹配并扩大，帮助幸福西饼找到目标人群，从而精准投放，且基于幸福西饼的城市覆盖及配送能力选择定向区域投放。投放时间定在 9 点—22 点这个转化效果较好的时段。利用整点秒杀、下单有礼、抽奖、拼团、优惠券等方式引起用户注意并促进成交。

2. 线下广告

投放渠道：楼宇、小区、影院、地铁等。

确定投放区域和内容是线下广告投放的核心。

线下广告的投放渠道较多，企业在选择渠道前，必须对目前活动所面向的消费群体进行全方位判断。在明确用户画像的前提下，企业要选择目标用户聚集的渠道，对活动信息进行周期性曝光。在用户通过线下海报扫码关注公众号后，站内信息互动也是进行用户留存、提高转化率的关键所在。最后，结合拼团、瓜分、砍价等营销插件也会使广告投放的 ROI（投资回报率）得到明显提高。

---

① [运营实操笔记] 幸福西饼运营之道及双 11 战略分享整理，https://bbs.youzan.com/thread-665494-1-1.html

案例 2：丰巢快递柜 30 秒轮播广告[①]

丰巢快递柜广告主要面向网购用户，是能带来较多流量的线下广告渠道。丰巢快递柜与丰巢特惠商城相关联，主要推广特惠产品，截至笔者交稿时，水果为第一大品类。通过扫描丰巢快递柜的广告二维码，进入丰巢特惠商城，商城首页会轮播此特惠活动，加深粉丝对活动的关注度与信任度。在“限时特价”的环境下，促使用户放心下单。另外，可以监控通过丰巢快递柜广告而下单的数据信息，为商家调整活动策略提供参考。

3. 大号合作

自 2017 年起，利用电商变现逐步成为自媒体圈热捧的商业模式，商家与基于原创内容吸引流量的自媒体大号合作也能产生较好的销量。从自媒体做电商的角度来看，用户信任是他们最大的优势，当用户画像与自媒体大号的粉丝高度契合时，这份信任就可以被充分转化，最后达到“涨粉”、卖货双赢的局面。

案例 3：故宫文化珠宝与 if 时尚合作，一款手链卖出 500 多万元的销售额[②]

故宫文化珠宝与 if 时尚合作，将一款手链卖出了 500 多万元的销售额。产品的畅销一方面是因为手链的质量过硬、寓意深邃，几百元一条的价格相对较低，满足了很多用户的需求；另一方面离不开得力推广，if 时尚拥有多种推广渠道，包括自己的微信公众号、微博、QQ 订阅号等。

这次合作之所以能够大获成功，与明星助阵、粉丝分享、慈善公益等推广手段的成功运作密切相关。if 时尚有广泛的明星资源，可以通过慈善的名义、故宫的底蕴以及手链的寓意等邀请明星助阵。明星能够极大地带动销量。另外，通过《粉丝晒手链 | 买到当天就怀孕？这红绳也太神了！》的推文将购买引向一个小高潮，以将售卖所得利润捐给“北京天使之家”做公益，对此次活动进行升华。这些推广手段促使手链能够迅速热销。

（三）拼团策略

1. 多人拼团

随着拼多多等电商平台的崛起，拼团的购物模式已被大众所接受。拼团

---

① 煤力·传媒，10 年跨媒体广告商 https://www.mlzhongguo.com/article/detail-2460.html

② 一款手链卖 500 多万？“if”如何联手故宫打造内容电商爆款，https://www.chinaz.com/biz/2017/0310/670866.shtml

本质上属于分享经济的行为，微信良好的社交环境为分享经济提供了肥沃的土壤。在众多推广方式中，性价比最高的方式为老用户介绍，口碑传递把营销成本降到了最低，用户更容易信任好友的推荐。如若推荐者是人群中具备一定影响力的 KOL（关键意见领袖），其所带来的粉丝效应尤为突出。而用户自身在进行消费时，以开团的优惠去引导潜在用户，实质上也是双赢。

《增长黑客》一书中提到了 AARRR 模型（AARRR 是 Acquisition、Activation、Retention、Revenue、Refer 这五个单词的缩写，分别对应用户生命周期中的 5 个重要环节：获取用户、提高活跃度、提高留存率、获取收入、自传播），其中最后一环“自传播”的现象就是通过拼多多这样的粉丝裂变来产生的，最终得以具备“自我造流”的能力。在有赞微商城的营销工具里，包含了团长优惠、模拟成团以及凑团等模式的多人拼团功能，可以结合实际情况加以使用，让拼团裂变发挥到极致。多人拼团的选品标准：低价、受众广、消耗频次较高。拼团价格：原价的 20% 以上。拼团人数：让利越高，拼成人数可以越多，3 ~ 5 人较为合适。

案例 4：奥利奥拼团活动[①]

通过发起 1 元抢奥利奥月饼的拼团活动，刺激用户购买，并在阅读原文处进行购买引导，活动上线 2 个小时，商品便被抢购一空。由此可见，通过有效的社交圈分享能产生高效的裂变式传播。

2. 二级分销

（1）二级分销返佣逻辑

分销员 A 邀请 B 成为店铺分销员，B 成为 A 的下家，当 B 促成一笔订单时，B 可以获得佣金奖励，A 可以获得邀请奖励，如下图 5-2 所示。

（2）分销体系的快速搭建

①设置分销规则（返佣比例、返佣周期、返佣形式、申请条件、晋级规则等）。

②挑选推广商品。

③制订招募计划。

（3）人群锁定及落地方案

①发动用户。一个好的产品可以让用户关系变得更紧密，让陌生人多一些交流。在用心分享好产品的同时，便收获了团队、成长和财富。

---

① ofo、奥利奥、清华大学出版社都开通了有赞微商城 .... 你还不快来学几招？ https://www.sohu.com/a/245108044_495691

②活动聚会。公司聚会、同学聚会、集体活动等都是批量吸引粉丝的最佳机会。如现场扫描二维码，关注或下单就送试用装，现场答疑解惑并引导购买，最后适时跟进。

③线下门店。在店面放置展架、海报等宣传分销资料（可联系客服）。在门口放置店长邀请二维码（店员成为其二级代理，方便后期人员管理）。

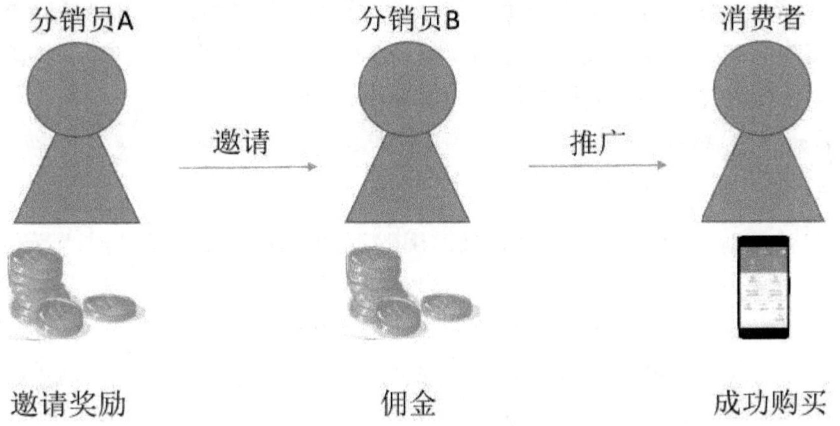

图 5–2　二级分销返佣逻辑[①]

（4）企业推广

①建议统一开会，管理层直接扫描领导二维码，层层连接，直接推广。

②对于组织结构比较复杂的公司，建议在公共位置放置最高层领导的二维码，所有人扫码后成为其下属代理，体现公平原则。

（5）分销选品原则

①复购率高，必须让用户对此款商品进行多次购买。

②利润不错，返佣不低于利润的 30%。

③易于传播，具备综合卖点，容易推动消费者的传播行为。

④普适性，产品定位目标人群广，且适合在微信上进行销售。

⑤性价比高，在价格上不对消费者产生压力。

（6）三大体系助力销售业绩上涨

①奖励晋升体系。除佣金奖励外，提供更多的荣誉，如证书、授权、特殊的奖品、个性化定制的奖励等，并且对分销员分级，以作为晋升的依据，可结合有赞分销员的等级功能进行操作。

---

①　二级分销返利模式？小程序二级分销系统开发？ http://www.3jke.com/news/2143/

②服务支持体系。在多数情况下，招募的“分销员”并非专业的销售人员，为了让他们的推广动力更强劲、持久，转化率更高，只靠佣金还不够，还需要全方位的服务支持，帮助其解决后顾之忧。例如，将重点分销员进行分群管理、每周固定时间、固定主题进行语音培训，并定期进行结算提现、月度奖励，并为他们提供丰富的产品图库与文字素材。

③培训知识体系。把活跃度高的分销员分群管理后，还需要提供更深入与全面的培训。定期的线下聚会与视频讲解既可以维持员工的兴趣，还能够起到集中管理以及增强分销员的约束力与战斗力的作用。

（四）互动方式

1. 内容互动

内容互动是商家与用户之间最常用的互动方法。服务号通过“互动粉丝营销”工具，可以突破每月推送四篇内容的限制，订阅号每天都可以通过内容与用户进行互动。内容互动的主要内容一般为商家活动、产品内容、品牌故事等。进行内容互动时，一方面内容和标题要切中用户的兴趣点和利益点；另一方面要引导用户参与留言或分享。

（1）品牌故事

禾木春是一个主打欧盟认证无农药残留的高档红糖品牌，售价在 68 元～148 元。一般红糖的市场价为 29.8 元～119 元，相对而言，禾木春的价格偏高。区别于传统古法红糖，禾木春的优点在于无农药残留，质量符合欧盟标准。因而，禾木春利用公众号传播品牌故事，持续向用户传达“坚守 32 年，只为一块符合欧盟标准的中国红糖”的经营理念。通过品牌故事进行内容互动，将核心卖点无限放大，是禾木春成功营销的关键因素。品牌故事除在公众号进行展示外，还可以在微商城首页进行整体包装。比如，江小白的酒，从包装到宣传全面体现出它是一款“有故事”的酒。对用户而言，买江小白的酒，就是买一种情怀，买一个故事。

（2）留言互动

惠之琳在中秋节策划了一场美妆分享活动，在活动推文中，提及了许多促销活动，如预售、秒杀、多人拼团、超值套餐等。为了提高用户的参与度和宣传度，在推文文末添加了“留言有礼”的有奖互动，留言点赞前 3 名的用户将获得一支卡姿兰金致胶原口红，第 4 ～ 7 名的用户将获得卡姿兰萌熊乐园限量版套刷盒。通过超值的互动奖励，引导粉丝留言和点赞，实现与用户之间的互动。为了更好地实现传播，让粉丝更积极地留言互动，还可以让留言内容

“更走心”，比如，把留言内容修改为“说说这些年，买化妆品踩过的坑”“聊一聊，男朋友帮你化过的妆”等。

2. 栏目互动

栏目互动是指通过创立一些栏目，引导用户持续关注和参与，促使用户定期访问，从而取得更好的运营效果。可设立粉丝社区、抢现金红包、口红节爆款、每周秒杀、微商城首页等互动栏目。除此之外，还可以策划女神妆容、网红推荐、吐槽、免费体验、粉丝投稿等奖励栏目，辅助产品销售及新产品开发。购买化妆品的女性用户居多，而女性群体又喜欢“凑热闹”，喜欢关注化妆品推荐、有意思的短视频等，由此可以设立对应用户喜好的专属栏目，用于满足用户的需求，让用户“玩得尽兴、看得尽兴、买得尽兴”。

3. 调查互动

运营店铺首先要了解目标用户不断变化的需求。可以采取调查互动的方式获取精准信息，根据调查目的来设计调查问卷，结合一定的活动，引导用户参与，从而获取比较精准的信息，这对商家运营帮助极大。

新品上新前，为了准确把握用户的需求，可使用“投票调查”的功能，定期发起上新有奖调研活动。为了提高用户参与度，还可以鼓励用户邀请好友一起参与调研，并赠送超值礼品。比如，用户邀请 3 位好友一起参与调研，即可获得本店新品一份，或者“新品首发购买权 + 专属折扣 + 精美礼品一份”等，奖品可自行设置。根据调研结果，微商城有选择地上新产品，然后向用户推送这批新品。

另外，也可以进行有奖调查，比如“您觉得我们的服务有哪些地方可以提升”“您感觉我们的产品怎么样”“日常使用过程中有什么疑惑”“快递发货和产品包装是否满意”等，让用户帮助提高服务质量的同时，也让用户感受到被重视。

利用“投票调查”进行有奖调查时，可以设置“自动贴标签”功能，这会为后续营销工作打好数据基础。比如，设置调查“用户喜好”的问题，用户答案可以被贴上不同类别的标签，当下次进行相应类型产品活动时，可以精准筛选相应标签的群体作为主推人群。

4. 游戏互动

游戏互动会提高用户的参与感，对增加粉丝量、提高营销活动传播度、激活老用户都有很大的帮助。常用的游戏互动方式有抽奖、砸金蛋、疯狂猜、摇一摇、刮刮卡等，形式多种多样，目的是引导用户参与，所以要操作简单、易于传播、有奖励吸引。当设置游戏互动时，主要考虑三个方面：玩法选择、奖品设置、题目设置。要根据活动主题选择合适的互动游戏，比如中秋节、春节等传统佳节可选择“疯狂猜”等，“双 11”“双 12”等电商节日可搭配“支付有礼”“幸运大抽奖”等。活动应设置一个或者一些大奖吸引用户关注，以积累粉丝、扩大传播效果，如“0 元抢购价值 298 元的电饭煲，限量 50 台”。根据奖项力度相应调整题目难易程度。

5. 客服互动

在店铺日常运营的过程中，客服与用户之间的互动，对订单转化具有重要作用。与用户交流首先要注意换位思考，让用户感觉到舒适和受尊重，互动中注意引导用户，掌握引导权。

客服互动分为售前、售中、售后三个阶段。售前要做好用户引导，如当用户进店时，需设置首句自动回复语“您好，欢迎光临 XXX 店，很高兴为您服务”；当客流量较大时，需设置排队中自动回复“抱歉，目前客服都在忙，请再稍等一下”；下班后，可设置自动回复“抱歉，我们现在都不在，等明天上班第一时间回复您”……之后把需要经常回复的问题的答案，设置成快捷回复。同时，依据每天客流量变化做好客服分配工作。

在售前阶段，用户一般分为两种，一种有明确目标，对这类用户做好引导下单，核对收货信息即可，如果店内有活动则告知用户；另一种没有明确目标，但有大致需求，可询问此类用户产品是供谁使用的，根据用户提供的信息，为他选择最适合的产品。比如，一名用户进店，想送给女朋友一款惊喜礼物，那就可以给这位用户推荐一些创意手工礼品，同时，告知用户可以在家里搭配些惊喜装扮，如星星灯等，还可以为用户写一封充满爱意的贺卡。设身处地为用户“出主意”，促进成交。

在售中阶段，用户一般会咨询快递发货情况，如何时发货、几天到达等常见问题，把这些问题的答案，设置成快捷回复语即可。售中用户的一个共同特点就是着急，售中客服要做好安抚工作，比如，用户问“我已经下单 3 天了，怎么都不见动静”，客服可以回答“别担心，马上帮您查看一下”“刚帮您查看了，您的快递已到 X 地，已经帮您催促快递公司了，请耐心等待，快递很快就能到了哟”。

在售后阶段，用户性质比较复杂，问题不一，但要注意的是，只要产品出现问题，无论是运输破损还是产品质量问题，都不要回避，全心全意服务好用户，就算承担退换货运费，给用户补发都是应该的，给他们提供极致的服务，相信会获得不错的复购率。

6. 个人微信互动

微信不仅是社交工具，也是极佳的互动工具。一定要使用好个人微信号与用户进行互动，通过个人聊天、社群、朋友圈等和用户进行交流互动。在与用户互动过程中，不要一味销售产品，要以与用户交朋友、为用户提供服务、提高用户好感度和满意度为主要目标，其次才是卖货。

个人微信号互动需要给用户足够的关怀和重视，不单指微商城体验，也包括日常关怀。比如，用户在购买微商城产品时，可以尝试了解用户需求，然后细心讲解注意事项，把用户当作家人来对待。在产品使用过程中，适当关怀，对用户提出的问题第一时间解决。用户所发的朋友圈，可以顺手点赞或评论，发表一些对用户有帮助的评论，用户有需要的话也可以帮忙转发朋友圈，始终和用户保持联系。当出新品或有促销活动时，就可以很自然地把信息分享给用户。在一些传统节日还可以向用户发送祝贺信息。

个人微信号互动甚至可以进一步开发用户。譬如，针对忠实用户，可以引导其加入微信群，将其发展成微商城分销员，他们在帮助微商城推广产品的同时，也能收获一份不错的收益。另外，可以建立 VIP 福利群，将一些经常购买产品的用户拉入 VIP 福利群，在群里，给用户发放专属福利，比如新品优先购买权、专属折扣、生日福利、传统节日惊喜礼品等。

7. 线下活动

线下活动对线上活动具有很好的引流作用，线下活动有更高的“信任度”，能够更好地引导用户参与活动。有线下资源的商家一定要充分利用线下资源，做好线下活动，并通过线下引导用户转到线上，只有将用户转到线上，商家才能由被动等待转为主动出击。

可设计秒杀、多人拼团、充值有礼等活动，让线下用户通过扫码参与线上活动，产品可在线下直接提取，也可免费送货到家。导购引导用户关注微商城的“优惠套餐”来提高客单价，并每周推出新品优惠体验，不定期开展特大福利，用户关注公众号可以第一时间获取福利信息。另外，对于保存环境特殊的产品，可定期推出“降价拍”活动，例如，为保证肉类产品每天都能销售完，可在每天 19:00 开始，每隔一小时每斤降价 5 元，售完为止。这样做既能保证产品销量，也能保证产品质量，给用户最好的产品体验。

为了方便用户在店内消费，可以在每个产品的摆放栏旁边放置“自助选购二维码”，用户进店选购完毕后，就能自助结算，只需向收银员 / 收银机出示付款码进行核销即可，大大提高结算效率。

另外，可以开启全新的线下互动玩法，让用户真正在线下“嗨起来”。举一个很有意思的例子，假设一位女性用户走进某精品店为几个闺蜜挑选礼物，并且打算把礼物邮寄给她们，那么，商家就可以利用微商城的“我要送礼”这个营销工具，设计一个“你的礼物我承包了”的专属活动二维码。用户扫码就可参加活动，然后，将精心挑选的“礼品”链接分享至闺蜜，让闺蜜自行填写收货地址，精品店直接将礼品邮寄给闺蜜即可。这样的活动不仅好玩，而且增进了用户与朋友之间的感情，是非常走心的一种互动玩法。

8. *积分互动*

通过积分互动的方式与用户建立利益关联，对增加用户黏性非常有帮助。借助消费送积分、打卡送积分和积分兑换等积分互动形式，可以使用户持续关注店铺并持续消费。

可以利用微商城的营销工具“积分商城”实现积分互动，常用玩法主要有：积分兑换优惠券、积分兑换物品。比如，设置购物 1 元送 1 积分的规则，在微商城设置相应奖品的积分兑换额度，奖品可设置微商城优惠券、微商城产品、创意礼品、话费等。除此之外，还可以与其他品牌合作，比如加油站、超市、餐饮店、酒店、健身房等，设置合作商家体验券或者抵扣券等奖品。

第五章　大数据背景下营销平台的创建

第一节　微店与微网站

一、微网站搭建

（一）认识微网站

1. 微网站的定义

微网站是为适应高速发展的移动互联网市场环境而诞生的一种基于 Web APP 和传统 PC 版网站相融合的新型网站。微网站可兼容 iOS、Android、Windows Phone 等多种智能手机操作系统，可便捷地与微信、微博等网络互动咨询平台链接。简言之，微网站就是适应移动客户端浏览体验与交互性能要求的新一代网站。

2. 微网站的优势

微网站的出现使移动互联网交易变得极其便捷。对很多企业来讲，建设微网站就是把自己的生意装进了用户的手机里。微网站一经出现，就受到了广大企业和个人用户的好评。具体来说，它有以下优势。

（1）网站自身特色

①不用注册域名，更便捷。

②不用购买空间，更节约。

③不用进行网站备案，更省事。

④多款行业模板随意选择，多种内页列表展现方式，布局采用 DIV+CSS 技术，简洁大方，拓展性强，无限制页面数量与容量，页面图片任意编辑，自动适应屏幕比例，移动客户端界面视觉效果强，版面丰富，布局灵活，扩展性强。

⑤应用 HTML5 技术提升浏览体验与交互性能，访问速度更快，更安全，用户体验更佳。

⑥内置一键导航功能，可个性化定制功能模块，自定义微网站导航。

⑦提供在线支付、购物等多种电商移动互联网开发。

（2）可实现功能

①自动显示独立网址。

②自由编辑商家简介。

③随时发布最新公告。

④精选商品的展示和预定。

⑤发布各种优惠吸引顾客。

⑥通信方式的添加与修改。

⑦支持微视频功能。

⑧保留 PC 版网站的报名、留言等常用功能。

⑨积分统计与奖励。

⑩支持添加外部链接。

3. 与微信对接

单个的微网站推广起来难度并不亚于一个 PC 网站。微信公众平台向第三方开放了链接端口，企业和个人都可以将自己想要推广的网站或链接，放在微信公众平台中进行推广。所以在实际操作中，大部分企业都是将搭建好的微网站的链接地址放在微信公众平台里，这样做就等于用微信公众平台这个工具来管理自己的微网站。如此一来，不仅方便了企业对用户的管理，节省了生产运营成本，使微网站可以更好地传播，还使微网站可以适用于微信公众平台的功能。

（二）微网站的搭建

1. 常见微网站搭建平台介绍

目前，市面上有很多微网站开发平台，这些平台建设的网站大多由 HTML5 表现出来，有良好的展示效果，并且平台上有很多模板可供选择。腾讯官方也有相关微信服务市场业务，由于业务调整，已于 2016 年 3 月 1 日正式停止此项服务，所以要进行微网站的搭建，需要通过寻找适合的第三方平台进行。以下介绍三款常用的微网站搭建平台。

（1）微盟

微盟又称 Weimob，是目前国内最大的微信第三方开发平台。其后台采用模板式傻瓜设计，用户可以在后台通过简易操作生成不同的微网站风格。不仅如此，微盟还配置了多款互动游戏来增进企业用户的黏性，提高重复购买率，以营造良好的用户体验来帮助企业留住用户。

（2）乐享微信

乐享微信是一款专门针对微信公众账号提供营销推广服务而打造的第三方平台。其配置简单、操作便利，和微盟一样，它的后台提供了很多可选的模板和功能模块，商家和用户都可以很方便地制作自己的微网站。

（3）微客巴巴

微客巴巴是一个针对企业 O2O 营销应用技术方案解决的平台，其平台功能不仅包括微网站制作，还拥有手持微助手业务终端处理系统、门店管理系统、在线预订、在线支付、托管服务等功能。

2. 微网站搭建要点

（1）找准营销点

企业建立微网站，目的就是要通过此渠道来吸引用户参与。因此，一定要找准营销点在哪儿。寻找营销点时，要考虑能给消费者带来的利益到底是什么，如何彰显企业的特色，如何与其他企业予以区分。

（2）要合理安排结构

微网站的栏目设计和页面布局一定要简洁大方、内容精简，不要设计得过于复杂。色彩的搭配要和目标人群的年龄相符合，整体的结构和主题要贴切。例如，某茶酒类企业微网站，栏目设计简洁大方，内容一目了然，方便消费者点击选购。同时，网站界面清新爽朗，契合了其春日周边游的主题。

（3）内容简洁，做到图文并茂

一般用户在浏览时，是没有太多耐心看大量文字的，所以尽量用最少的文字传达最多的信息，更多地以图片、图文结合的形式展现出来，这样会更加地吸引人。

二、微店搭建

（一）认识微店平台

1. 微店定义

微店是微型网店的简称，它是在移动电子商务浪潮下诞生的一种网店模式，为迎合简单开店需求而设计的一种网络店铺。微店主要是突出其简单性和易用性。之所以称为微型网店是因为其仅以一张网页把网店的店铺形象、运营产品、店主信息简单有效地展示出来而达到销售的目的。简单而一目了然的风格是微店的主要特色。

2. 常见微店平台

现在市场上流行着很多的微店平台，如拍拍微店、口袋微店、有赞、萌店等系列微店。虽然在功能上它们有一定的相似性，但每一个微店平台都有各自不同的特点。

（1）“微店”（口袋购物）

“微店”几乎已经成为一个行业词了，但目前普遍认可的最早的微店产品是口袋购物旗下的“微店”APP。

上线于2014年初的“微店”，几乎可以说是“划时代性”地采用了用手机号开网店的模式，将电商的准入门槛拉到历史最低，商品的上架、编辑等功能也非常简单。这个“傻瓜式开店工具”很快引发了一股个人开店的潮流。当然，其他的开发者也纷纷效仿跟进，开发了各式各样的“某某微店”“某某小店”。

“微店”的特点是上线早、门槛低、运营简单，它的商家类型倾向于有货源的个人（如代购），这让口袋购物的这款“微店”应用能够迅速地累积用户、抢占市场。截至目前，“微店”依然是店铺数量最多的平台。

（2）萌店

萌店是基于人与人之间的信任关系，以消费者为中心的B2V2C的开店平台。作为移动端的新型产物，萌店具备任何人下载APP并注册手机号码后就可开通自己的萌店店铺的优势，并通过一键分享到微信、微博、QQ等平台来宣传店铺并促成交易，降低了开店的门槛和复杂手续，且不收任何费用。另外，萌店具有海量一手正品货源供个人开店者分销，与众安保险合作提供商品正品保障，并且提供了多种推广渠道和多种支付方式，同时萌店无须囤货，一件代发，让开店变得更简单。

（3）有赞微小店

从成立时间（2012年）来看，“有赞”比“微盟”要早得多。从目前的产品架构来看，“有赞”与“微盟”是比较类似的，都有两大业务主线，即B2C模式的微商城搭建、B2C2C模式的微分销体系（有赞微小店APP）。有赞微小店与其他开店软件最大的区别是，微小店内提供了海量精选的分销商品，即使用户没有自己的货源渠道，也可以通过售卖分销商品，赚取利润。

（4）拍拍小店

拍拍是京东集团全资控股公司，也是国内比较知名的移动社交电商平台。拍拍基于用户连接的核心——社交关系、中心化与去中心化相结合的流量渠道，根据移动社交场景重构电商生态。

从界面设置来看，京东拍拍小店和有赞微小店风格类似，采取了简洁的底部四大选项模块，分类清晰。而口袋购物的微店则采取了两页滑动来展示功能，所以显得有些复杂。从功能来看，京东的拍拍小店功能相对较全，既有对自身小店的管理设置，又有微店市场的全景展现，同时能发现附近的优质店铺以及店长笔记。此外，还具备一些其他微店平台不具备的功能，如转发赚钱、一键代理（搬家）、扫一扫等功能。

在整个开店的生态链当中，包括有供货商、分销商、个人等角色，而平台的作用就是要保证各方利益能够达到最好，分销商希望有大量的供货商提供好的货源，供货商希望有大量的分销商帮助销售商品。从这个角度来说，谁有大量的分销商资源或者供货商资源入驻平台，谁将会在微店市场中占据有利位置。

3. 常见微店平台对比

微店平台优势分析见表 5-1。

表 5-1　微店平台优势分析

微店平台	有赞微小店	拍拍小店	微　店	萌　店
产品定位	去中心化的全民开店	全民开店分销	全民开店	开店全免费，一键分销
优势	1. 基于微信公众号的 CRM 2. 丰富的营销工具与粉丝互动 3. 订单处理体系 4. 分销市场品质保证	1. 腾讯商家提供足够多的流量 2. 完善的京东电商，物流体系 3. 商家与周边的商家链接	1. 完善的微店体系，保证卖家和消费者利益 2. 基于微信公众号的 CRM 3. 担保交易，七天退款等一应尽有	1. 商家与周边商家链接 2. 完善的教学体系 3. 基于微信公众号的 CRM

续　表

微店平台	有赞微小店	拍拍小店	微　店	萌　店
平台特色	自建厂家、分销商、个人、企业等平台形成行业壁垒。覆盖整个产业生态，强大的营销工具，建立商家自有CRM以此来对粉丝（微信、微博、朋友圈等）进行二次营销	除了京东、腾讯背书，微信支付未收取代扣费用，淘宝、京东一键搬家，还有围绕商家运营的店长笔记，发现附近的微店，并能互相交流，购物社交囊括其中	微店拥有最多的商家，围绕卖家建立了一套完善的体系。有赞、拍拍小店有的功能微店都有。微店在围绕店家的广度上做了很多功能建设，目前将布局微店买家版	即时通信，买家一键咨询，货源随时沟通，让买卖三方沟通无限。合伙人分佣，邀请合伙人加入，享受订单分佣，他赚你也赚。个性化装修，萌店域名个性化，店铺装修个性化，打造一个属于自己的萌店

4. 微店平台优势

作为一种变革创新的电子商务新模式，微店的出现突破了电子商务运营的原本界限，拉近了消费者和供应商的距离，降低了创业者投资的风险。所以，微店平台一经出现就得到了市场和消费者的双重认可，在全国范围内得到了迅速传播。不仅如此，对供应商、创业者、消费者来讲，它还有以下具体优势。

（1）对供应商

对供应商来说，微店平台是一条巨大的销售渠道。供应商只需把产品图片、价格、属性等定义出来，发布到微店云产品库，产品就有可能出现在无数个微店铺里。百万微店铺将销售该产品，由平台专业电商管理服务团队为供应商做宣传推广，将很大地提高供应商的品牌知名度和覆盖率。

（2）对创业者

对创业者来说，微店平台无须押金，无须加盟费，前期投入较少。创业者无须到线下寻找货源，而是直接在云产品库中挑选商品进行线上或线下销售。微店平台拥有现成的正品商城，创业者无须招聘专业的设计师装修店铺，而且发货和售后服务均由供应商负责，无须操劳费心。

（3）对消费者

对消费者来说，微店平台是一道便捷时尚的消费大餐。它是一种新型的电子商务平台，主要基于微信，同时兼有PC端综合性购物网站。它实现了消费者随时随地购物的灵活性，并且通过当今最有传播性和影响力的交流工具——微信完成购物流程，支付方式方便快捷。

（二）微店搭建要点

1. 主题风格

目前，移动端用户活跃的主要人群还是 80、90 后，所以店铺的风格应该简约时尚，符合他们的审美要求。

2. 封面

以宣传产品图为主，突出产品的功效，图片要配适当的文字描述。

3. 头像

企业微店就用自己的品牌 LOGO，个人用户尽量使用自己真实且清晰的大头照。

4. 昵称

最好带上品牌名称，能够突出卖的是什么，能够让目标用户第一眼就判断是否是自己需要或感兴趣的产品。

5. 个性签名

写出产品所具有的特点、卖点以及优势，也可以是自己或企业的主张，目的就是得到目标用户认同，增加信任感。

6. 产品图片

在上传图片时，通常以上传的第一张图为主图，而主图尺寸最好是 3:4 的，分辨率在 1000px 以上的，并且图片尽可能的干净、清晰，这样才能够突出商品的品质。切记，不要使用拍摄不清晰的产品图片或者因为拉伸而变形的图片，那样用户体验效果会大打折扣。

第二节　APP 营销平台

一、APP 营销认知

（一）认识 APP 营销

APP，是英语 Application 的简述，意指针对手机这种移动连接到互联网的业务或者无线网卡业务而开发的应用程序服务。简单地说，它就是手机或无线工具的应用服务。

当前，世界已经进入了移动互联网时代。这是继互联网之后 IT 行业开始的另一个新时代。随着移动互联网的兴起，越来越多的互联网公司和电子商务平台都将 APP 作为销售的主要战场。当前，APP 带给移动电子商务的流量已超过传统的互联网（PC）流量。通过 APP 赚钱已成为电子商务平台发展的关键驱动力。在移动互联网时代。APP 营销越来越受欢迎。就企业而言，任何占用用户桌面的人都可以成为“营销巨头”。

手机 APP 是所有 APP 营销的基本内容，是在品牌和用户之间形成客户关系的重要渠道，也是在线和离线连接的枢纽。作为一种顺应时代发展趋势的营销工具，APP 迅速占领了庞大的移动互联网营销平台，并逐渐发展成为顶级电子商务参与者与之竞争。其开放的流动营销渠道，开启了 APP 营销时代。

APP 营销之所以成为热门，不仅是因为有大量的用户，还因为 APP 和 PC 在用户体验、设计风格、输入方法和交互性方面具有更多优势。

1. 用户体验

用户体验更加个性化，并补充了用户的移动浏览习惯。普通 PC 网站仅适合浏览计算机页面，不适用于手机。一旦主流网站出现在手机上，印刷字体、碳化字符等将不可避免地出现。移动网站是针对手机屏幕尺寸和手机解决方案的个性化网站。文本和照片显示报告适合浏览手机站点，该报告符合手机用户的视觉习惯和需求。因此，APP 已经成为当今企业的刚性需求。

2. 设计风格

手机 APP 的设计简洁清晰，突出重点。普通的网站和 APP 的风格存在着“详”和“简”的区别。前者展示的是企业全面详细的信息。面面俱到是其主要特点。而 APP 是基于电话、短信、定位、分享、留言本等基本功能上的产物，它只展示企业的核心信息，针对性和目标性强，传输数据量小，访问速度快，这些特点更有利于其在手机终端发挥营销价值。

3. 登录方式

众所周知，能满足客户惰性的产品更具生命力，更容易吸引客户，被客户所接受。访问普通的网站需要通过输入地址或者通过搜索引擎来进行访问，而 APP 网站的访问方式更新颖、方便。访问展示型 APP 可通过拍摄二维码直接登录访问，省去了手动输入网址的麻烦，很好地迎合了人们的惰性。

4. 互动性

与 PC 版普通网站相比，手机端 APP 留言、分享功能更能促进与客户的互动，增加客户的黏性。

（二）APP 创意表现

APP 涉及手机阅读、手机电子商务、手机拍照、手机社交与手机游戏等多个领域，满足人们在交通、购物、社交、娱乐、学习方面的多种需求。APP

具有丰富的创意、卓越的多媒体表现以及能充分与消费者进行直接互动，已经发展成为企业进行互动营销传播的最新形式。APP 营销的创意主要体现在其互动营销的三个模式中。

1. 提供详尽信息，立体展示产品

这类 APP 针对消费者希望了解产品的需求，提供了一个能够在移动终端上观看产品的渠道。

用户只需下载相关 APP，利用智能终端摄像头扫描特定图形，就能通过增强现实技术，在智能终端上近距离、多角度、立体化地观看虚拟产品，了解产品的相关信息。

2. 虚拟产品体验，帮用户决策

这类 APP 给用户提供了一个虚拟体验产品的渠道，让用户模拟体验产品，推进其做出购买决策。

用户打开 APP，然后用摄像头对准现实场景，就能看见虚拟产品与现实场景叠加的场景，仿佛看到产品摆放在现实环境中。

3. 给予社交服务，协助情感传递

这类 APP 针对消费者的社会属性，提供传递感情服务。用户使用这种 APP，能够更加方便地传达情感，通过社交获得快乐。

（三）APP 营销的优势

1. 持续性强

以 APP 作为企业的主要营销手段已成为重点企业的常规营销方式。APP 营销的强大可持续性是其独特优势之一。一旦用户下载了移动 APP 成为客户，继续使用将不可避免。由于缺乏竞争性的营销策略，许多公司在早期开发市场上投入了大量的资金、人力和物力，但效果并不明显。它可能擅长早期销售，但是由于缺乏灵活性，不能实现企业销售的稳定增长。而 APP 营销可以解决这个问题。只要 APP 做好，公司的营销理念就将始终存在用户的移动设备上。

2. 成本低

APP 的主要营销特点是其成本低廉，它比目前的任何宣传方法（如电视、报纸、互联网）都低得多。只要企业为品牌开发可定制的应用程序，并加上适当的促销费用，这种模式的效果就无法被电视、报纸和互联网所取代。

3. 促进销售

APP 营销是一种通过移动应用程序推送和分发的移动应用程序营销方法。传播受众对信息营销的意识、态度和行为，从而影响营销效果。因为 APP 营销具有在线媒体的所有功能，并且可以随时随地接收和共享信息，所以它比在线信息传播更具优势。凭借 APP 的竞争优势，无疑将增强企业产品和业务的营销能力。

4. 综合信息

APP 可以显示产品信息，使用户可以在购买产品之前感受到产品的魅力，降低产品抵抗力，了解产品信息以激发用户的购买欲望，并提高转化率。

5. 高灵活性

APP 营销的灵活性非常高，并且比任何现有的促销和销售活动都更加简单和灵活。例如，用户仅需要扫描商家二维码即可下载商家 APP。用户只应点击手机上的商家 APP 即可查看所有商家活动信息并参与及时消费。对于营销人员，他们还可以使用手机或计算机随时随地发布和管理营销信息，并查看实时营销数据。此外，使用移动电话和因特网，商人和个人用户之间的通信很容易，用户也更容易拥有喜欢的样式和口味。这些数据对产品尺寸、样式模型、价格、促销方法和服务协议非常重要。

二、APP 设计

（一）APP 平台简介

APP 平台是提供用户数据、程序接口等给广大开发者的一个基础环境。开发者可以开发 APP 在平台上供用户下载使用，但不同的 APP 平台都有着不同的优缺点。

无论是哪一个 APP 平台，它们都具有浏览时间碎片化、手势搭配化、屏幕与输入受限、耗费流量等特点。

1. 浏览时间碎片化

移动设备在方便携带的同时，带来了浏览时间碎片化的特点。以智能手机为例，用户通常在短暂的时间里，利用手机完成一件任务或者进行一项娱乐活动，但在这平均 5 ～ 30 分钟的时间里，有时用户的思路会被打断，手机会经常被拿起放下，在这种时候，高效和轻交互就成了移动设计时必须考虑的问题。

2. 触屏移动特点

移动触屏的产生，同时也带来了各种手势的搭配。这些手势的应用，相比于键盘、鼠标，更能快速做出响应，并且降低学习成本，让用户可以更加直观地与手机进行交流。但在进行触屏设计时，精准度以及不同用户的指尖触碰面积的不同等细节也应该考虑到位。

3. 屏幕受限

设计移动平台就像是戴着枷锁跳舞。这个枷锁不仅来自各个 APP 平台系统的控件规范，还来自屏幕空间的局限性。因此，APP 设计在单个界面的展示要注意简洁扼要，交互轻量与层级浅显。

4. 输入受限

由于智能手机屏幕大小的原因，在文字输入上会受到限制是必然的。很多时候，用户在使用智能手机和其他移动设备时，必须在不稳定的环境与碎片化时间下快速完成任务。在这种情况下，用户并不喜欢在手机上长时间敲击虚拟键盘，而是希望以更快的方式来完成传输任务输送。面对这些情况，企业在设计 APP 时就不得不考虑利用其他多种功能来完善智能手机输入的限制，如语音功能。

5. 耗费流量

移动用户往往担心流量的问题，因为在移动互联网时代任何事情都离不开网络，所以如何既能获得上网的快感和乐趣，又不至于耗费大量的流量是一个值得思考的问题。

移动用户通常利用流量包来实现上网的乐趣，但由于现在各种 APP 软件太耗费流量，迫使用户不得不采取卸载的方式来节省流量。针对 APP 耗费流量的情况，企业在设计 APP 的时候应该同时考虑流量与耗电的节约，尤其是合理的图片展示对流量的影响。

（二）APP 开发不同阶段用户需求挖掘渠道

1. 产品开发前

（1）市场调研

任何一款产品的出现都是因为这个市场有需求。需求在哪里，大旗就得往哪里挥。所以，市场调研毫无疑问是需求挖掘最重要的事情。设计好调研问卷，在线上，利用网络渠道，如 QQ 群、贴吧、社区、微信群等进行调查；在线下，通过深入目标用户的群体进行走访调查，深入了解目标用户的需求。线上线下，深入目标人群，获得足够多的调查结果，并确保获得的需求具有一般性。

（2）产品分析

移动市场上已经有很多产品，可以说可以构思的产品已经在生产。因此，将要开发的产品将不可避免地具有类似的竞争对手。这时，我们需要分析这些竞争产品，找到共同点，即已满足的需求，并找到变化，即未填充的空白区域。例如，如果要开发社交软件，则需要找到一系列社交产品，如微信、YY

语音、QQ、Momo 等。作为具有竞争力的产品进行分析并找到软件应具有的通常功能，查找这些社交程序中没有的功能，并随着产品的变化，不断满足用户的需要。

（3）数据分析

随着大数据时代的到来，数据在决策中的作用越来越大。大数据可以反映出许多潜意识或有意识的用户行为。在许多情况下，用户很难清楚地表达其实际需求，而且很多时候他们的判断与当前需求背道而驰。明确的请求不能很好地表达，更不用说用户无法表述的隐藏请求。因此，不会说谎的数据可以帮助我们很好地分析需求。通过分析用户数据，可以更清楚地表达需求。在产品开发之前，数据源可能来自多个方面，如关键字搜索引擎，微博上的热搜索，对等数据报告或在线数据报告。其中，在线数据分析报告有的是需要付费的，而有的则是免费的，它们都可以成为数据分析的来源。

2. 产品开发后

（1）搜索记录和用户行径

在产品上线后，用户的搜索行为和用户的行径是分析需求的一个重要来源。用户搜索过程提及的关键词，如婚恋产品中，如果搜索词中“35 岁以后”“杭州户口”的搜索频率很高，那么我们知道用户需要对象筛选，并且可以考虑添加对象筛选。另一个是用户行为，该用户使用率很高，功能使用率不高，需求分析中用户放弃率最高。

（2）用户注册表和用户数据

如果企业有很多用户日志和用户数据，请充分利用此稀有资源。查找用户 IP 并检索目标行为，以全面跟踪用户访问和功能，分析用户操作行为，了解用户状态并了解用户情况，并发现该产品是否有不当的事情，真正了解用户体验，了解用户的不满，了解用户的挣扎，了解用户的困惑和使用障碍。

（3）用户反馈

产品上线后，可通过各种渠道获得尽可能多的用户反馈，或邀请用户面对面评价产品。这是通过用户反馈了解产品尚未满足的要求、错误要求或产品中多余功能的最直接、最有效的方法。

3. 需求挖掘思维方法

（1）头脑风暴法

在收集产品需求时，最常用的方法是头脑风暴。允许参与者开放思想和头脑风暴，互相启发，并弥补彼此在知识上的不足，触发创造性想法的连锁反应，并产生尽可能多的想法。

（2）创意分享法

创意分享是训练创造性思维的方法之一。它主要集成不同且无关的元素，以产生新的想法和图像，进而帮助人们了解新事物。在分析问题时形成不同的意见。

（3）属性注册法

属性注册方法是特征注册方法，也称为分布更改方法，特别适合于更新旧产品。它的功能是列出产品的特征、形成表格，然后列出项目以改善这些特征。属性注册方法是基于设计对象的结构和性能，根据名词、动词、形容词等特征，提出不同的构想来改进属性，从而萌发新的思想。

（4）6W3H 分析法

6W3H 分析方法不仅有利于发人深省地思维，使思想更井井有条，还有助于更深入地挖掘更有针对性的可行方案，以协助管理人员制定有效且合理的目标。

6W3H 包括以下内容。

① Who(什么人)，产品的目标客户是谁，是一类群体还是几类群体。针对产品的用户群进行分析，了解目前用户群的年龄、性别、特征、区域、习惯、兴趣、爱好、收入、消费等情况。

② When(什么时间)，用户可能会在什么时候使用到产品。产品推介必须选择合适的时机，同时考虑用户的停留时间、使用高峰时间、跳出时间。

③ Where(什么地方)，用户可能在哪些条件和环境使用产品。针对什么样的环境条件，如针对不同的操作系统环境、不同的地理位置，要有不同的方案。

④ Why(为什么)，此法主要用于了解设计产品新功能的目的是什么。是现有产品没有满足用户需求，还是为了满足用户的新需求，又或是跟风凑热闹。

⑤ What(是什么)，产品功能分析。用来分析产品基本功能和辅助功能的相互关系，用户到底需要什么功能。

⑥ Which(哪些)，除了我们的产品，市场上还有可替代产品吗？

⑦ How do(怎么做)，用户怎么使用产品，使用产品的流程是什么，怎么样更省力，符合用户的使用习惯吗，体验怎样？

⑧ How much(多少钱)，用户使用产品需要付费吗，需要付多少，是否超出了用户的支付能力？

⑨ How many(多少次)，用户的使用频率是怎样的，经常使用、偶尔使用，还是不定期？

（三）APP 用户体验设计技巧

1. 文字表达清晰明了

移动时代多为零碎时间，用户大多通过手机进行片段式阅读，这对 APP 界面的文字表达技巧要求较高。为了用户在阅读的瞬间将准确无误的信息一眼捕捉出来，文字表达要足够简洁凝练，既要使用用户习惯的语言，又要能够将产品特征体现出来。

2. 尽量简化标签并与内容对应

APP 界面的标签页与内容密切关联，一个界面有二级标签就很合适了，如果有更多层级且每一级都有相关内容，切换起来就显得烦琐，不利于用户直接获取信息。

3. 引导页要大方美观

不少设计者费尽心思将引导页做得花里胡哨，目的在于吸引用户去发现他们新增或隐藏的某些功能，这方面要适度。太过花哨，有时反而使重点被掩埋。如果是用户已经熟知的通用功能则无须引导，引导页要做得简洁美观。

4. 启动速度快

如果一个 APP 启动缓慢，加载时间长，很多用户就会在一开始就失去耐心。因此在设计 APP 的时候一定要考虑如何让 APP“轻装上阵，加速前进”，同时对于网络的问题要分情况去处理。

5. 交互流程要清晰

交互设计方面，必须将主次任务分清，保证一个畅通无阻的流程，把握住流程，避免有太多的分支干扰。

6. 操作过程选择性显示

手机交互过程包含缩减、隐藏、附加、组织等，有些人为了凸显其强大会将所有的功能及操作都体现出来，其实这样往往适得其反，让用户觉得过于烦琐而失去耐心。

第三节 网络社群

一、认识社群

（一）社群的概念

点与点之间通过某种媒介的互动和连接就出现了联系，连接这两个点之间的这条线就是社交。每个点不只连接一个点，于是多点之间的多线条社交就形成了面，并且经过不断的优胜、劣汰、协作，连接线越来越牢固，形成的这个面也越来越稳固。这些点与线形成的面，就是社群。

随着移动互联网快速发展，桌面端转移到移动端，再加上打破空间、时间的高效率工具（如 QQ、微信）的出现，这些限制逐渐被摆脱，使社群组织更容易，互动更容易，管理也更容易。

（二）构成社群的五要素

构成社群的第一要素——同好，它决定了社群的成立。所谓“同好”，是对某种事物的共同认可或行为，它可以是基于某一个产品，如苹果手机、锤子手机、小米手机；可以是基于某一种行为，如爱旅游的驴友群、爱读书的读书交流会；可以是基于某一种标签，如星座、明星的粉丝；可以是基于某一种空间，如某生活小区的业主群；可以是基于某一种情感，如老乡会、校友群、班级群；可以基于某一种三观，如“每天进步一点点”的亲友团。

构成社群的第二要素——结构，它是决定社群的存活。社群的结构包括组织成员、交流平台、加入原则、管理规范四个部分，这四个组成结构做得越好，社群活得越长。

（1）组织成员：发现、号召那些有同好的人抱团形成组织。最初的一批成员会对以后的社群产生巨大的影响。

（2）交流平台：QQ，微信，YY 等。

（3）加入原则：设立筛选机制为门槛，一是保证质量，二是会让新加入者感到不容易而更珍惜。

（4）管理规范：一是要设立管理员，二是要不断完善群规。

构成社群的第三要素——输出，它决定了社群的价值。没有足够价值的社群迟早会成为“鸡肋”，群主和群员就会选择解散或者退群。好的社群一定要能给群员提供稳定的服务输出，这也是群员加入群、留在该群的价值。比如，罗辑思维坚持每天一条语音，大熊坚持定期做干货分享，某些行业社群可以定期接单等。另外，“输出”还要衡量群员的输出成果，全员开花才是社群。

构成社群的第四要素——运营，它决定社群的寿命。通过运营要建立社群的“四感”：仪式感，如入群要申请，行为要接受奖惩；参与感，如通过有组织的讨论、分享等，保证群内有话说、有事做、有收获的社群质量；组织感，如通过对某主题事物的分工、协作、执行等，以此保证社群战斗力；归属感，如通过线上线下的互助、活动等，保证社群凝聚力。

构成社群的第五要素——复制，它决定社群的规模。由于社群的核心是情感归宿和价值认同，社群越大，情感分裂的可能性越大。一个社群如果能够复制多个平行社群，将会形成巨大的规模。在复制多个平行社群之前需要完成以下三件事：首先，需要构建好组织，具备足够的人力、财力、物力；其次，组织核心群，要有一定量的核心小伙伴，他们可以作为社群的种子用户加入，引导社群往良性的方向发展；再次，要形成一种群体沟通的亚文化，如大家聊天的语气、表情风格要一致。

（三）社群的组织模型

只要是能长期生存一段时间的社群，都有其内在生态模式。重点分析基于兴趣或者学习成立的群组，这种角色的不同组合，就构成了不同的群生态模式。

在环形结构中，每个人的身份可以互相变化和影响，但是一个群里面必须存在至少一个活跃的灵魂人物，他可能身兼思考者、组织者多个身份。如果一个群拥有两到三个活跃的思考者，那这个群不但生命力很强，而且会碰撞出很多火花。也正因为环形结构可以身份互换，群规的设置往往很难严格，留下很多弹性空间。

在金字塔结构中，一定有个高影响力人物，然后发展一些组织者帮助管理群员。在此结构中，基本上都是追随影响力人物进行学习的，所以在群里必须设计严格的群规。如果每个学员都直接和影响力人物沟通的话，影响力人物就无法进行任何有效的通信，所以在这种学员都想直接和影响力人物沟通的情况下，最可能的模式是影响力人物在群里进行定期分享，由组织者进行日常的群管理。

二、社群构建

要成功构建社群并使其良性地发展壮大，应该回归到社群构成的原点——

五大要素，从五大要素出发，找同好、定结构、产输出、巧运营、能复制五步构建一个完整的社群。

以 C 实习为例来讲解社群的构建过程。C 实习是博导前程旗下的电子商务技能提升与实习就业对接平台，连接着学生用户、教师用户与专家用户，致力培养社会所需要的优秀专业人才。为了让每一个用户群能够更好地沟通，也更方便于企业管理，C 实习官网有专业的管理人员分别在 QQ、微信以及官网论坛上组建了对应的学习交流群。接下来，就来看看 C 实习是如何组建社群的。

（一）找同好

社群的组建离不开灵魂人物，对于企业来说，可安排专业人员来专项负责社群的创建与经营管理工作，也可根据企业自身定位，找到产品发烧级用户，让这样的用户成为自己运营的社群里面的精神领袖，从而完成企业领袖的培养。

有了社群的创建者，还要确定社群的管理者。管理者要做到赏罚分明，能够针对成员的行为进行评价，并运用平台工具实施不同的奖惩。比如，C 实习 QQ 群的管理人员是 C 实习君，C 实习君会在群里负责答疑、审核新成员、监督群纪律等工作。

C 实习的受众是广大的在校电子商务专业学生及教师。为了吸引这些人员能够参与到社群的活动或讨论中，C 实习的官网首页上把 QQ 群的信息及微信群的二维码展现出来，同时出现在一些 C 实习的线下活动的海报中，这极大地方便了用户加群。除开以上几种加群方式，C 实习官网组织的一些论坛活动的主战场也定在 QQ 群，在活动中有时会以奖励红包的方式吸引群内成员带人入群。

（二）定结构

交流群基本以环形结构为主。在每一次群交流中，每个人的身份可以相互变化和影响，地位平等，管理相对松散。在群里，大家互相交流分享，学习之余也经常玩匿名、爆照等，在各种有趣互动的过程中，培养了真正的感情认同。

与交流群不同，学习群基本以金字塔结构为主。在金字塔结构中，一定有一个高影响力人物，然后发展一些组织者帮助管理群，群员基本上都是追随影响力人物进行学习的，在群里会有影响力人物进行定期分享，由组织者进行日常的群管理。

具体做好群的结构就要从以下四个方面做起。

1. 组织成员

发现并呼吁第一个小组成员与有“同情心”的人组成一个小组。首批成员将对未来社区产生巨大影响。在社会团体中，必须有一类活跃的元素。人们很难轻松地贡献出结构化和深入的内容，但是他们通常拥有更多的信息源，可以为小组提供有趣的主题，并鼓励思想家做出高质量的贡献。可以启用某些查看器，以带来更深入的内容。

此外，容易上班的人通常具有更开放和宽容的心态，可以接受嘲笑，这样一来，社会团体就不会在工作中感到疲倦。

2. 交流平台

组织成员之后，应该有一个聚会场所作为日常交流的基地。目前，QQ、微信、YY 等都是比较常见的。那么哪些社交工具对社区营销有用呢?

如果是 B2C 电子商务类型，则最好使用微信或微博公众账户，因为 B2C 平台上有许多客户，范围从数十万到数千万。只有微信和微博的公众账户可以管理这么多客户群体，其他工具可能没有能力。如果是来自媒体或企业交流的团体，最好使用 QQ 团体，最大 QQ 团体为 2 000 人，它可以将 2 000 个人聚集在一起，共同创造价值，产生重大的经济影响。

实习生在 WeChat 上开设了 C 实习生帮助账户 WeChat，这也是官方的 C 实习生账户。它专注与高级行业相关的电子商务行业、互联网和在线营销，还专注互联网营销，主题共享，讨论和分析经典案例。推送新闻营销和网络营销见解，如网络营销、社交营销、微博营销、精准营销等。微信公众号小众实践助手每天将最新的电子商务、互联网行业、在线营销和技术信息推送给受众，并回答与实时受众有关的问题和信息，结合微博进行传播，通过二维码进行传播与推广。

实习生 C 选择了 QQ 上重要的交流和共享平台。练习 C 目前有两个常规学生小组，每个小组约有 2 000 名成员，三个教师小组，每个小组约有 1 000 名成员。

3. 加入原则

建立了平台后，更多的人会慢慢进入，那么企业需要设置某种检查机制作为阈值。将组添加到练习 C 的方法设置为邀请系统，可以是组管理员。活动邀请或推荐朋友加入的组成员，申请加入的人必须经过管理员审查，然后才能加入组。这种加入方式是为了确保质量，使新进入者重视社区。

4. 管理规范

人越来越多，就必须有管理，否则大量的广告会让很多人选择屏蔽。所以，一是要设立管理员，二是要不断完善群规。

一般群规主要是限制群员发和群无关的内容，特别是发垃圾广告，或者两个人在群空间里过度聊天，影响别人的阅读体验。对于违规的群员，一般会采取的模式有小窗提醒、公开提醒晒群规、私下警告、直接移除等。

新人入群后看到的置顶公告即是本群须知，这样的操作让群员在入群时就能对群规有一定的了解，在以后的群管理期间就比较容易得到群员的认同。

（三）有输出

输出决定了社群的价值，要进行社群进化，就要让普通群成员也能输出。C 实习的核心输出是优质课程与学习资料的不断开发与升级。此外，群输出还包括群每天的“新闻早知道”，每周的群作业，每周一、二、四的话题分享，每周末定制的教师群的晚八点半到九点半的教学分享等。

C 实习组建的群主要是服务于 C 实习教学平台，而 C 实习教学平台不管对学生的学习还是教师的教学都有很大的帮助。在此平台上，教师梳理自己的教学过程，应用 C 实习内的资源、训练、任务等串联起来教学，并可定制出自己个性化的教学过程。C 实习平台提供的班级内学生在站内的动态数据汇总，如学习进度、训练完成成果分析等，系统化地将这些数据进行归类，给教师提供了教学建议，进一步稳固和提升了教学效果。同时，便捷的班级管理能够让教师与学生在 C 实习内建立充沛联系与交流。

学生进入 C 实习平台可以学习海量免费课程，也可付费购买精品收费课程完成学习。学生可通过完成技能点下的训练任务，获得技能成长，在获取技能模块勋章后，就可承接企业实战任务，获得综合实践经验与经济回报，还有机会直接被企业选中获得工作机会。

（四）巧运营

运营要建立“四感”，激活群内的活力也是从四感出发的，建立仪式感，入群做自我介绍，老群员纷纷欢迎新成员。参与感，如 C 实习群的“每日一签”赚金币活动，定期的分享、话题讨论、公开课，C 实习的学生群每周都会有一周一练的“C 能量——优益 C 作业”，让群成员每周都可以持续学习新知识；群内每天都有一个话题供学生讨论，互相分享；在教师群每天都有“新闻早知道”，播报最新的国内大事与生活服务类内容。组织感，社群可以组织群员协作完成任务，如 C 实习定期做的线上电子商务技能大赛，组织教师带领学生一起来做任务，在比赛中学技能。

1. 群内统一的命名和视觉化

以 QQ 群为例，群头像、群名称、群资料的统一，在进群之前就给人一种规范的感觉；加群之后弹出的群公告方便了解入群相关事宜，新消息会适时进行更新置顶；成员的群名片备注，有助于更好地进行管理和促进相互之间的了解。

统一规范群名片，群内成员以“学校名—姓名”修改名片名，因为 C 实习对接学校与企业、培养学生、方便教师管理的定位，这样的群名片，更便于在后期运营中根据学校需求把群内成员转化为 C 实习官网用户。

多个群名的统一，教师群以“C 实习 + 课程名称 + 教师群”为名，目前有“C 实习教师群”“C 实习网络营销教师群”“C 实习网店运营教师群”三个教师大群，而学生群命名依次为“C 实习学生群”“C 实习学生群”等。

2. 群设置的应用

除了群视觉化的统一，群设置也不能忽视。相比微信群，QQ 群为群管理提供了丰富的选项，也带来了很多可用性。点开左上角的群名称，从弹出的群设置中，“首页”可以看到群的基本信息、群成员的群名片管理等。有效利用群设置的每一个选项是很有必要的。C 实习群在设置的基本信息处注明本群是 C 实习课程教学包分享、交流的专业群，并提示加入该群的成员，修改群名片为学校名称—姓名，让入群的成员一入群就可以对本群有一个初步了解。

3. 组织群活动

组织群活动是提高群活跃度的一个很有效的方式。不管是哪种形式的活动，要组织成功，都是不容易的。C 实习组织的活动形式中最常见的是群分享活动，要做一次成功的分享，需要考虑如下细节。

（1）提前准备

①寻找话题。干货分享模式要邀约分享者，并请分享者就话题准备素材（特别是对于没有经验的分享者，管理员应检查其分享的内容质量），特别要强调的是，分享者应该分享对大家有启发的内容，而不是借着分享只想做自己的广告。

话题分享模式要准备话题，并就话题是否会引发大家讨论进行小范围评估，也可以大家提交不同的话题，由话题主持人选择分享话题。

②分享预告。确定好话题之后，接下来就是写预告，通知 QQ 群内成员群内将要进行一场分享活动。

③互动稿的准备。对没有太多分享经验的人来说，需要提前设想在分享

的过程中应该说什么话，并写下来，也可请教群管理组中其他成员让大家帮忙看看并提出意见，让自己心里更有底。正常讨论就可以按照互动稿上面的内容进行，不过也需要根据情况进行适当变动。

（2）分享进行时

①强调规则。每次在群分享前都会有新朋友入群，他们往往不清楚分享规矩，有可能出现在不合适时机插话，影响嘉宾分享的情况，所以在每次分享开场前都需要提示规则。如果是 QQ 群，可以在发布分享规则时，临时禁言，避免规则提示被很快刷掉。

②提前暖场。在正式分享前，应该提前打开群禁言，或者主动在群内说一些轻松话题，引导大家上线，进入交流氛围。一般，一个群上线的人越多，消息滚动越快，会吸引更多人顺便看看。

③介绍嘉宾。如果是干货分享模式，分享者在出场前需要有一个主持人引导一下，介绍下他的专长或者资历，让大家进入正式倾听状态。

④诱导互动。不管是哪种分享模式，都有可能出现冷场的情况，所以分享者或者话题主持人都要提前设置互动诱导点，而且要适当留点耐心等别人敲字，对于很多移动端在线用户，打字不会太快。

如果发现缺乏互动，需要提前安排几个人赶紧热场，很多时候需要有人开场带动一下，这样就容易进入气氛。

⑤随时控场。适当禁言：在结束上一个问题进入下一个问题时，或者有重要的事情要通知时，就需要及时开启禁言，避免因为过度刷屏导致管理人员重要的发言被淹没。

有时候在分享过程中有人乱入，只描述自己的问题，或者提出和主题无关的内容，这个时候主持人需与其私聊，直接小窗沟通引导这些人先服从分享秩序。

（3）分享结束时

①收尾总结。分享结束时，对本次分享的发言进行汇总，并把本次分享的重点内容整理成笔记供群内成员后期回顾学习。汇总完内容后，可以修改一下汇总文档的内容确定无误，就可以上传到群共享中，同时在群里发布通知，告诉大家分享的内容已经整理上传了，来不及赶上讨论的人可以下载阅读。

②提供福利。分享结束后，要引导大家就分享做一个总结，甚至鼓励他们去微博或微信朋友圈分享自己的心得体会，这种分享也是互联网社群运营的关键，是口碑扩散的关键。在分享结束后，向总结出彩的成员及用心参与的成员发放各种小福利给以鼓励，这样更能吸引大家下一次来参与分享。

（五）能复制

复制决定社区的规模，有必要通过确保社区的质量来适当增加社区的规模。C 实习网站是一个交互式的在线教学发展平台，可为大学生提供各种帮助，并致力提高大学生的就业能力。该平台汇集了来自全国各地的 200 000 名学生用户和 3 000 多名教师用户。为了与这些学生和教师用户进行更深入的交流，C 实习需要不断复制和扩展以前做过的良好的小组模型，招募更多的小组成员，并扩大小组的规模。

C 实习设置使用网络来查找目标用户组。一方面，它引导用户访问实习网站 C。另一方面，它进行内部校园广告。当第一个学生团体的运作进入一个良性循环并且人数超过 1 500 个时，C 实习开始组建第二个学生团体。首先，通过内部小窗口，一些旧小组成员被转移到第二个小组中。这样做的好处是第二组在开始时就具有一定规模，将新人员添加到组中会感觉更好。然后，旧的小组成员进入小组，自然地继承了小组文化，而无须管理人员的过度干预和指导。当第二组几乎完成时，建立第三组，然后相交，依此类推以建立更多的学生组。向学生介绍交叉方法的优点是新旧结合。它不仅具有数字氏族的感觉，还为集团管理奠定了基础，使集团文化自然地被复制。

在不到两年的时间里，C 类实践学生已经成长为两个大的小组，每组 2 000 名，而教师组也成长为三个小组，每组 1 000 名，即 C 实习的教师群、C 实习网店运营教师群、C 实习网络营销教师群，经过努力，信任关系和内部团队互动达到了一定的默契。在目前的规模下，C 实习管理人员还不断与小组成员进行协商，以创建新的教师小组。

三、社群营销

（一）管理群的群工具

几乎每一个互联网门户都提供了管理群的工具。最早是新浪、网易等门户网站推出的红极一时的聊天室。腾讯基于通信交流平台 QQ 推出群组功能后，因为其软件的超高普及率和功能体验上的易用性，成为国内最大的群组管理软件，直到近年微信群的火爆才打破了这一局面。

1.QQ 群与微信群

在中国最早普及的在线群是 QQ 群，现在最火的是微信群。回顾 QQ 群和微信群的功能发展变化，分析其中的产品设计逻辑，对于理解如何管理群会非常有帮助。

实际上，很多人对群的管理困惑源自没有从根本上理解 QQ 群和微信群在产品设计逻辑上的区别。

QQ 提供了一个讨论组功能。讨论组表面上基本功能和 QQ 群接近，但是它更接近微信群组的逻辑。如果需要什么事情临时碰撞一下，开一个长期维护的群并没有必要，那么就开一个讨论组，大家都可以拉需要的人进来，话题聊完，讨论组就可以退出关闭。当然，实际操作过程中，大部分人并没有意识到讨论组和 QQ 群有什么不同。

如果是为了社群运营，QQ 群比微信群目前更适合社群运营，主要理由有七点：

（1）QQ 群覆盖面更大，不管是哪个年龄段的人，都有 QQ 号；

（2）QQ 群容量可以超过 500 人，一直到 2 000 人，规模优势明显；

（3）QQ 群有更灵活的管理手段，如改群名片、禁言、群发消息等；

（4）QQ 群桌面交互功能更强，支持多群同时互动，而微信群是不支持多群多窗口同时进行互动的；

（5）QQ 群基本对链接没有设置屏蔽，对网络跳转兼容性比微信更好；

（6）QQ 群对文字分享和交互参与的支持更好，进行群分享的内容可以很快汇总打包变成对外传播的文字分享版；

（7）QQ 群群管拥有管理群员的权力，对大社群的运营，如果群管没有足够权力管理群也是很麻烦的。

2. 其他群产品

（1）微博群

微博早期建立了一个微群，虽然也有群主和群员，但是它本质是一个论坛，不是真正定义的聊天群。现在微博也允许会员开设聊天群，但在没有真正社交关系的人群中，开设一个聊天群的场景并不好实现，它既没有更好地体验替代 QQ 和微信，又没有找到 QQ 和微信不能满足的交流产品。

微博群曾借发红包迅速火了一阵，但是没有真实应用场景支持的微博群还是没法长久生存。除非微博定位这个群是粉丝群，专心服务明星和粉丝的互动。

（2）YY

YY 语音分享是当下比较常用的群组学习工具，也是目前唯一支持万人加群的平台。

YY 有两种模式，一种是游戏工会，支持群内再分组，典型的金字塔式管理架构。另一种是在线学习群，这种群组的成立往往主题非常单一，教师在线分享，群员在线学习和交流，互动多存在教师和学生之间的交互，群员之间的互动非常少，就如同教师在上面讲课学生在下面开小课的场景，很不合适。

如果群员之间建立了认同，变成好友，他们会选择互相加 QQ 或者微信群。YY 没法摆脱一直以来的工具定位，不能附加最有价值的社交关系。

（3）阿里旺旺

淘宝聊天工具阿里旺旺也有群功能，可以针对有兴趣的游客买家或老用户进行促销和维护，快速导流到店铺中，群发优惠信息。这种比较适合重复购买商品的忠实粉丝。

（二）保证群活跃度的方法

在以下几种情况下，就算群主很少出现、很少投入，群里的用户也能非常活跃。

（1）群里有一个灵魂人物或者明星用户。比如，明星的很多粉丝群，或者很多大咖的粉丝群，其实道理很简单，大家加入群的目的就是冲着某些人来的，所以聊的话题自然就会有针对性。

（2）从某些用户组织或者用户型产品，衍生出来的社群。比如，版主团队、游戏上的工会、一些群组类的产品，大家觉得哪里不能聊或者聊的不够深入时，就在 QQ 或者微信上建一些群。

（3）从大的社群里，把一些非常核心的用户拉出来再建一个群来辅助管理。从某种程度上讲，这等于完善了大群的用户金字塔。所以，企业管理用户组织的时候，往往有很多群，绝对不可能只有一个群。

（4）因为某些特殊的爱好而产生的社群。比如，大家喜欢足球，逢比赛的时候，群内一定会有很激烈的讨论。

基本上以上情况除外，群主或者群管就得花更多精力来维护这些群。

（三）社群营销的三维定位

三维地图可帮助了解社区中的营销定位。从三维图中，可以判断企业界是实现了“三维沟通”“平面沟通”还是停留在原点而没有任何进展。这三个维度是“内容”“交流”和“指导”，其来源是品牌号。

1. 内容

这是社区中所有营销的基础，其关键点是四个字：“写、读、评、转”。一个好的主题要求用户“希望写、想要读、愿意评、用力转”（企业不需要都拥有，满足一两项即可）。例如，宣传汽车可以写保养小常识，食品可以写养生心得，化妆品可以写美丽秘诀，电脑可以介绍趣味软件等。但是，从当前的品牌户来看，它们在很大限度上是自我推广，很少真正与消费者之间实现互动。如何巧妙地将它们组合在一起是企业在运营中应该考虑的第一个问题。毕竟，团体建设和团体组织只是社区营销的第一步，内容和交互才是关键。

2. 交流

一旦提供品牌户后，企业就会开启一扇门，消费者就有权随时访问该平台并发表评论。这个时候，企业的响应方式就非常重要。采用诚实的交流方式就可以进行正面的评论，而负面的评论也可能转化为另一种商机。此外，企业要鼓励消费者发表自己对产品的意见和建议，并通过梳理顾客的建议，对产业和服务进行改进和创新。

3. 引导

消费者很少有意搜索互联网，询问品牌网站或微博官方网站是否在线。他们需要企业告诉他们有这样一个平台，甚至需要告诉他们为什么要使用这个平台，以及如何使用这个平台。这个时候，适时适度的指导就显得格外重要，要想在短期内实现这一效果，就可以采取这种方式。不仅是互联网，其他所有应用到工作媒介的都不可省略这个步骤。好的产品和好的平台都需要广告。

三维定位只是社区营销测试的一种标准。为了在任何方面执行任务，整个工作团队必须不断考虑“用户体验”这一极其重要的主张。当它们真正专注并实践用户体验并考虑如何向消费者传达品牌精神，而不是简单而反复地传递其广告信息时，消费者肯定会以适当的热情回馈。这是社区营销的真正含义。

第六章　大数据背景下的精准营销战略研究

第一节　大数据时代背景下精准营销概述

大数据背景下，使精准营销变成可能。精准营销是指在互联网普及的当下，社会化应用以及云计算使网民的网络痕迹能够被追踪、分析等，而这个数据是海量的、可变化的，企业或第三方服务机构借助这些数据为企业的营销提供咨询、策略、投放等营销服务。大数据下的精准营销相较于传统营销的优势体现在以下方面：一是产品可以个性化定制；二是价格策略更加柔性化；三是增强企业与消费者的交互性；四是提高“顾客让渡价值”；五是节约营销成本，提高营销效率。

就多数企业而言，精准营销的主要价值源于以下几个方面。

第一，用户行为与特征分析。显然，只要积累足够的用户数据，就能分析出用户的喜好与购买习惯，甚至做到“比用户更了解用户自己”。这一点才是许多大数据营销的前提与出发点。无论如何，那些过去将“一切以客户为中心”作为口号的企业，真的能及时全面地了解客户的所需与所想吗？或许只有在大数据时代这个问题的答案才更明确。

第二，精准营销信息推送支撑。精准营销曾被很多公司提及，但是真正做到的少之又少。究其原因，主要是过去名义上的精准营销并不怎么精准，因为其缺少用户特征数据支撑及详细准确的分析。相对而言，现在的 RTB 广告（实时竞价广告）等应用则向我们展示了比以前更好的精准性，而其背后靠的即是大数据赋能。

第三，引导产品及营销活动投用户所好。如果能在产品生产之前了解潜在用户的主要特征以及他们对产品的期待，那么企业生产的产品即可投其所好。例如，Netflix 在投拍《纸牌屋》之前，即通过大数据分析知道了潜在观众最喜欢的导演与演员，结果捕获了观众的心。

第四，竞争对手监测与品牌传播。竞争对手在干什么是许多企业想了解的，即使对方不会告知企业，但企业却可以通过大数据监测分析得知。品牌传播的有效性，可通过大数据分析找准方向。例如，可以进行传播趋势分析、内容特征分析、互动用户分析、正负情绪分类、口碑品类分析、产品属性分布等，可以通过监测掌握竞争对手传播态势，还可以参考行业标杆用户策划，根据用户声音策划内容。

第五，品牌危机监测及管理支持。新媒体时代，品牌危机使许多企业谈虎色变，然而大数据可以让企业提前有所洞悉。在危机爆发过程中，最需要的是跟踪危机传播趋势，识别重要参与人员，方便快速应对。大数据可以采集负面定义内容，及时启动危机跟踪和报警，按照人群社会属性分析，识别关键人物及传播路径，进而可以保护企业、产品的声誉，抓住源头和关键节点，快速有效地处理危机。

第六，企业重点客户筛选。许多企业家纠结的是，在企业的用户、好友与粉丝中，哪些是最有价值的用户。有了大数据，或许这一切都可以更加有事实支撑。从用户访问的各种网站可判断其最近关心的东西是否与企业相关，从用户在社会化媒体上所发布的各类内容及与他人互动的内容中，可以找出千丝万缕的信息，并利用某种规则关联及综合起来，可以帮助企业筛选重点的目标用户。

第七，大数据用于改善用户体验。要改善用户体验，关键在于真正了解用户及他们所使用的产品状况，做最适时的提醒。例如，在大数据时代或许正驾驶的汽车可提前救人一命，只要通过遍布全车的传感器收集车辆运行信息，在汽车关键部件发生问题之前，就会提前向司机或 4S 店预警，这绝不仅是节省金钱，还对保护生命大有裨益。事实上，美国的 UPS 快递公司早在 2000 年就利用这种基于大数据的预测性分析系统来检测全美 60 000 辆汽车的实时车况，以便及时地进行防御性修理。

第八，SCRM（社会关系管理）中的客户分级管理支持。面对日新月异的新媒体，许多企业想通过对粉丝的公开内容和互动记录分析，将粉丝转化为潜在用户，激活社会化资产价值，并对潜在用户进行多个维度的画像。大数据可以分析活跃粉丝的互动内容，设定消费者画像各种规则，关联潜在用户与会员数据，关联潜在用户与客服数据，筛选目标群体做精准营销，进而可以使传统客户关系管理结合社会化数据，丰富用户不同维度的标签，并可动态更新消费者生命周期数据，保持信息新鲜有效。

第九，发现新市场与新趋势。基于大数据的分析与预测，对企业家提供洞察新市场与把握经济走向都是极大的支持。例如，阿里巴巴从大量交易数据中更早地发现了国际金融危机的到来。又如，在2012年美国总统选举中，微软研究院的David Rothschild就曾使用大数据模型，准确预测了美国50个州和哥伦比亚特区共计51个选区中50个地区的选举结果，准确性高于98%。之后，他又通过大数据分析，对第85届奥斯卡各奖项的归属进行了预测，除最佳导演外，其他各项奖项预测全部命中。

第十，市场预测与决策分析支持。对于数据对市场预测及决策分析的支持，过去早就在数据分析与数据挖掘盛行的年代被提出过。沃尔玛著名的“啤酒与尿布”案例即是那时的杰作。只是由于大数据时代Volume（规模大）及Variety（类型多）对数据分析与数据挖掘提出了新要求。更全面、更速度及时的大数据，必然对市场预测及决策分析提供更好的支撑。要知道，似是而非或错误的、过时的数据对决策者来说简直就是灾难。

信息技术的广泛应用，加上“协作式”社交媒体创建和虚拟服务之类的新应用模型，继续扩大了人类创建和使用信息的范围和形式。新兴的信息技术和应用模型的出现使爆炸性增长数据的全球数量空前。这一变化促使公司的营销模式发生了变化。

一、精准营销的关键在于消费者行为分析及预测

Target是全球第二大零售商，长期以来一直使用大数据分析来了解消费者的想法、客户的需求以及购买的商品，然后与计分卡和会员卡一起执行准确的营销，在实际中产生了很好的结果。在大数据分析过程中，要特别注意对特定类型人口的分析。例如，早期的Target分析过程表明，孕妇的生理状况会在怀孕期间发生变化，因此它们开始研究孕妇的饮食习惯和孕妇的浏览行为。研究结果表明，孕妇在怀孕期间的生理变化很多，分布规律性很强。然后，其为此编写了一个小程序，并将该程序放置在超市前台的POS机器上。某些产品定期出现后，系统会立即识别出该人已怀孕且已经怀孕数月，或者该家庭中有人怀孕了，然后与内部会员系统留下的电话号码协作以发行目标优惠券。发行的优惠券通常不多，但只有一两种。

营销只不过是三件事情的解决方案，那就是客户形象，知道客户在哪里，知道他的模样，并产生兴趣。大数据挖掘就像给用户画一个“肖像”，先收集用户在网络上留下的痕迹（数据），然后通过技术处理对其进行解析以获取用户特征，并深入了解用户喜好和用户“肖像”正在逐步移植，通过更丰富的消费者数据（包括在线监视和浏览数据，社交数据和地理跟踪数据）提取更丰富的描述，进而完整的消费者行为。

根据 1898 年美国广告科学家 E.S・刘易斯（E.S.Lewis）的 ADMA 法则可以看出，完整的消费者行为应包括：吸引注意力 A（兴趣）、购买欲望 D（欲望）、生成记忆 M（记忆）、购买动作 A（动作）一系列连锁的消费者行为响应。大数据技术在每个链接上收集和分析数据，并可以在消费者行为的每个链接中发挥描述性作用，以深入了解消费者行为。以沃尔玛的个人数据收集整理平台为例，收集并分析交易数据、市场活动数据、用户信息和社交媒体数据，以准确定位用户需求，提供相关用户产品并推荐相关用户产品，然后通过数据反馈平台将产品信息发布到用户终端、公司网站、商店超市等消费者前端，以指导市场运营。第三位客户如何找到业务和产品。例如，要销售豪华车，必须先搜索豪华车的消费者所在的位置。搜索豪华车，可以按 IP 区域进行识别。通过大数据可以看到北上广的豪华车搜索率很高，而第十名是山东临沂，这是一个非常有趣的现象。这是那些豪华车经销商在营销时应注意的现象。有必要研究为什么在那个地方的消费者如此喜欢豪华车。

搜索量不能完全代表一种意义上的搜索人数，因为一个人可以搜索多次。因此，有两个概念。一种是寻找独立号码。我们使用技术概念来涵盖数字。如果计算机不执行任何操作，则将清除设置，并且每次搜索都将知道同一个人正在搜索，这可以代表正在搜索的人数。另一种是搜索次数和搜索频率，如果你意外搜索豪华车，可能不会认为自己对豪华车感兴趣，但是如果你在半年内频繁搜索，就会认为你对豪华车有长期兴趣。从这两个维度，可以确定该国的哪些地区覆盖豪华车的数量，哪些地区对此偏好最高。因此，企业可以通过搜索来了解消费者在哪里。

第二个问题是消费者的外观。同样，我们搜索了豪华车的记录，以了解如何绘制人形肖像。例如，我们搜索三个词奔驰、宝马和奥迪。三种感兴趣的人是什么？结果显示，那些喜欢奔驰的人更喜欢金融、奢侈品和旅行；搜索宝马的人更关注育儿、健身、美丽、健身等。搜索奥迪的人更关注教育，包括自身的教育以及下一代的教育。

这样，我们概述了三种类型的人员，它们可以帮助公司制定一些营销决策。对于化妆品，最大的营销问题是定位不正确。例如，消费者一直在寻找雅诗兰黛的适用年龄，这意味着该公司的早期宣传并未明确这一定位，也无法与消费者进行沟通。这可能会指示雅诗兰黛在此方面进行一些营销的改进。

二、精准营销利用数据划分客户群体

使用出色的数据分析方法来捕获客户数据的图像，以表征和描述发展客户行为，其发展方式以及推动其发展的轨迹。通过大数据分析，可以设计出客户兴趣和关系图，以帮助公司更好地了解客户，明确许多隐藏的客户，然后根据客户兴趣量身定制营销解决方案。大数据分析的目的是真正实现准确的营销并推动更好的市场发展。简单地说，让数据说话，减少人为因素干扰，并减少主观体验的干扰。

由于大数据分析仅反映了现有的消费者行为，因此大数据分析仅提供了一个基础，而不是全部。大数据无法帮助公司做出决策，而只能支持决策。最终决定必须由公司自己决定。大数据本身在于研究客户行为和兴趣，从而指导企业营销实践的能力。大数据时代实现了精确的营销。准确的营销始于客户共享。

拥有大数据后，我们要做的是如何处理大数据，因为不能很好地处理大数据就等于没有数据。如果要处理大数据，就必须依靠技术的两个方面：一是存在硬件技术，处理这些事情的服务器以及处理这些事情的各种数据中心；二是高级算法，即对数据的研究、分析和大数据可视化。百度拥有完整且自主的大核心数据技术。百度有句俗语来描述当今消费者的数字生活，即“每走过，必留下痕迹”。所有与消费者有关的数据，包括大多数健康和生活数据，都已在主要互联网公司的服务器上进行了数字化呈现和梳理。这些实际上是公司营销的重要资产。

过去的制造业都是先进行研发、批量生产、小规模测试生产，然后再进行大规模生产。在运营过程中，我们需要实时衡量客户的行为和反应。这种行为和反应是基于 Internet 的概念，我们可以在实时执行过程中衡量每个客户的行为。首先，进入每个商店的人都必须进行所谓的商业圈分析。例如住在这里的人的习惯，他们是来自军队还是工厂，是儿童还是老人，是普通工人还是白领。其次，确定商业区的人数和消费习惯，有针对性地出售产品。这是一个宏观分析。再次，进行一些简单的微测试。我们通过分析客户从了解公司品牌到消费的所有行为，然后优化公司，进行精准推销。基于这些结果的营销系统，可以让这件事件做得更好、更有效，这是非常理想的状态。

三、精准的量“心”定做

尚品宅配有限公司是一家家具个性化定制公司。它的营销理念是“尚品生活因你而变”，根据客户需求定义产品价值创造。尚品宅配是因为在手机上浏览网页时看到其家具免费测量的广告。这家企业现在有 600 多家实体店，也有一个网上商城叫新居网。它的销售模式是，先通过网上看方案，由客户顾问进行服务，让客户了解这个销售模式有什么特点，如何适合客户。然后，免费让设计师到客户家里量尺，这些预约工作由网上客服人员完成，主要是吸引、教育消费者，获得潜在的消费者。当客户确定需要免费量尺以后，由地面的设计师到客户家里量尺，量完尺以后让客户到店里去，根据客户的户型结构和装修风格来设计整套的解决方案。营销方案通过三维的终端销售展示软件，效果可视化。再就材质、价格等细节与客户协商，并根据客户的要求进行修改。最后双方达成一致，确定签订合同，开始提供制造、安装、售后服务，就是这样一个销售过程。

日本开发了一种软件来扫描人体的三维模型，即三维虚拟人。此人不仅具有长、宽、高和体积，还可以模拟肩膀的柔韧性，。这种现象使在线销售高端服装成为可能。另一个使其成为可能的原因是价格透明度和设计师的指导。设计师提供专业的解决方案，并提供客户需要的创意营销定制解决方案。同时，客户亲自参与设计解决方案以实现价值共创。此外，它还是一种“一站式”服务，不仅可以实现定制，还可以识别消费者的喜好，通过量“心”打动消费者。

这种类型的营销模型是个性化的，可以满足大众市场中个性化需求，提供个性化产品和全面解决方案。“试衣间”风格的屏幕，设计师的咨询销售，拉动了供应链的销售、订购、采购、制造、分销、安装和服务。在线品牌是一个咨询平台，制造商和客户通过互动创造价值。

精准营销的最后一步是利用思想领袖帮助公司花费产品和服务的“正能量”，给出好的想法并进行讨论。传统的广告实际上很难达到广告效果以及搜索索引。例如，如果在 CCTV 上投放广告，则很难对广告的效果进行数字化评估，但可以结合搜索进行评估。上市后，新一代甲壳虫的商业广告开始在媒体上做广告，并在百度上开始了促销活动。它们将获得对当前研究数据的定量评估，用于监测印刷和电视媒体广告的有效性。这样可以提供更清晰的数字测量。因此，搜索营销的使用可以衡量其他媒体上广告的有效性或营销活动的有效性。

第二节 移动 APP 的营销战略

如果要统计过去几年时尚达人身上出现频率最高的配饰，那么非 iPhone、iPad 莫属了，而其他各款智能手机和平板电脑也逐渐成为人们的新宠。移动通信应用技术的发展及智能移动终端用户的激增，使移动通信网和互联网应用得以融合，其展现出来的营销价值让今天的企业家和营销人意识到借助 APP 应开展移动营销推广的最佳时机已经到来。

APP 营销即应用程序营销，是指通过定制手机软件、SNS 及社区等平台上运行的应用程序来开展的营销活动的总称。当前的 APP 营销多指第三方智能移动平台的应用程序营销。APP 营销是 WAP 营销发展到一定阶段的产物，二者都源于企业对移动营销的重视。如今 WAP 兴起时的弄潮儿已成为率先进入 APP 营销领域的先锋者，不难看出，APP 营销正是在 WAP 营销基础上开创了移动营销的新时代。

一、APP 营销与传统移动媒体营销的比较

与传统的移动媒体营销相比，APP 营销具有无与伦比的优势。在信息传播方面，传统的移动媒体主要采用短信形式，允许消费者被动地接收产品或品牌信息，而 APP 营销则是公司将产品或品牌信息整合到应用产品中，并被用户积极下载，使用应用程序来实现信息传播。就传播内容而言，通过传统移动媒体传输的产品或品牌信息仅是真实的文章，用户可能对产品或品牌没有全面的了解。而应用程序可以包含许多元素，如图片和视频，并且用户可以全方位尝试产品或品牌。就用户行为而言，传统的移动媒体是获取信息的一种被动方式，通常很容易产生反作用。而 APP 营销依赖用户下载并彼此交互，这使交流效果更容易实现。如今，APP 营销是不可逆转的趋势，并且有望在将来成为企业品牌的标准。

在社交网络时代，用户行为不再是接受企业的直接营销宣传，而是从他们的需求开始，并通过对自身的全面分析来评估他们的购买，从而确定最终的购买行为。在开始进行 APP 营销时，每个企业都应清楚地了解用户的行为习惯，其产品功能是否满足用户的需求，并考虑哪些产品功能真正满足用户的生活或心理吸引力，引起用户的共鸣。在 APP 营销过程中，只有更深入地了解用户的需求，准确地了解用户的需求，并触发用户的心理互动，才能推动他们参与最大和成功的用户市场。因此，公司启动的 APP 建模必须先满足品牌或产品的目标消费者群的口味和喜好，才能准确地了解其内部需求并进行调整。不能通过推测来判断用户心理，也不能任意确定用户需求。有必要支持企业收集目标消费者研究的历史数据和最新结果，并在客观分析的基础上总结用户的喜好和需求，分析消费者和用户的行为并发现他们的内在需求和兴趣，这是构建企业 APP 及其系统营销策略的关键。

在移动互联网时代，不再通过向消费者单向的灌输理念，就可以轻松实

现交易的目的。双向甚至多方向驱动的交互应该是当前 APP 营销模型的主要主题。谁可以充分利用零散的客户时间来最大限度地与用户互动，并可以随时随地与用户进行交流和对话，谁将能够更好地利用 APP 营销机会，靠近并同步消耗目标距离。

此外，根据 APP 营销发展趋势的变化，集成其他营销方法和集成多方技术以为消费者带来先进的体验并扩展移动营销的价值是有效的营销方法。企业 APP 营销可以与传统的营销方法（如传统广告、视频营销、商店促销和事件营销）结合，以形成整体协同效应并最大化营销效果。 LBS 位置定位、手机身份识别、AR 增强现实、重力感应、陀螺仪等新技术不断涌现，引起了消费者的关注。

品客薯片设计了一款适合音乐节到来的应用程序，整合了活动营销。其利用一年一度的夏季音乐节热潮，推出了此 APP 来推广芯片土豆。此 APP 的开发基于品客准确捕捉了用户的需求和偏好而做出的营销策略选择。该策略极大地满足了用户追求幸福、快速的生活方式以及分享心理需求的意愿，这激发了消费者与品牌之间的共鸣。这个程序可以释放 15 种不同的乐器声音。用户只需要疯狂地摇晃手机即可听到不同的声音效果，这也与重力感应技术集成在一起的。三到五个人将手机合在一起通过比较不同乐器的演奏，用户就可以组成一个临时乐队。有趣的形式吸引了许多用户的注意。此外，通过扫描包装上的条形码，用户可以接收最新的 APP 性能，从而使群组不断更新。这些都可以通过 Facebook 与朋友共享。这款品客应用程序以一种有趣的形式、创造性的表达方式，应景了音乐节的内容和共享概念，并成功实现了客户关系互动。

二、利用 APP 传递品牌理念

让消费者进一步了解品牌或产品，建立起品牌与消费者的情感关联，是企业 APP 营销的核心所在。在这个需要越来越基于消费者的情感、信任基础上开展营销活动的时代，利用品牌 APP 传递品牌理念，深化品牌形象，树立品牌口碑，帮助品牌和产品认知的提升，搭建起品牌与消费者间沟通的桥梁，无疑是企业营销者的明智之举。

企业可以用与众不同、新颖奇特的创意内容与品牌或产品的核心概念相融合，这能有效地反映出产品主旨或品牌理念，让消费者在使用 APP 的过程中自然而然地了解产品和品牌信息，让用户在娱乐的同时对品牌形成一定的黏性，使其在选择此类产品时能更多地考虑自己的品牌。同时，企业可以通过推出能为消费者提供主动便捷服务的 APP 来为消费者创造价值，提升品牌的亲和力，树立品牌的良好口碑。刘杰克指出，在能够使用户通过 APP 实现某种功能与支持的同时，融入品牌或产品元素，与推广品牌与产品有机结合，让品牌 APP 成为消费者接触品牌与产品的最前端，与品牌其他“营”“销”渠道有机结合，才能最终实现促成产品销售的目的。Nike 为帮助用户实现锻炼计划，推出了一款名为 Nike Training Cluh（Nike 训练营）的 APP。这个具有综合性训练功能的 APP 由专业教练研发，将 Nike 多年的训练研究和专长集结成一个为用户提供个性化的健身体验服务的工具，让用户可以随时随地拥有个人训练师，实时查看训练计划，追踪训练进度，督促自己坚持锻炼。用户在应用此款 APP 获取价值的同时，对 Nike 品牌产生了极高的好感，这提升了消费者与品牌间的黏性，增强了与品牌间的情感联系，潜移默化中向消费者传递了 Nike 崇尚运动、健康、美好生活的品牌理念。

在不断发展的移动互联网时代，随着智能手机、平板电脑等移动终端的迅速普及，用户的行为习惯逐渐改变，这使企业通过 APP 开展营销活动成为一种趋势。APP 营销正日益成为所有移动营销的核心。这是塑造品牌与用户之间的消费者关系的重要渠道。它也是连接在线和离线的自然枢纽。在 APP 营销过程中，只有准确了解用户的心理，深刻了解用户的内在需求和喜好，引起用户的共鸣，才能引导他们的参与最大化并成功地进入用户市场。同时，企业应以双向甚至多方向的用户驱动交互为 APP 营销模式的核心主题，发挥游戏的整合效应，以适应多样化的 APP 营销发展趋势，集成其他营销方法，集成多面技术，并为客户带来扩展移动营销价值的高级体验。企业 APP 营销的最终目标是让消费者更好地了解品牌或产品，从而在品牌和消费者之间建立情感联系。因此，公司的 APP 营销也应着眼于品牌的有机整合元素，从而使品牌应用可以有效帮助消费者加深其品牌形象，帮助提高品牌和产品知名度，最终实现品牌提升和促销的目标。

第三节　移动 O2O 的营销战略

一、O2O 概述

2013 年，O2O 进入高速发展阶段，开始了本地化及移动设备的整合和完善，于是 O2O 商业模式横空出世，成为 O2O 模式的本地化分支。O2O 即

Online To Offline，是将线下的商务机会与互联网结合，让互联网成为线下交易的前台，这个概念最早来源于美国。O2O 的概念非常广泛，只要产业链中既可涉及线上，又可涉及线下，就可通称为 O2O。我国本地生活服务 O2O 市场增长快速。

O2O 模式需具备五大要素：独立网上商城、国家级权威行业可信网站认证、在线网络广告营销推广、全面社交媒体与客户在线互动、线上线下一体化的会员营销系统。

发展到 2.0 阶段后，其最主要的特色就是升级为服务性电商模式，其包括商品（服务）、下单、支付等流程，把之前简单的电商模块，转移到更加高频和生活化场景中来。由于传统的服务行业一直处在一个低效且劳动力消化不足的状态，在新模式的推动和资本的催化下，出现了 O2O 的狂欢热潮，于是上门按摩、上门送餐、上门生鲜、上门化妆、滴滴打车等各种 O2O 模式开始层出不穷。在这个阶段，由于移动终端、微信支付、数据算法等环节的成熟，加上资本的催化，用户出现了井喷，使用频率和忠诚度开始上升，O2O 开始和用户的日常生活融合，成为生活中密不可分的一部分。但是，由于资本的大量补贴，很多并不是刚性需求的商业模式开始浮现，如按摩、洗车等。

到了 3.0 阶段，开始了明显的分化。一个是真正的垂直细分领域的一些公司开始凸现出来。比如，“饿了么”从外卖到蜂鸟系统，开始正式对接第三方团队和众包物流。以加盟商为主体，以自营配送为模板和运营中心，通过众包合作解决长尾订单的方式运行。配送品类包括生鲜、商超产品，甚至是洗衣等服务，实现平台化的经营。另一个就是垂直细分领域的平台化模式发展。由原来的细分领域的解决某个痛点的模式开始横向扩张，覆盖到整个行业。

对消费者来说，O2O 提供丰富、全面、及时的商家折扣信息，能够快捷筛选并订购适宜的商品或服务，且价格实惠。对服务提供商来说，O2O 模式可带来大规模高黏度的消费者，进而能争取到更多的商家资源。掌握庞大的消费者数据资源，且本地化程度较高的垂直网站借助 O2O 模式，还能为商家提供其他增值服务。

经营模式与传统的消费者在商家直接消费的模式不同，在 O2O 平台商业模式中，整个消费过程由线上和线下两部分构成。线上平台为消费者提供消费指南、优惠信息、便利服务（预订、在线支付、地图等）和分享平台，而线下商户则专注提供服务。在 O2O 模式中，消费者的消费流程可以分解为五个阶段。

（一）第一阶段：引流

线上平台作为线下消费决策的入口，可以汇聚大量有消费需求的消费者，或者引发消费者的线下消费需求。常见的 O2O 平台引流入口包括消费点评类网站，如大众点评；电子地图，如百度地图、高德地图；社交类网站或应用，如微信、人人网。

（二）第二阶段：转化

线上平台向消费者提供商铺的详细信息、优惠（如团购、优惠券）、便利服务，方便消费者搜索、对比商铺，并最终帮助消费者选择线下商户、完成消费决策。

（三）第三阶段：消费

消费者利用线上获得的信息到线下商户接受服务、完成消费。

（四）第四阶段：反馈

消费者将自己的消费体验反馈到线上平台，有助于其他消费者做出消费决策。线上平台通过梳理和分析消费者的反馈，形成更加完整的本地商铺信息库，可以吸引更多的消费者使用在线平台。

（五）第五阶段：存留

线上平台为消费者和本地商户建立沟通渠道，可以帮助本地商户维护消费者关系，使消费者重复消费，成为商家的回头客。

O2O 最伟大之处，不是建立了新的模式，而是真正从个人需求的角度出发，重新定义了经济哲学。随着新模式的来临，如何与消费者处理好平衡关系，是 O2O 的另一个问题。比如，外卖多长时间送达，临走需要说句什么话让顾客下次还点自己的外卖。又如，洗衣上门，是不是顾客所有要求都答应，怎么调节服务与体验的关系，这是 O2O 在下一阶段将要面临的挑战。

二、O2O 与 B2C 的区别

（一）不同点

（1）O2O 更侧重服务性消费（包括餐饮、电影、美容、SPA、旅游、健身、租车、租房等）；B2C 更侧重购物（实物商品，如电器、服饰等）。

（2）O2O 的消费者到现场获得服务，涉及客流；B2C 的消费者待在办公室或家里，等货上门，涉及物流。

（3）O2O 中库存是服务；B2C 中库存是商品。

（二）相同点

（1）消费者与服务者第一交互面在网上（特别是手机）。

（2）主流程是闭合的，且都是网上，如网上支付、客服等。

（3）需求预测管理在后台，供需链管理是 O2O 和 B2C 成功的核心。

（三）O2O 适用的行业

餐饮业、服务业、团购几乎都可以采取 O2O 模式。关于支付方式，业内人士指出，“采用二维码、声波等支付方式，再也不用担心需要提前准备现金了，也不用担心收到假币了，还可以实时掌控销售额。”O2O 模式围绕的是“产品消费”。与 B2C 相比，围绕“产品消费”的 O2O 模式不仅有零售企业的双线结合，还有很多产品更适合 O2O 模式。比如，有些企业已开始在房产、汽车、家具、橱柜、配镜等非标准、高单价商品上进行尝试，并取得了不错的成绩。这类商品需要极强的用户体验，虽然 B2C 也可以进行销售，但不能满足大部分用户的需求，O2O 则是更为理想的消费形式。

（四）O2O 行业发展

1. 百度 O2O 发展战略

从 2015 年下半年开始，百度便加大将核心流量资源导向 O2O 的力度。拿出 200 亿元用来支持旗下百度糯米的发展，并从公司战略上全民开启 O2O 扶持计划。首先，在入口方面，截至 2015 年第三季度的数据显示，百度以 81.11% 的份额在搜索市场保持绝对优势，移动市场的营收也早已超过 PC 端。同时，百度手机助手的市场份额连续 9 个月领跑，从流量入口变成超级入口。除此之外，手机百度、百度地图等也已成为超级 APP。而对于入口的下一步，百度选择了场景。一是加强搜索的服务场景。比如，用户搜索一部电影之后，之前的搜索只是为其展示信息内容，而百度目前做的是通过糯米、支付、地图等满足用户在线购票选座，并乘坐交通工具前往影院的所有场景。二是提升主流 APP 的场景服务能力。百度地图被视为 O2O 的重要入口之一，并相继提供了地图 + 出行、餐饮、酒店、门票、电影等各类生活服务。百度糯米和百度外卖也正从单一的餐饮扩展到更多的服务场景，目前已经在医疗、上门服务等领域有所动作。三是支付的引流和营销。百度钱包的定位已经从支付工具变成联合所有商户的超级钱包，借助“源泉商业平台”等起到导流、用户管理的综合平台作用。

而在生态和开放上，除了借助自家的核心产品，如外卖、团购、电影票业务作为 O2O 的常态化业务，百度一方面利用连接 3 600 行等战略来扩大生态的服务范围，另一方面借助“航母计划”对投资者开放百度优质资产的项目，包括百度糯米、作业帮、百度音乐等。

2015 年 9 月 8 日，百度世界大会在北京召开，百度地图事业部总经理李东旻出席大会，并发表主题演讲，他指出百度将以直达号、插件和店铺页三大连接机制为机器人助理“度秘”提供服务能力保障。过去人们常说：360 行，行行出状元。在不断创新的社会发展下，每个行业都在不断地演变，这些变化不仅是物理上的变化，在很多行业结合了互联网之后还产生了化学变化，因此 360 行裂变成 3 600 行，并且每一行都有可能出现佼佼者。百度一直希望通过与各行各业的合作，不断地将众多优秀的服务提供给用户。

随着移动互联网的不断发展，用户越来越习惯用口语化的方式来表达需求和寻找服务，也有越来越多的学龄前儿童通过语音搜索来获得想要的答案，他们不断传递着百度简单可依赖的服务理念。由于定位、多模交互、语义理解、机器智能学习等技术日趋成熟，“度秘”提供的秘书化服务在一些领域已成为现实，并将扩展至更多领域。那么，在“度秘”的背后，包括订餐、买电影票在内的 3 600 行，是如何通过百度连接到用户的？百度可以通过三种连接机制为用户提供服务——直达号、插件和店铺页。百度始终敞开胸怀与各家服务提供商合作。截至目前，已经有百万商家通过这“三大机制”接入百度，并每时每刻响应着用户的需求，为用户提供优质服务。

直达号通过移动搜索一键直达，大流量拉动潜在客户。截至 2015 年，直达号接入了 76 万商户，全面覆盖餐饮、旅游、生活服务、汽车、政务、电商、教育、房产、高尔夫等各行各业。商户接入后，在百度的支持和帮助下展开运营工作，整体订单数量增长了 260 个，订单金额增长超过 90 倍。直达号，一如命名初衷，一键直达，为传统商户向移动方向转型提供解决方案，有效地连接商户与用户。

房地产领域非常火热，过去众多传统企业家都在铺天盖地地打广告。移动互联网时代，用户可以通过直达号进行无缝深度互动。2015 年 5 月，百度与万科合作开通直达号。接人房产直达号后，当有购房需求的用户搜索“北京新房”等相应关键词时，即可看到万科的直达号，清晰地了解万科的新房信息，并享受直达号用户专享的 1 元抵 5 000 元的专项基金，月订单量最高超过 700 单，带动房产交易额超 10 亿元。8 月 18 日，百度新推出的新房聚合页，已经接入万科、万达、首开等多家房地产开发商，覆盖楼盘超过 600 个，累计为开发商带来电话咨询超过 4 000 组，在线预约超过 3 000 组。直达号是一种非常简单、快捷的接入机制，零门槛即可使用。然而，部分服务提供商具有很强的技术和运营能力，他们希望与百度进行深入合作，那么可以选择“插件”的接入机制。通过此方式，服务可以无缝地与百度的超级人口 APP 结合，为用户提供更好的服务体验。

2. 腾讯 O2O 发展战略

（1）腾讯 O2O 业务现状

早在 20 世纪末，腾讯就是中国最大的互联网综合服务提供商，腾讯 QQ 也是我国最具知名度的互联网标签。腾讯见证了中国互联网的发展，成长为中国服务用户最多的互联网企业，是我国高科技产业的龙头企业。腾讯 QQ、微信、QQ 游戏、QQ 地图等都是腾讯出产的优良产品，在业界有着良好的口碑。“一切以用户价值为依归”的公司理念推动着腾讯公司不断发展。通过互联网服务提升人类生活品质是腾讯公司的使命。目前，腾讯把为用户提供“一站式在线生活服务”作为战略目标，提供互联网增值服务、移动及电信增值服务和网络广告服务。即时通信 QQ、微信、腾讯网（QQ.com）、腾讯游戏、QQ 空间、无线门户、搜搜、拍拍、财付通等都是广大网民熟知的网络平台。例如，QQ 已经成为我国网民交流最普遍的方式，与 QQ 相关的 QQ 邮箱、QQ 游戏、QQ 群等都已经成为很多网民必不可少的应用。

电子商务业务是腾讯公司最重要的业务之一，在腾讯公司有着重要的战略地位。腾讯 O2O 业务是腾讯电子商务业务的一部分，其为广大互联网用户提供了便捷的网上交易平台，并且在支付、互动等方面均有着良好的体验。支撑 O2O 业务的关键产品还包括微信、拍拍网、财付通、QQ 地图等。

微信（WeChat）是腾讯公司于 2011 年初推出的一款快速发送文字和照片、支持多人语音对讲的手机聊天软件。用户可以通过手机或平板快速发送语音、视频、图片和文字。微信提供公众平台、朋友圈、消息推送等功能，用户可以通过“摇一摇”“搜索号码”“附近的人”、扫二维码方式添加好友和关注公众平台，同时微信将内容分享给好友以及将用户看到的精彩内容分享到微信朋友圈。其官方网站上的宣传语为“微信，是一个生活方式”。

（2）腾讯 O2O 业务战略实施

腾讯 O2O 业务属于高速发展的明星类产品，应采用 SO 战略。SO 战略是一种发挥企业内部优势，并充分利用外部机会的战略。作为互联网服务行业的领先企业，腾讯应当采用增长性战略，积极扩大市场份额，全面提升企业综合竞争能力。根据 SWOT 分析，腾讯的优势包括先进的科技支撑、拥有微信平台、优秀的人才、有力的国家宏观发展方向、移动互联时代新契机以及 O2O 业务的广阔市场前景。要更好地发挥优势，抓住机会做大做强 O2O 业务，在移动互联格局下占据一席之地乃至领先地位，是腾讯当前的重要目标。

①高筑墙。所谓高筑墙是指培养用户“腾讯习惯”，让用户更喜欢用、用得更加方便快捷，进而提高用户黏度。微信电商及 O2O 从调教用户开始，而微信支付是关键。

营造全民微信电商意识，处处提高微信的影响力。微信需要调用户的胃口，让大家习惯了在微信上买东西、找服务。虽然微信自己不开放支付接口，也不提供开店功能，但是默许江湖流传 ×× 朋友圈营销月入 ×× 万的传说，于是朋友圈就变成了商品秀了。利用微信的人际关系导入自己的微网站（线下实体）进行消费或者服务。

培养全民微信支付的习惯。微信要做电商，最能挑战阿里巴巴的就是微信支付。PC 端可以说是支付宝的天下，用支付宝网购早已成为 PC 端的用户习惯。但是，移动端支付目前胜负未分，霸主未定。

②广积粮。所谓广积粮指线上拉拢品牌大户，线下积累优质商家。不论是电商还是 O2O，最重要的都是商户资源。微信电商不应该重走当年淘宝“自下而上”的模式。消费者对商品质量要求越来越高，靠山寨起家的淘宝的传奇不会重复，唯一不变的是消费者对价格的敏感度。能不能为用户提供性价比高的商品和服务，关系着微信电商和 O2O 战略的成败——优质的商户资源直接关系存亡。这一点从当年的团购大战中可以体现出来，为了争夺优质的商户资源，各家团购网站的结款周期一减再减，甚至可以预付现金。近期大热的外卖网站“饿了么”面对“淘点点”的进攻，直接跟优质的商家签订长达三年的独家排他协议，导致淘点点在高校市场无功而返。

③缓称王。所谓缓称王指移动电商及 O2O 战略应该避免冒进。移动电商及 O2O，尤其是 O2O 模式，整体来说发展方向还没有明确，并不知道哪一种模式才是移动端未来的出路。微信冒险尝试新模式的代价是巨大的，关系到腾讯集团的移动战略的稳定，也关系到腾讯能不能活到下一个十年。缓称王的策略并不是说微信放弃创新和引领潮流，而是表面要低调处理、淡化各种战略意图，让其他的企业去为自己试错，自己紧跟在后，不能忽视任何可能颠覆自己的存在，内在要不断创新模式，尝试新思路。

在 O2O 的热情方面，互联网巨头明显要比线下的中小企业更具热情。互联网有的是流量，有的是内容，有的是观众，唯独缺的是变现的渠道。电商、游戏、广告，这几大模式被挖掘一空后，互联网巨头自然而然地把目光瞄向了线下，再结合线上，就成了所谓的 O2O。[①] 就目前移动互联网营销的发展现状来看，传统的市场策略已经不能完全适应新的市场环境。伴随大数据时代的到来，数据的采集和存储将呈指数级增长，数据分析系统的成本在 IT 支出的占比持续增加，通用硬件和开源软件持续降低了大数据的分析成本。因此，企业要在新的媒介营销环境中盈利，就必须要创新营销模式，提高企业营销的洞察力。

第四节 社会化媒体的营销战略

中国的社会化媒体营销正处于繁荣时期。当我们谈论社交媒体的重要性时，我们需要将愿景变成社会化媒体和用户行为的变化，并了解用户创造和定义品牌、整合营销和实时热门话题营销以及用于管理社交客户关系的营销。大数据时代的社会化媒体正在发生变化。全媒体平台社会化的深入发展以及媒体社会化趋势推动的“社会化”浪潮使传统的电子商务公司越来越了解跨多个社交媒体平台的重要性。越来越多的用户正在使用移动社会化媒体工具，社会化媒体的社交属性变得更加突出。大数据应用带来了新的商机。通过分析大型社交媒体数据，企业可以充分了解用户的消费信息并准确地定位客户。社会化媒体数据推动了传统企业服务的转型。许多公司分析大型社交数据来评估其声誉，并根据产品用户评级来改善产品功能和产品服务。例如，ZARA 使用此方法使其销售额增长约 10%。大数据时代的用户行为也在悄然发生变化。越来越多的用户正在选择移动触摸屏。随着社会化媒体功能类型的共享，受众共享信息的内容也发生了变化，从传统的 Internet 文本共享到照片、视频、音频、地理位置等多媒体内容的分发。而且，用户与品牌之间的沟通渠道也更加顺畅，品牌可以随时根据用户需求开发产品。

一、社会化媒体营销发展趋势

（一）用户创造和定义品牌

社会化媒体的社交和参与性质使消费者可以随时随地表达他们对某个事件的看法。从这个角度来看，社会化媒体营销是一把双刃剑。如果使用得当，将为公司带来丰厚的利润；如果使用不当，则会给公司带来危机。用户创造和

① 席小涛.大数据时代营销创新研究的价值、基础与方向[J].科技管理研究，2014(18):8.

品牌定义的时代已经来临，尤其是来自媒体的声音，这种声音加剧了这一过程。传统的营销方式是广告。客户联系在很大限度上是被动的。客户没有自己的语音平台。当他们在消费过程中侵犯自己或使用媒体曝光时，他们必须得罪自己。公司处理负面信息和不良评级的最佳方法是在危机解决期间通过媒体进行澄清，然后发起大规模的广告和宣传活动以解决问题。对于社会化媒体营销所处的媒体新时代，存在大量的自媒体声音。公司很难通过第三方组织来应对危机，负面信息正在迅速传播，内容分布在多个平台上，更正也会影响公司声誉。用户等级和态度对于企业的发展至关重要。因此，面对消费者定义品牌的趋势，如果公司积极互动并保持诚实，就可以参加社会化媒体营销活动。以国际知名的奢侈品牌 Burherry 为例。为了加强与消费者的互动，在自己的网页设计上处处与消费者靠拢，有数十万计的消费者上传了自己身穿 Burherry 风衣的照片，用户可以在这个巨大的网络照片墙上点击、评论、分享彼此的照片。此外，巴宝莉还设计了自己的互动营销网站 art of the trench.com。由于它擅长这种交互式营销方法和早期的数字显示，因此 Burherry 迅速成了时尚公司网站的领导者。

（二）整合加创意营销成为必要

在社会化媒体营销中，资源、资金和资格不再重要。大多数公司处于同一起跑线上。公司之间的竞争是整合、创造力和人际关系的把控水平。奥地利经济学家约瑟夫·熊彼特（Joseph Schumpeter）提出了经济学领域的新理论，为在社会化媒体营销过程中全面使用社交媒体平台提供了丰富的理论指导。他认为，所谓的“创新”是建立新的生产功能，即生产要素的重新组合，就是要把一种从来没有的关于生产要素和生产条件的“新组合”引进生产体系中去，以实现对生产要素或生产条件的“新组合”，这种“新组合”的目的是获得潜在的利润，即最大化超额利润。因此，发展社会化媒体营销不一定需要先进的技术支持、足够的资金流动和强大的营销团队，需要的是具有使用媒体包容性和整合媒体资源的能力。“新组合”是一种创新。

社会化媒体整合营销可以从战略、资源和数据着手进行准备。将交互整合作为企业的核心，并使用集成来整合网络资源供企业使用，并形成一整套的在线和离线互动行为准则，以及即时反馈和实时更新。整合所有可用的媒体资源，并将自己的社交媒体和获取的社交媒体结合起来。数据集成是合并消费者交易数据、交通数据、地理位置数据、搜索数据和其他第三方数据，并通过全面的分析制定营销策略。

（三）实时热点话题营销更吸金

尽管社会化媒体上有许多营销方法，但它们处于混乱状态。如今，大量的信息通过各种社交媒体渠道传递给消费者，消费者对品牌的关注程度越来越低，这极大地影响了传统的品牌忠诚度概念。相反，新的个性化需求在不断扩大，消费者定义的品牌概念也在不断变化，这必然导致新一轮的品牌定位设定。以诺基亚为例，诺基亚一向以其坚固性和耐用性而受人尊敬，但面对移动互联网的冲击以及新媒体时代互动的需求，诺基亚由于缺乏创新而被迫停滞不前。创建品牌并非易事，维护品牌更是困难。因为用户体验在社交媒体营销中尤其重要。用户的关注点是公司应关注的重点。实时关注用户主题和反应可以使品牌保持活力。企业通过社交媒体讨论热门话题。实际上，它不一定推荐产品，但它可以帮助公司认识到自己的问题，及时更新产品策略，并增强品牌在消费者心中的形象。

了解营销的热门话题可以从以下几个方面开始。首先，企业需要紧跟热门话题的变化。当找到热门话题和潜在人物话题时，企业应该努力及时跟上内容，列出话题的原因和过程，添加一些相关内容，并借此机会扩大影响力。其次，组织和传播主题，将企业精心制作的内容以及正在传达的主题按时传递给企业的用户，并在尽可能短的时间内完成传播派生主题。再次，时刻关注微话题页面的热门微博排名，并为企业的主题找到更强大的力量。

（四）社会化客户关系管理的出现

在竞争日益激烈，产品变得更加单一的市场中，消费者拥有更多选择，这要求公司的经营行为以客户为中心。客户也是客户关系管理的核心。通过社交媒体平台，公司可以执行客户关系管理。客户将通过媒体互动积极地将其兴趣和爱好以及他们想要的服务类型、服务级别和服务产品告知公司。因此，企业需要通过客户关系管理更好地与客户沟通并改善其产品和服务。

由于社会化媒体受众的分散性和新媒体时代的碎片化特征，想要规模化管理则需要借助大数据技术来实现。同时，社会化客户关系管理是客户关系管理在社会化媒体营销中出现的新形式，两者间存在交叉关系，在社会化媒体营销过程中对客户关系管理的实践仍要继续。卡龙（Michel Callon）和拉图尔（Bruno Latour）提出的行动者网络理论（Actor-Network Theory）认为，“行动者网络”中“行动者”之间的关系是不确定的，每一个行动者就是一个结点（knot 或 node），结点之间经通路链接，共同编织成一个无缝之网。在该网络中，没有所谓的中心，也没有主体和客体之间的对立，每个结点都是一个主体、一个行动者，彼此处于一种平等的地位。主体间是一种相互认同、相互承认、相互依存又相互影响的主体间性（共在性）关系。该理论为大数据时代分析网络活动提供了更大的思辨空间，为人们从受众角度审视自身的社会化媒体互动行为提供了逆向思考。无论是社会化客户关系管理还是客户关系管理，都必须认识到企业与消费者之间的关系是个体对个体的关系，是平等的关系，通过部分样本调查来窥测整体的各个局部的方法在某种程度上是不准确的。因此，在社会化关系管理过程中始终保持谦虚谨慎的态度，注意分析个人需求的差异性和特殊性。

二、微营销

微是指微博、微信以及从微信引申而出的微站、微商等。微博、微信的出现，已经从各个层面、各个领域、各个地方影响着人们的衣、食、住、行。随着微信的出现，微博的热度大减，大部分人开始转战微信。微博本来拥有的优势正在被微信取代。微信利用其得天独厚的条件，用户不断在发展壮大。微信带出了微店、微站。微站是一款强化了 SCRM（社会化客户关系管理）功能和即时推送功能的平台，商家可以全面地管理自己已有的会员和粉丝，更可以利用即时推送信息实现与客户高效的沟通与交互。微信营销已兴起，并作为一种新型的营销模式，越来越受到企业、商家和个人的关注。

微站建设和运营与微信营销相结合，为企业营造了良好的宣传效果。微站比传统的网站更加容易管理，通过网络的微站建设，可以简单地 DIY 微站上的文字、图片，可以有语音、视频、音乐，设计喜欢的模板，美化微站。微站的更多好处如下。

（1）建立自有的销售平台。企业通过网站、微博、微信、移动客户端的特点，打通社会化营销渠道，提高品牌宣传的渗透度。企业 APP 可以为企业提供一个产品展示、活动推广和产品销售的平台。通过企业 APP，用户可以随时随地浏览企业的网站，了解详细的产品资料和企业最新活动信息，在线下单订购，方便快捷。

（2）二维码应用。通过二维码扫描应用，实现企业 APP 从线下到线上的无缝连接。用户扫描后，软件会自动解析二维码生成相关信息，可以下载图文、音乐、视频，获取优惠券，参与抽奖，了解产品信息，还可以方便地用手机识别和储存名片、自动输入短信、获取公共服务等。随着科技的发展，二维码可以为用户网络浏览、下载、在线视频、网上购物、网上支付等提供方便的入口。企业 APP 的运营离不开二维码。

（3）建立强大的用户数据库。企业建立自己的 APP 应用可以积累稳定的会员用户。通过会员制度，企业可以实现对用户行为的记录并分析，建立完善的企业用户数据库。通过分析用户行为，企业可以很好地知道自己的产品销售情况和检测客户群的稳定性。根据客观数据，不断完善产品和销售以及服务，增强品牌的竞争力。

（4）增强数据互通，构建通信供应链。企业可以通过 APP 平台实现各系统数据的互通，完善通信供应链。APP 连接网络，企业可以通过自身 APP 获得相关行业信息，并链接其他网页，实现通信链的完善，为企业各方面的构建起到积极作用。企业 APP 结合了通信和互联网的优势，借助广大的终端推广企业资源，传递信息和服务，它的潜在市场是十分广大的，它的开发和运营关系到企业未来的发展。

微信营销扩展用户有以下方式。一是利用 QQ 来挖掘用户。通过结合企业自身的行业属性，在 QQ 群中进行关键词检索，能更好地找到精准属性的潜在用户群。同时，QQ 账号与微信的打通，大大增加了用户转化便捷度。通过 QQ 邮件、好友邀请等方式，能批量实现用户的导入。通过小规模试验，证明具有一定的可行性和回报率。二是微博群、行业网站及论坛用户导入。这些平台上聚集的都是同样属性的用户群体，他们大多具有同样的爱好，对于行业产品及服务都具有同样强烈的兴趣及需求。通过对相应企业公众账号的推广，能获得一定比例有效用户的转化。虽然数量有限，但用户忠诚度往往更高。三是结合传统介质和载体的推广宣传。通过宣传单、海报、产品包装、名片等形式，可将公众账号二维码进行很好的展示及传播。特别是针对具有线下店面的企业和商家，能更好地吸引用户实现重复购买。通过公众账号的客户关怀及服务、特惠推广等形式，将用户转化为忠诚用户。

三、大数据下的体验营销

经济发展已经跨越了农业经济、工业经济和服务经济时代，进入了体验经济时代。在营销世界中，无论是传统实体还是互联网或移动互联网，体验都是最重要的。周鸿祎在《我的互联网方法论》一书中强调了这种体验的重要性。周鸿祎对企业本质和人类需求的理解值得企业研究和借鉴。周鸿祎认为，业务的本质是人性的释放。马斯洛的需求理论层次结构具有深远的影响。它在于找到问题的关键并从需求的角度研究问题。创新也不例外。归根结底，这就是满足人类需求的方式。有些人很懒，如果它们使事情变得简单，就会使用它们。也有些人比较喜欢占小便宜，如果事物是便宜的，甚至是免费的，就可以使用它们。专卖店提供半价折扣或一次性折扣，不管是谁，他们都会购买一堆东西回家。麻省理工学院曾经做过一个实验，发现一旦某物免费，人们将很容易失去意识和辨别能力，占领并拥有它。例如，在线上有一些免费清扫活动，企业将看到数量惊人的参与者。

用户选择产品，目的实际上非常简单，即不要让他动脑筋，也不要让他努力工作来帮助他解决问题，因此使产品非常简单成为产品优势。苹果为什么成功？专家分析其产业链和生态系统，非常神秘。实际上，苹果公司的用户体验非常简单，它利用这一技巧来撼动微软的统治地位。因此，如果公司能够检测到产品中仍然存在很多痛点并且带来了太多不便，然后使其变得简单、方便，则可以进行破坏性的创新。

过去做生意很简单，通过卖东西赚钱。现在很多东西是免费的，有可能把卖的东西一部分免费，企业不得不做一个新的东西，这个挑战就是跨界。今天的企业不得不跨界。华为说自己是一家硬件设备制造商，永远不做信息服务，今天这句话也要收回了。因为卖手机不仅是一个生意，还必须在手机里提供导航、搜索、游戏、生活服务，变成一个信息服务商。360 当年做免费杀毒时，竞争对手觉得 360 疯了，其实当时 360 做免费的决策时，也不知道下一步怎么办，先干了再说。然后，其发现只做安全也会死掉，所以后来做了搜索，做了导航，做了浏览器。

在大数据时代，厂家可以直接对接消费者，一款手机在传统销售渠道卖 2 000 多元，现在卖 999 元。所以，小米手机在很长一段时间里就主打一个概念：我是性价比最高的。很多生意、产品经过改造以后，不仅是技术的概念，把用户体验变成了互联网化体验。每一个开特斯拉的人都有一个特斯拉服务器连接，会发现特斯拉也变成一家互联网企业，不仅提供实时软件更新服务，包括搜索、导航，还可以告诉用户附近的超市有打折。

未来智能硬件时代，卖货的概念都不存在了。如果企业做智能冰箱，冰箱背后是一个生鲜电商配送公司。想做一款行车记录仪，如果做便宜了，中国有 1 000 万辆车装摄像头，就可以拿到中国最真实的路况信息，这家公司就不是行车记录仪公司，而是一家大数据公司。互联网化以后都是服务业。

四、新媒体运营

（一）短视频营销

网络综艺近年来逐渐成为给视频网站创造流量以及吸引广告的主力内容之一，因此各平台均着力布局网络综艺战略，竞争日渐激烈。由此可见，随着视频用户的增多，网络视频营销也随之兴起，随着视频的不断创新，视频营销手段也呈现多样化的态势。

1. 短视频营销的概念

短视频营销是指企业或个人以视频短片的形式放到互联网以达到宣传的目的。目前视频的方式主要为广告、宣传片、微电影、网络视频等。视频营销只有通过良好的制作、故事情节，以及最重要的——符合大众的口味才能起到好的宣传作用。

（1）短视频营销的特色

用户可以自主选择视频观看，因此视频营销的成功必须带有以下特色。

第一，短视频营销必须足够吸引用户，而这个吸引力很多时候来自趣味性，有趣的视频除了能够带来欢乐，还让观众自主转发分享，能够有效提高企业的影响力。因此，企业做视频营销时，可以围绕企业文化、产品价值和品牌信息来拍摄，再加上趣味性。但是，目前企业为了吸引人流，仅用视频标题博得观众眼球，时是实际内容又与标题无关，这样的做法是不可取的，严重的会引起观众的反感。有趣的内容应该是贴近生活的、符合大众口味的、可以反映社会某些现象的，这样才能得到大家的欢迎。例如，活跃在微博上的网络红人 Papi 酱，之所以有非常多的粉丝就是其每周一次的视频特别有趣，展示的都是人们所关注的一些热点，用夸张的语气和说话方式得到大众的喜欢。因此，视频营销 S 要增加视频的趣味性来得到人们的关注，实现营销目的。

第二，短视频营销除了要有趣味性之外，还要有情感和贴近热点。社会热点往往能吸引大众的眼球，视频营销中通过热点冲击人们心灵的东西更能获得关注。近年来中国有很多女性得到了适婚年龄但是还保持单身的状态，社会上给了这一群女性不太尊重的称呼“剩女”，并且中国社会对“剩女”的主流价值判断就是：女人结婚才完整，不结婚的那都足个人有问题。但是其实这都是个人选择而不应该由大众来评判，因此，“剩女”“相亲”成为社会的热点问题。著名化妆品品牌 SKII 做了一个《她最后去了相亲角》的广告，刷爆了朋友这个广告讲述的几位平凡的女性被主流的价值观和父母的情感绑架着，她们有时候感觉对不起父母，有时候又觉得追求自己的爱情没有什么问题。而父母则到相亲角，将孩子像待售商品一样张贴广告。最终孩子们为了改变父母的观点，集中到相亲角原来挂着自己照片的地方用便条写了自己的具心话，而父母也最终选择了理解。可以说 SKII 的这个广告直戳人心，让人觉得温暖，也让很多人找到共鸣，让大家对这个品牌有了史多的关注和好感，因此 SKII 此次视频营销是成功的。

（2）短视频营销的优势

短视频营销可以说是网络营销中一个非常重要的内容。由于现在越来越多的人使用互联网看视频，同时在互联网的环境下，视频的传播速度更快，也更具有互动性，而且相比电视广告，网络视频的制作成本更低。

①制作成本低廉。网络视频的制作相比传统的电视广告，成木非常低廉，因为一个电视广告的投入基本是十万、百万的事情，但是一个网络视频投入就非常低了，几千块就可以制作一个短片。由于网络视频的广泛性，再加之现在的网络自制剧、自制综艺等非常丰富，一个小小的视频广告也能给企业带来尤限商机，取得良好的营销效果。近几年由于网络视频的广泛传播，微电影也逐渐兴起。微电影利用比传统电影简单的设备和简短的时长来讲述故事，时间和资金成本都很低。

②传播速度快。现在上网的设备更加便利，电脑、手机都更加普及，互联网的传输速度也在不断发展。可以说，现在只要有设备有网络，对全球发生的大事网民都会都了如指掌。网络发布信息迅速，网民分享是让视频迅速传播的基础，也可有效实现营销。如 2010 年红遍大江南北的电影《老男孩》，它引起很多共鸣，其诙谐幽默乂不乏煽情部分，在短短的时间内点击量过亿，这部短篇电影在互联网环境下迅速走红，也让我们看到了视频营销的威力。在互联网的世界里，用户既是受众又是传播者，看到好的视频就愿意将其进行分享，而每个人又都有自己的朋友圈，朋友看到后又分享，因此这个视频就能得到几何倍数的转发量，受众面特别广，甚至可以迅速地传播到同外。因此制作精良、能得到大众喜爱的视频是非常有力的营销方式。

③互动性强。与传统的营销方式不同的是，视频营销可以实现实时互动。一般视频营销都是在社交网站上进行的。社交网站最大的一个特点就是能够评论互动，因此互动性的提高使双向沟通变得更好。及时的反馈和互动能够葙效提高营销的效率，企业可以根据受众的反应进行营销评估、调整战略，进而提升营销的效果和影响力。网络视频的观众可以观看视频也可以对视频进行评论，观众的评论往往能给节目带来热点和议论点，促使其他人加人到观看视频的队伍中。互联网上的言论更加自由，人们可以根据自己的喜好对视频进行评价，有争议性的视频更能得到人们的评价，造成火爆的曝光率。

④营销精准化。用户可以轻松将视频内容进行转发，分享给朋友，朋友看到喜欢的视频再将其分享，由此，兴趣爱好相近的群休可以联结在一起。所以，视频由于在兴趣相近的群休间分享并且用户可以广泛参与其中，一起讨论，可实现精准营销。

2. 中国网络视频营销市场分析

随着视频用户的逐渐增多，许多企业发现了视频网站的商机，纷纷利用视频做起营销，视频广告开始走向产业化，各视频网站不断推出不同类型的营销产品，根据不同群体需求，通过创新的方法和大数据的分析帮助企业进行精准营销，由此可看到现在各大视频网站的广告逐渐增长。同时，山于视频营销的火爆，视频的内容质量也不断提升，IP 策略和内容运营对视频内容也有很大的促进，因此视频内容也杳了更大的利润空间。但是要使视频营销的效果更加显著，需要结合中国实际情况进行研究，探索适合的道路。

第一，移动端投入更多。随着互联网的深人发展，用户上网逐步从电脑端转向手机端，据调查，超过 50% 的用户使用移动端流量观看网络视频，并且渍盖率和时长明显增加，广告主对移动视频营销的接受度逐渐增高。基于不问渠道的发展，用户观看视频渠道流转，广告主跨屏营销，多屏内容无缝打通、全方位覆盖追踪用户，立体化的营销形式将成为广告主的主流选择。同时，随着程序化购买技术的优化完善，针对不同屏幕性质、不同视频观看场景，智能化、立体式向用户精准投放相应信息的跨屏营销方案将释放网络视频平台更大的营销价值。因此，发展有效的视频营销，不单是电脑端，移动端也是不可缺少的。

第二，网生内容数量、质量提升。网生内容就是从网络平台生产出来的内容，以及入驻在网络视频平台的用户提供的内容，包栝专业用户生产内容(PGC)、普通用户生产内容(UGC)。近几年来，优酷土豆、爱奇艺、腾汛三大视频网站纷纷布局网生内容，而且成了必争之地。究其原因，就是近 10 年来视频网站购买网络版权的费用水涨船高，热门影视综艺网络版权费已经涨了数千倍。视频网站需通过自制内容减少支出。为了能与传统媒体竞争，网站自制内容的出品数量、题材广泛度、制作质量都得到显著提升。同时网络视频平台通过大数据分析用户偏好，以及独特的创意达到精准营销。网生内容数量质量的提高，促使更多的广告主从传统媒体转向视频网站。

第三，优质内容付费化。近几年各大主流视频平台通过开通会员付费观看热播剧和优质内容，通过收费形成的差异化传播方式现在也得到越来越多人的认可。随着用户付费习惯形成，会员付费、视频电商、付费直播等多种形式的用户端盈利模式不断完善，整个网络视频营销帘场逐渐清晰。通过制作优质内容的会员制付费制度将促使视频营销更好发展。

3. 短视频营销类型

视频营销根据不同的内容有不同的类型，现在学术界也没有一个定论，因此，这里根据广告主选择的视频内容种类对视频营销进行分类。

（1）网络视频广告

网络视频广告是采用数字化技术将传统的视频广告应用于网络之中，传递广告信息内容的一种网络视频营销模式。网络视频广告是最早的网络视频营销方式，与传统的电视广告既有相同之处，又有不同之处，网络视频广告可以说是电视广告的延伸，也就是通过广告让用户知道相关产品和品牌，具备商业性。但是，与传统的广告相比，网络视频广告由于与受众近距离接触，网络视频广告接受着网民的检验，广告的创意性更强，广告内容更短，并不能直接将电视广告生搬硬凑到网络中。根据美国网络广告和媒体策划人员的建议，网络视频广告的时长最好不超过 15 秒。与此同时，网络视频广告不像电视广告只能在电视上播放，它可以根据不同需要在不同载体播放，可以在电脑屏幕播放、手机屏幕播放或以超链接的方式播放，同时还能在各大视频网站播放或者企业官方网站播放，播放地点也更加随意。

（2）网络自制剧营销

网络自制剧是以网络为载体在网络平台或连接互联网终端进行播放的，网络受众为主体的电视剧。随着互联网的不断发展和网络产品的不断丰富，越来越多的视频网站开始涉足网络自制剧，网络自制剧的制作也逐渐成熟，并且现在各大互联网公司为视频网站注人大量资金，网络自制剧的制作也越来越精良，赢得了观众良好的口碑。网络自制剧在近几年发展势头良好，据中国产业发展研究网调查分析，2016 年约有 755 部网剧上线，同比增长 60. 6%，增速明显放缓，但网剧总播放量则达到约 892 亿次，同比增长 225. 5%，远超 2015 年，网剧的影响力不断增强，也让视频营销的传播媒介扩展到网络自制剧。因此，网络自制剧营销成为视频营销的重要种类之一。

网络自制剧营销的特征主要有以下几个方面：第一，低成本。网络自制剧的发行成本比起传统的电视剧或者电影的发行、制作费用要低得多，并且发行的程序也相对简单。撇开制作的效果，网络自制剧甚至几千元就能投资。第二，低门槛。网络自制剧的制作团队可以是传媒公司、视频网站甚至是兴趣爱好者，并且在时间上没有限制，-- 般都是时长较短的短片，并且许多故事情节也是比较简单的，但是并不缺乏完整性，因此网络自制剧能较快投入市场。第三，题材多元化，网络自制剧的限制较少，低门槛的草根和现在的 IP 改编剧创作．也使得题材更加丰富，爱情、校园、科幻、悬疑的题材都可以被选为创作主题。第四，互动性。网络自制剧的投放平台是网络，网络有 - 个非常重要的特征就是互动性。网络自制剧相比传统电视，可以在网上实现即时互动，网民可以留下评论，还可以在社交媒体上对网络自制剧进行宣传。基于以上四个特征，如果网络自制剧营销运用得好，就能为广告主带来巨大收益。网络自制剧是从 2014 年正式开始掀起热潮的，其中《万万没想到》是其中一个现象级的剧，惊人的点播率，广告的投放量，都为网络自制剧营销带来良好的效果。《万万没想到》的主创人员从第一集开始，就特意设置了“赞助”环节，“韩国宇航局”“ 大蒙古海军”等赞助商们来历不凡，配上点睛的“广告词”，笑感十足。如“韩国宇航局”的广告词“我们要去远方看看，还有什么是我们的，思密达”。这样－.来，片头环节作为笑点之一－就不会被无视了。而且，叫兽易小星介绍说，他们会根据当集的基调来确定广告文案。“像搓街机－样搓你的小手机”这样的广告词和《万万没想到》的风格一致，让观众看后完全没有违和感。这样就自然而然地使片头赞助鸣谢部分实现了诙谐幽默的效果，进而使得观众在观看其中真正的赞助商广告时，也会更加容易接受，更易于对赞助商产生好感。而片尾鸣谢赞助广告亦是同理，它的内容载体一般是剧 目花絮，而花絮本身就拥有轻松、诙谐、幽默等特征，这使在花絮部分露出的赞助商品牌或产品 Logo 更易为观众所接受，也能达到非常好的营销效果。

（3）微电影营销

微电影是在互联网平台上传播 30~60 分钟的影片，它时长短，情节完整，制作周期短和投资少，电影内容包含了搞怪、时尚、教育等内容。自从 2016 年开始微电影逐渐转变形成新形态、新业态，在各大视屏网站付费点播。微电影适合在闲暇和移动的状态播放，适合当前人们上网的状态，因此广受欢迎。微电影营销以微电影为媒介，在微电影逐渐兴起的同时，而营销效果将更加明显，也有更多广告主想加入。

微电影营销特征主要有以下几点：第一，观看便捷。移动端上网的普及、生活的忙碌使得碎片化的上网时间是当前互联网的一大特征，等公车、乘地铁、等人过程中上网成为人们消磨时间的工具，在这短暂的时间里，观看微电影就成为人们的选择，因为微电影的播放时间短、情节紧凑，往往能让观众在短时间内感受到电影般的情节，因此微电影成为人们在闲暇之余选择的一－种较为不费时的娱乐，使借用微电影营销的效果事半功倍。第二，可看性强。微电影的载体是互联网，相对于传统媒体，互联网所受的限制比较少，相对比较自由，因此有许多题材能被选择。“微”字说明电影更多地是从对生活的理解、身边的故事等以小见大的方式来叙述故事。贴近生活的电影情节，更加符合人们的情况需求，更容易引起共鸣。尽管微电影的播放时间很短，但电影结构和故事情节却与传统电影一样完整，剧情扣人心弦、场面宏大，观众同样能感受到较强的影音效果。并且现在许多互联网大企业都加入微电影，使得微电影的质量更加提升，可看性更强，微电影营销效果更好。第三，广告电影化。有些微电影的拍摄就是变相的广告，广告植入隐蔽。与传统的电影相比，微电影广告植人更加多元化，其灵活多样、诙谐幽默的方式，使人们对于广告植入接受度更高，微电影营销效果更好。第四，互动性强。微电影打破了电影制作和发行的垄断地位，使得更多普通人通过微电影抒发自己的情感，人们在看完微电影之后可以通过终端将电影进行评论、转发、分享，甚至剪辑和二次创作，让更多朋友可以观看到视频，互动性很强，营销效果更好。

微电影营销的效果显著，可以通过以下例子来了解。2012 年伊利旗下的品牌“巧乐兹＂全新定位品牌，品牌主张为“喜欢你没道理”，品牌个性为“时尚、浪漫、自信”。为此伊利通过校园微电影角色选拔活动传播“喜欢你没道理校园影像季”整体活动，活动获胜选手能获得与青春偶像一起演出的机会。伊利借助这样一个将普通大众搬上主流舞台的诱惑，成功吸引了大批学生参加，在目标群体里打响了第一炮，营销效果显著。

（二）直播营销

直播是一种全新的娱乐社交方式。从腾讯的斗鱼、百度的云直播、新浪的一直播到熊猫 TV 等，各种直播平台纷纷出现。现在，直播已经无处不在地出现在大众视野里。

直播这种新的信息传播媒介迅速被大众所熟知，并且成为网络热门，紧接着直播营销也应运而生。直播营销这种新型的网络营销模式具备了以往的视频营销、社区营销、口碑营销、事件营销等所具有的特点，把品牌、营销、用户、交易和社区连在一起，这种营销模式是企业一直向往的。

1. 游戏直播

虽然游戏直播已经在我国的直播市场占据了一定的份额，但是游戏直播的运营在“百播大战”这一背景下其实并不理想。它存在着观众范畴狭小的问题：喜欢游戏直播的稳定观众，大多数是 80 后、90 后，且以男性为主。不仅有观众范畴的限制，还有游戏直播会占用大量的带宽。一些后期建立的游戏直播平台，因为缺少斗鱼等早期平台的网红主播积累过程，还需要花费成本去别的平台上聘请网红主播。尽管游戏直播是我国的主流直播种类之一，但是这些问题最终会让游戏直播在“百播大战”中处于不利的地位。

2. 娱乐直播

娱乐直播是目前平台最多、用户最多的一类直播。YY、映客、哔哩哔哩(bilibili) 、花椒等娱乐直播平台，每天都能聚集大量各类娱乐领域的观众，包括电影领域、明星八卦领域、美妆领域、旅游领域、美食领域等。虽然 80

后、90 后依然是娱乐直播观众的主力军团，但是娱乐直播观众分布范围远远大于游戏直播，不论从年龄还是从性别来说。多数人已经把娱乐直播作为一种新的休闲享受。

随着娱乐直播用户的增多，其内容也越来越丰富。娱乐主播们的直播话题广泛，从电影谈到影评、从美妆谈到穿搭、从美食谈到养生，等等。站在营销的角度上来看，丰富的直播内容同时也创造了更多的销售机会，也拓展了周边产品的销售渠道。

3. 电商直播

电商直播是早在 2015 年就开始兴起的一种“直播 + 电商”的营销模式。它通过利用直播界网红和明星聚集的粉丝力量，带动消费者的购买力，提高电商产品的收人，让电商直播成为网红经济下的主流模式。同时，因为网红和明星主播带来大量的粉丝消费者，产生了巨额的利润，所以才让淘宝、聚美等电商直播在“百播大战”中占据了一席地位。

虽然目前的电商直播观众数量远远不如娱乐直播，但是伴随着自媒体概念的深入，多数网红主播开始有意识地强化个人 IP、提升个人品牌形象。他们会在自已的直播过程中巧妙地穿插广告，进而向观众们推销了个人的电商产品，增加自已的额外收入。

4. 专业直播

专业直播的观众主要是一些垂直领域的专业人士或者爱好者。这些观众分布范围广、相对较分散，而且都喜欢在特定的领域中活动，因此专业直播主播的门槛非常高。首先，专业直播的主播需要具备强大的凝聚力、比较高的专业知识水平；其次，专业直播的主播能正确引导专业人士或者爱好者，为他们在专业领域上排忧解难；最后，专业直播的主播要在专业领域里拥有前瞻性的眼光，能对专业领域的未来做出预测，才能在直播的过程中与观众互动起来。

专业直播对主播的高要求，导致了目前专业直播平台非常稀少，目前主要有疯牛财经直播平台、YY 知牛直播平台等。因此，目前的专业直播只能在“百播大战”中占据微小的份额。但是，随着人们教育水平、知识水平的提高，专业直播必定会成为一只拥有大量市场的潜力股。

“百播大战”的局面使直播界拉拢粉丝的战争逐步进入白热化。与此同时，大多数直播平台的门槛也大幅度降低，只要有手机，人人都可以进行直播。同时，直播平台出现了初步的垂直细分现象，使各个直播平台都能形成独具特色的运营内容。

观众分布范围广、相对较分散，而且都喜欢在特定的领域中活动，因此专业直播主播的门槛非常高。首先，专业直播的主播需要具备强大的凝聚力、比较高的专业知识水平；其次，专业直播的主播能正确引导专业人士或者爱好者，为他们在专业领域上排忧解难；最后，专业直播的主播要在专业领域里拥有前瞻性的眼光，能对专业领域的未来做出预测，才能在直播的过程中与观众互动起来。

专业直播对主播的高要求，导致了目前专业直播平台非常稀少，目前主要有疯牛财经直播平台、YY 知牛直播平台等。因此，目前的专业直播只能在“百播大战”中占据微小的份额。但是，随着人们教育水平、知识水平的提高，专业直播必定会成为一只拥有大量市场的潜力股。

“百播大战”的局面使直播界拉拢粉丝的战争逐步进入白热化。与此同时，大多数直播平台的门槛也大幅度降低，只要有手机，人人都可以进行直播。同时，直播平台出现了初步的垂直细分现象，使各个直播平台都能形成独具特色的运营内容。

（三）软文营销

1. 软文营销的内涵

软文，顾名思义，是相对于硬性广告而言的，是由企业的市场策划人员或广告公司的文案人员来负责撰写的“文字广告”。与硬广告相比，软文之所以称为软文，精妙之处就在于一个“软”字，好似绵里藏针，收而不露，克敌于无形。等到你发现这是－－篇软文的时候，你已经冷不丁掉入了被精心设计过的“软文广告”陷阱。它追求的是一种春风化雨、润物无声的传播效果。软文的定义有两种，一种是狭义的，另一种是广义的。

狭义的定义：指企业花钱在报纸或杂志等宣传载体上刊登的纯文字性的广告。这种定义是早期的一种定义，也就是所谓的付费文字广告。

广义的定义：指企业通过策划在报纸、杂志或网络等宣传载体上刊登的可以提升企业品牌形象和知名度，或可以促进企业销售的一些宣传性、阐释性文章，包括特定的新闻报道、深度文章、付费短文广告、案例分析等。

软文是基于特定产品的概念诉求与问题分析，对消费者进行针对性心理引导的一种文字模式，从本质上来说，它是企业软性渗透的商业策略在广告形式上的实现，通常借助文字表达与舆论传播使消费者认同某种概念、观点和分析思路，从而达到企业品牌宣传、产品销售的目的。软文营销则是个人和群体通过撰写软文，实现动机，达成交换或交易目的的营销方式。

2. 软文营销的特点

（1）隐蔽性

软文不同于网络广告，没有明显的广告目的，而是将要宣传的信息嵌入文字，

从侧面进行描述，属于渗透性传播。其本质是商业广告，但以新闻资讯、评论、管理思想、企业文化等文字形式出现，让受众在潜移默化中受到感染。

（2）内容丰富，形式多样，受众面广

软文由于文字资料的丰富性，传递的信息极其完整，并且不拘泥于文体，表现形式多样，从论坛发帖到博客文章、网络新闻；从娱乐专栏到人物专访；从电影到游戏…几乎遍布网络的每个角落，因此，大部分的网络用户都是其潜在消费者。

（3）吸引力强，可接受度高

软文的宗旨是制造信任，它弱化或者规避了广告行为本来的强制性和灌输性，一般由专业的软文写作人员在分析目标消费群的消费心理、生活情趣的基础上，投其所好，用极具吸引力的标题来吸引网络用户，然后用具有亲和力或者诙谐、幽默的文字以讲故事等方式打动消费者，而且文章内容以用户感受为中心，处处为消费者着想，使读者易于接受，尤其是新闻类软文，从第三者的角度报道，消费者从关注新闻的角度去阅读，信任度高。

（4）低成本，高效益

传统的硬广告受到版面限制，传播信息有限，投入风险大，成本较高。相比之下，软文营销具有高性价比的优势，信息量大，而且不受时间限制，可以在网站上永久存在。国外一份权威调查显示：企业在获得同等收益的情况下，对软营销的投入是传统营销工具投入的 1/10，而信息到达速度却是传统营销工具的 5~8 倍。此外，软文有非常好的搜索引擎效果，通过软文营销公司的网络整合营销服务，可以进行二次传播。

（5）以消费者为中心

作为网络营销的一种新方法，软文的写作和发布理论上离开了在传统营销理论中占主导地位的 4P 理论，以 4C 理论为基础和前提，其主张的观点是：先不急于制定产品策略 (Product)，企业软文营销部门或专业的软文营销组织先将重点放在研究消费者的需求和欲望 (Customer's Needs and Wants) 上，以消费者为中心，按照消费者的需求去制定软文。暂时不考虑定价 (Price) 策略，而是研究消费者为满足其需求愿意支付的成本 (Cost)，然后进行双向沟通，直到达成双方都满意的价格。不考虑渠道 (Place) 策略，着重考虑给消

费者提供方便(Convenience)，以最省事省时的方式获取信息。抛开促销(Promotion)策略，用“拉”的营销方式让消费者主动参与，并着重加强与消费者的沟通和交流(Communication)。

3.软文的分类

根据体裁，软文可以分为两大类：一类是文章体裁.分为记叙文、议论文、说明文；另一类是文学体裁，分为小说、诗歌、戏剧、散文。在上述文体中，都可以植入某种行动目标，因此都可以成为软文。

根据软文的内容特点，软文可以分为新闻类、故事类、科普类等。

根据软文的主要行动目标，软文可以分为产品类软文、服务类软文、品牌类软文、公关类软文。

根据人们的理解方式.软文可以分为传统软文和网络软文。下 面重点对比一下传统软文与网络软文的特点，以便我们更清晰地了解网络软文的力量。

传统软文以杂志、报纸.海报、书籍、信函、宣传册等为主；网络软文基于互联网的形式存在，可以演变成博客、论坛、微博、微信、QQ 留言、E-mail、网络签名、电子书、百度文库、百度问答等。

第七章　大数据背景下营销行业的创新发展

第一节　大数据背景下营销行业的模式突破与创新

一、行业营销创新要突破传统营销模式的局限性

传统的营销模式尝试通过科学工具检测消费者需求，做出更准确的市场预测，并实现有效的供需对接。传统的营销模式与市场研究方法是分不开的。对消费者来说，市场研究方法的观点是静态的、偏见的和残留的。传统的消费者声明经常使用市场抽样调查，并且从抽样调查中获得的数据在每个特定时间点给出。由于操作困难和实施成本高昂，不可能对客户调查进行完整的样本调查，只能使用一个样本研究。尽管抽样研究方法也是科学的，但它接收的数据只是“小数据”。即使数据样本中存在微小错误，整个分析和结论也将是荒谬的。为了获得尽可能多的数据样本并得出更准确的结论，将在人力、时间和资金上进行大量投资，从而使企业在具体操作方面无可争议。在传统营销中，公司的传播策略是针对所有消费者的，尤其是广告投资很大且很盲目。此外，营销信息的传播通常限于特定区域。同时，由于购买期限、归档和发布期限的限制，很容易失去目标客户。而且，传统媒体传播的营销信息的效果更难以测试和评估，不能准确地衡量消费者可以接受的信息量并做出受影响的购买决定。

二、行业营销创新注重对消费者心理的深刻了解

大数据时代的到来，使营销管理方法更加科学，沟通的内容更加丰富、客观、及时。企业可以有效地分析和使用通过报纸、电视台、广播电台和互联网的营销方法获得的数据。在企业营销管理的整个过程中，数据分析结果对企业营销至关重要，并使营销管理更加科学、高效。在大数据时代，企业可以快速了解消费者正在关注的内容，而这些有价值的信息可以随着移动互联网、移

动终端、物联网和云计算的快速发展，不仅可以找到沟通的重点，还可以达到沟通的准确性，从而使消费者更加熟悉、理解和接受。

大数据营销需要消费者洞察力，这些洞察力需要完整的样本数据或海量数据，而不是抽样调查的数据。大数据营销分析是动态的，而不是静态的，它甚至可以每秒产生一个新的结论。就企业而言，使用大数据可以尽可能多地收集网络上用户留下的所有痕迹，提供对消费者购买行为的全面了解，并对所有数据进行深入分析，最大化客户价值。大数据营销也表现为全媒体营销。由于新媒体技术的飞速发展，消费者的自我追求和个性心理特征日益成熟，消费者的需求和购物行为逐渐“碎片化”。消费者经常使用即时媒体搜索在线音乐、在线新闻、博客，个人空间、在线视频、在线游戏、微博、电子邮件、微信、社交网站等。随着所有主要媒体和数据处理技术的信息平台的出现，传统的消费者获取行为分析工具将被用于收集、存储、挖掘和大量使用数据的新分析工具所取代。因此，全媒体与消费者的沟通平台构成了和谐互动的关系，给企业营销带来了新的挑战和机遇。

在大数据时代，移动营销是营销信息传输方式的一场革命。它基于对消费者的深入了解，持续监视和记录消费者的购买行为，并创建一个完整的消费者行为数据库。同时，它使用各种软件和方法对消费者需求进行深入而系统地分析。基于多个数据库，将两者的行为进行比较，以准确解释消费者的心理活动和购物行为，并开发定制产品和智能营销。

第二节　大数据背景下旅游业的营销模式创新

一、数据与旅游业的对接

使用数据挖掘技术来处理和分析在线消费者的浏览数据、消费数据、社交数据等，并可以提供各种评估，包括在线用户价值评估、满意度、服务质量评估、营销效果评估、市场需求评估等。基于关联挖掘的统计数据和反馈数据，这些分析和统计结果在分析客户特征和营销决策方面发挥了重要作用。在线营销是一个数据驱动的领域。大数据挖掘为前所未有的机会提供了前所未有的方式分析消费者行为的机会。旅游公司采用新的网络营销模式具有一定的领导作用。通过分析对接数据挖掘和旅行消费者行为，并使其保持实时，在线营销的方式将相应地发生变化。关于旅行消费者行为和数据挖掘分析的声明是旅行公司进行在线营销的最重要领域，它们将使公司获得空前的价值。

旅游者的消费行为是指为获取、使用和处置旅游产品或服务而采取的各种行动，包括在这些行动之前和定义这些行动的决策过程。随着经济和社会发展，对旅游消费者行为的研究也得到了发展。传统研究将整个行为过程分为两个阶段："消费者购买决策过程"和"消费者的行动"。在大数据时代，游客的行为越来越受到其他游客的影响，因此，新的营销模型应在行为分析过程中包括购买后的反馈。

网络具有可以满足游客个性化需求并吸引其活跃消费的功能。使用网络进行消费的旅行消费者的百分比将进一步增加，这将生成有关在线旅游消费行为的大量数据。在如此大数据的背景下，旅行公司如何才能进一步分析历史客户数据以获得消费者购买行为的一般特征，发现其潜在的购买需求并提高竞争力？有针对性和有效的互联网营销策略以及对营销模式的调节起着关键作用。互联网旅游业的发展推动了产品预订、信息搜索、服务评估和其他互联网连接的发展。只需动动手指就可以完成复杂的购买过程。十年前，人们选择哪种团体旅游基本上是基于朋友和家人的推荐。由于缺乏透明度，每次旅行都像是"一次性交易"。当时，如果旅客选择乘汽车旅行，那么厚厚的地图是必不可少的。由于定位和导航技术尚未普及，因此出错是很常见的。如果油少了，只能自认倒霉。互联网旅游业的发展推动了产品预订、信息搜索、服务评估和其他互联网连接的发展。人们可以直观地查看旅游产品的描述并进行比较。移动互联网使旅游更加便捷。

廖伟勇认为，旅游产品和互联网有着本质上的高度契合感。大多数旅游产品都没有仓储和物流链接，在线销售更方便。从线下到线上变动的是购票、酒店产品订购和旅游线路产品。越来越多的消费者乐于将照片和文档保存在他们的移动设备上，并在旅途中的任何时间阅读它们。这种便利的背后是大量的信息和产品。"在路上"移动旅行软件面世以来的三年中，已经通过 UGC（用户生产内容）客户端收集并上传了近 1 亿张原始旅行照片或策略。在途牛旅游网上，旅游产品总数已达到 32 万个，旅游目的地遍布全球 70 多个国家，80 多个城市，并且该数据仍在增长。在移动互联网时代，"烧钱"的战火已从计算机扩展到了移动端。网络上已经有数百种移动旅行软件，许多公司正在计划新的移动产品。

二、“线上线下”深度融合

传统旅行社具有资源、产品和服务，并具有质量优势，但是互联网具有进入和效率优势。两者必须结合。用户将是这种融合的最大受益者。当然，现在说传统旅行社遭受了很大的冲击并失去了内在的力量还为时过早。一方面，从继承的市场和细分市场的角度来看，传统旅行社受到的影响不大，而更多的影响来自免费旅行类别的产品。另一方面，随着互联网带来的挑战，它也为传统旅行社的产品销售提供了更广阔的平台，而擅长积极借贷的传统旅游公司则有机会打开更大的市场。最重要的是，尽管它代表了未来发展的趋势，但在线旅游仍处于起步阶段。无论用户体验、产品或品牌，在线上仍有很大的改进空间。实际上，在线和离线旅游“蛋糕”的竞争才刚刚开始。互联网已经改写了旅游业的游戏规则，也不断改变着传统旅行社的经营者。过去的旅游业是“大鱼吃小鱼”，现在我们要加上“快鱼吃慢鱼”；过去，我们“转向客户”，而今天，我们想发现“潜在用户”。挑战也是机遇。作为一家传统旅游公司的成员，中青旅进行了一系列在线旅行的探索和变革，并推出了旅行网站和手机应用程序。中青旅致力整合线上线下协同开发，整合实体连锁店、呼叫中心、网站和移动终端，为用户提供优质服务

三、大数据背景下旅游企业移动营销新模式

（一）基于消费者行为分析的关联推荐

通过数据关联分析，发现关联规则是消费者行为分析中最重要的部分，因为有必要通过特定方法将互联网用户和旅行商品的特征相关联，并发现两者互相影响的元素。通过分析互联网用户的在线使用规则和偏好，可以将一个用户的使用习惯和网络习惯一起分析，以便对用户进行分类，然后为用户提供适合自己的商品或服务，激发用户的需求，激励用户消费，这更符合“客户中心”的理念。

（二）旅游企业关联推荐的应用

无论旅游商品在旅游消费中占多大比例，在线旅游公司都有机会在旅行之前与消费者联系。客户通常返回他们选择浏览或预订的网站，临时修改详细信息或确定购买行为。数据挖掘技术用于在用户的搜索和预订阶段收集重要信息。当用户第二次登录时，它们将提供有针对性的推荐并推荐其他相关产品。此外，还可以通过促销卡、VIP 卡、优惠券等各种市场工具来刺激旅行消费者

的购物行为，从而增加旅行商品的销售额。但旅游网站决不能犯这样的错误，即强制在预定阶段出现其他项目，并自动为消费者选择其他产品增加网站上客户的厌恶感。

（三）基于消费者行为分析的精准移动营销

与其他媒体相比，移动互联网媒体是一种具有明显传播效果的媒体，这为旅游公司提供了精确营销的机会。移动营销基于定量和准确的数据，并在适当的时间和地点向潜在的消费者提供广告。这样的准确、有针对性和适当的营销是旅游公司的最佳在线营销。

利用在线社区使旅游公司进行准确的移动营销。互联网用户在微博、论坛等社交网站上分享旅行经历和感受，这将影响并引导其他游客的选择。大多数论坛也根据用户的偏好分为不同的社区。这些社区是细分市场。旅游公司可以将目标市场定位与产品定位相同的社区作为目标，并实施精准营销。这些社区成员将使用在线口口相传来吸引更多潜在的游客，而游客在社交网站上的评论是他们当前经验的隐忧，是可以被破坏的有价值的信息。旅游公司可以使用数据挖掘技术来收集和分析此信息，以重要的目标客户为目标，并进一步准确地营销他们。同时，旅游公司可以了解旅游市场趋势，并快速调整商品和服务的定位。

运用“窄告”实现旅游企业精确网络营销。窄告就是网络定向广告，它能通过分析用户浏览偏好、使用习惯、用户浏览的地理位置、访问历史等信息，按要求设置广告，使要推广的商品内容与相关网站上的文章内容进行自动匹配，并最终发布到与之相匹配的网站相关信息周围。这种新型网络推广模式能更加有效地节约网络营销成本，提升网络推广效率。旅游企业可以加入窄告联盟，根据自己旅游业务的特点设置关键词。只要网络用户浏览了旅游信息的网页，与关键词相关的企业的商品推广就会出现在其浏览的网页周围，实现网络营销推广的精准投放。因为浏览相关网页的客户都存在购买的可能，其精准投放更增加了被点击的概率，同时增加被购买的概率。这就是在对大数据挖掘的基础上，对数据库判断后，以网络消费者行为特点为中心，基于页面文章内容的定向技术，其应用在网络营销方面精准度较高，能提升网络推广实效。互联网经济巨大的潜力，使营销推广进入网络营销时代。在日益激烈的网络营销竞争中获得有利的位置是每个旅游企业追求的目标。数据挖掘技术的出现为其带来了前所未有的机遇。旅游企业运用数据挖掘技术，在海量的信息中发现有价值的客户行为特征和规律，从而采用合理高效精准的营销模式，可以减少旅游企业的营销费用，提高营销投资回报率，让旅游企业在激烈的竞争中立于不败之地。

第三节　大数据背景下大健康产业的营销战略布局

一、大健康概述

21 世纪是人类追求健康的世纪；21 世纪是人人享有保健的新时代；21 世纪，

由发展经济到关心自己的健康；21 世纪人们最需要的是健康。健康是人生最宝贵的财富！没有健康的身心一切无从谈起。

然而，当前我国居民亚健康状况急需改正，其保健意识、保健行为有待加强，需要进一步宣传科学的健身知识，反对邪教，崇尚文明，保健食品企业主体行为需进一步规范，鉴于医药保健品行业市场现状，消费者急需科学的理论知识作正确的消费引导，同时我国社会保健服务机构与人才极其缺乏，面对“入世”竞争，民族保健行业、民族养生文化需要扶持与弘扬。可见，我国的健康事业状况难以让人乐观，建构“大健康工程”乃势所必然：新医改提倡预防为主，国家中医药管理局明确提出“治未病”的医疗指导原则。进而促生了我国大健康产业的快速成熟。生命健康是个全程呵护的过程，面对现代病，事后对抗性治疗往往为时已晚。

随着经济发展和人们生活水平的迅速提高，人们在尽情享受现代文明成果的同时，文明病，即生活方式病正日益流行，处于亚健康状态的人群越来越多。生活条件提高了，可食品安全和环境卫生问题却层出不穷，生活质量反而不断下降了。如今人们一些慢性病问题突出，不重视亚健康状况，这已经严重影响人们的身体健康，耗费大量的社会医疗资源和医疗费用，不少人也因病致贫。

英国著名生物学家巴封最近发表的研究成果认为，哺乳动物的寿命一般为生长期的 5 ~ 7 倍，如，牛生长期约 6 年，寿命约为 30 ~ 42 年。人类的生长期约 20 ~ 25 年，自然寿命应为 100 ~ 175 岁。但这样的寿命人类并没有实现。其原因是人类自身造成的，诸如不注意科学保健，科学饮食，优化环境等。树立大健康观念，主动从多方面注意人生，是保证身体健康，延年益寿之必需。中国人的平均寿命从过去不到 50 岁至今已达到 73 岁，但是很多人都处在带病卧床或者是半卧床状态，虽然生存但是生活质量低。

在不同历史阶段，人们对健康认知、疾病预防重点也有所不同，健康内容不断更新。比如美国，1875 年 ~ 1925 年是环境时代，特征是天花免疫接种、外科消毒、公共卫生服务；1925 年 ~ 1950 年是医药时代，特征是磺胺药、青霉素、抗结核药物的广泛使用；1950 年 ~ 1980 年是生活方式时代，特征是心脏外科手术、心脏移植、冠状动脉搭桥；30 年后，2009 年，美国总统奥巴马这样阐述和呼吁改革美国的医药卫生体制——“正是医疗领域过高的成本，构成了对我们经济巨大的威胁。这是摆在我们家庭和企业面前的越来越高的障碍，是摆在联邦政府面前的一颗棘手的定时炸弹，更是美国的生命不可承受之重。”美国二战后经济高速发展，孰料心脑血管病、糖尿病等富贵病也随之而来，这种困扰至今仍在。发达国家将重点转移到预防领域，就是为应对生活方式变化带来的挑战。脱离温饱，全面向小康社会过渡的中国，也存在同样的健康挑战，亚健康人群增多、慢性病发病率上升、重大公共卫生事件等频敲警钟，促使政府提出“预防前移战略”。“世界大团结，人类大和谐。大健康事业是全人类一项共同责任，涉及到公平获得基本权益和身心健康，及集体防范跨越国界的威胁，更关系到人类和平共处与协作共进。建设“世界健康组织联盟”，创造文明文化的力量，她必将在区域性和全球性大健康事业的可持续创新发展与友好协作中起到风向标的重要作用。”

二、大健康现状

习近平总书记高度重视人们健康，强调“健康是促进人的全面发展的必然要求，是经济社会发展的基础条件，是民族昌盛和国家富强的重要标志，也是广大人民群众的共同追求。”十九大报告提出“人民健康是民族昌盛和国家富强的重要标志”的论断，并部署实施“健康中国”战略，明确要求要完善国民健康政策，为人民群众提供全方位全周期健康服务。“大健康”理念将从理论付诸实践，医疗卫生体制改革将全面破解“世界难题”，从田野到餐桌的食品安全防线将实现全面构建，这是十九大报告为全体国民描绘的“健康中国”总体路线图。

在第十四届中国国际健康产业博览会，举行的大健康产业高端论坛上，如何分享大健康产业蛋糕成为业内谈论的焦点。据中国科学技术战略研究院研究预测，至 2020 年我国仅生物医药产业将形成约 8 万亿元的支柱产业，据此保守估计，至 2020 年，整个大健康产业的潜力将达 10 万亿左右。传统的制药企业如广药集团、江中集团开始迈向大健康产业，目前包括中国电力、中国电子在内的央企开始布局大健康产业。

随着国家对大健康产业的大力发展，以大健康瓜果产业的快速崛起，并在国内展开。目前，我国各省市积极引进新的产业，加大健康产业的进程，促进大健康产业生产的调整。

据数据显示，目前全球股票市值中，大健康产业相关股票的市值约占总市值的 13% 左右，美国的医疗服务、医药生产、大健康管理等大健康行业增加值占 GDP 比重超过 15%，加拿大、日本等国大健康产业增加值占 GDP 比重也超过 10%。在我国，大健康产业仅占中国国民生产总值的 4% 至 5%，低于许多发展中国家。而在发达国家，这一比例普遍超过 15%，大健康产业成为带动整个国民经济发展的巨大动力。这充分说明大健康业发展态势良好。

我国大健康产业发展面临良好的政策环境。在政府层面，国家重视以人为本，提出了切实可行的新医改方案和“大健康中国 2020”的大健康发展战略。“大健康中国 2020”战略明确提出到 2020 年我国主要大健康指标基本达到中等发展中国家的水平，人均预期寿命将从 2005 年的 73 岁增加到 2020 年的 77 岁，卫生总费用占 GDP 的比重要增加到 6.5%-7%，提高两个百分点。这一政策可谓将“大健康强国”作为一项基本国策，提高到了一个国家战略的高度，未来政府医疗大健康投入将持续增加。除此之外，国务院于 2013 年 9 月发布了《关于促进大健康服务业发展的若干意见》，提出到 2020 年，基本建立覆盖全生命周期的大健康服务业体系，大健康服务业总规模达到 8 万亿元以上。2015 年 3 月，国务院厅印发《全国医疗卫生服务体系规划纲要 (2015-2020)》正式稿，彰显国家优化医疗资源供给分布，全面促进分级诊疗、医养结合、医疗主句融通的决心。同时商业大健康保险、大健康管理有望显著受益于数据平台的全面建立。

随着我国居民收入水平不断提高，消费结构升级步伐不断加快，人们对生活质量的要求日益提高，以及人口老龄化带来的大健康服务需求增长，大健康产业将面临广阔的前景。

越来越多的企业投入到大健康产业中，大健康产业从概念走向实践。广药集团近年来开始实施“大健康产业战略”，已于 2012 年上半年投资设立了王老吉大健康公司，向药酒、药妆、保健品、食品、运动器械等多个领域扩张，希望到 2015 年将王老吉品牌下属产品的销量提升到 500 亿元。江中集团的“十二五”规划是，依托“中药食品化”发展战略，以 0TC 为基础大力发展保健品和功效食品，进入大健康产业领域，步入跨越式发展的快车道，力争在“十二五”末期实现百亿目标。另外，双鹭药业、复星医药、康美药业、云南白药也在近两年积极挺近大健康产业。

广药集团、江中集团等这样的传统制药企业投身大健康产业有“就近优势”。值得注意的是，原本与医药不相关的中国电力、中国电子等央企也开始布局大健康产业。

三、大数据背景下大健康产业营销

社会是进步的，人们的思想认识也是进步的，随着行业的规范以及国家相关政策的约束，健康产业已经走向了正轨，与此同时，之前一些传统的健康产业运营模式也被限制。随着互联网的发展，人们对互联网的依赖性越来越强，因此大健康产业可以借助互联网进行营销。

大数据营销是一种个性化的关联营销。客户对企业的价值不言而喻，当今的营销理念已经从“媒体导向”向“受众导向”转变。大数据技术可以让企业明确地知道目标受众以及他们的需求关注点在何处，从而实现对网民的个性化营销。这种“针对客户，有的放矢”的大数据营销模式早已为众多知名品牌企业带来很高的利润回报。例如：淘宝网、当当网、京东商城会根据用户所购买的产品种类、品牌，价格进行分析，在商品介绍页面或消费者支付成功后自动推荐与此配套的产品供选购，或自动捆绑其他相关的产品以套装组合的形式低价促销，以取得最大利润化。又如，以电子科技产品作为核心业务的美国草果公司就利用大数据营销的模式，针对不同年龄段、购买产品喜好、购买的间隔时间对客户进行有效的管理和维护。当客户在草果官网的在线商城购买了一部苹果手机之后，客户将在未来一段时间内收到苹果公司的二次产品推荐邮件，推荐与其所购买手机型号相匹配的配件产品，如手机套、手机充电器、智能耳机等供用户进行选择和比对，或是对新的产品软件升级进行详细介绍。大健康产业也是如此，这种“提醒”式的接触客户的方式是具有针对性并且以受众为导向的，它以一种简单有效地方式定期“接近”客户，在显示人性化关切的同时又不让客户觉得被过度骚扰，从而达到最大化追逐利润的目标。

大数据及数据分析技术的不断进步，为移动互联网的发展带来了很多好处，大健康产业在大数据背景下，可以有效利用互联网的移动营销模式，例如拼多多、淘宝、京东等的直播，或者是微信营销、视频营销等促进大健康产业的发展。

第四节　大数据背景下中国广告产业的变革

大数据时代的到来，正在深刻改变中国广告产业的竞争格局。传统的广告运作模式正在发生深刻变化，如传统的购买媒介广告位和流量方式向直接购买受众转变，从大众传播模式向精众传播模式转变，从广告效果评估的模糊化向可视化、精确化和实时化转变等。随着越来越多的广告主将营销预算向数字媒体广告倾斜，传统广告产业亟须转型升级，适应广告主需求的变化，为其提供专业的数字营销传播代理服务。大数据时代，中国广告产业面临新的挑战和机遇。广告产业界能否适应大数据时代的新要求，及时转型升级，提升市场竞争力，将直接决定中国广告产业未来的竞争格局和走向。

一、大数据时代中国广告产业的变革现状

（一）大数据时代广告传播机制的变革

大数据时代，市场分析可以通过大数据来精准地定位目标消费群体，分析其年龄、性别、职业、家庭收入等自然属性和社会交往、兴趣爱好、媒体接触、地理位置、购买意向等社会属性，从而精准地进行用户画像。大数据为受众从物理属性的分散到内在的聚合提供了可能。例如，品友网络公司人群数据库的人群属性细分标签已多达 3 155 个，传漾公司搜集的网络 Cookie 达 9 亿个，并将其划分为 33 个兴趣大类、168 个兴趣中类、857 个兴趣小类。数据挖掘技术能从大量庞杂、琐碎的数据，如内容接触痕迹、消费行为数据、受众网络关系中提炼出消费习惯、态度观念、生活方式这样的深度数据，实现对目标人群的全面描绘。由于能够精准定位目标受众和分析目标受众的个性特征和行为模式，使广告策划和创意可以更有针对性地影响目标消费者。在广告媒介购买方面，由传统的购买广告位和流量的模式向直接购买目标受众的模式转变，这样的广告投送更加精准有效。同时，由于广告程序化购买可以实现可视化，广告主和 DSP 公司可以实时评估广告效果，调整广告投放策略。

（二）大数据时代广告产业要素的变革

传统广告产业的要素包括人力资源、技术资源、资本资源、媒介资源和客户资源等。在传统媒体环境下，媒介资源、客户资源、资本资源和人力资源决定广告公司的核心竞争力，其中媒介资源又处于主导地位，技术资源处于

相对次要的位置。广告公司通过组建媒介购买公司，采取以量定价的大资本运作方式，提升对强势媒体的博弈实力，进而吸引品牌广告主。在数字媒体环境下，广告产业的要素正在发生重大变革。大数据时代，技术、大数据和创意水平成为决定数字广告公司核心竞争力的关键性要素，这与以策划创意驱动和媒介资源驱动的传统广告产业存在很大差异。行业的需要与焦点产生了重大变化：数据决定成败。广告营销是广告行业中最重要的元素，以达到推广为终极目标。在广告营销过程中，广告公司通过有效的数据搜集、分析和整理从而提高客户的品牌形象。而要提升大数据和技术分析的能力，专业广告人才无疑是重要的发展要素。

（三）大数据时代广告产业组织的变革

大数据营销是一种全新的理论和实践，需要全新的互联网思维和数字化运作。国内大型广告集团通过业务转型、并购联合等资本运作方式，迅速向数字营销领域拓展业务。大型广告集团增强数字营销代理能力，是广告产业发展的必然趋势。近年来，国内大型广告集团积极布局数字营销和移动营销领域，通过自建数字营销公司或并购专业的数字营销公司等方式，提升在数字营销代理领域的实力。例如，2012 年 6 月，广东省广告股份有限公司投资设立全资子公司广东赛铂互动传媒广告有限公司，在数字领域积极拓展。

（四）大数据时代广告产业结构的变革

传统媒体环境下的广告产业价值链结构由广告主、广告公司、媒介购买公司和广告媒介组成，其中广告公司代理广告主的广告业务，替广告主制定媒介计划并执行广告媒介的购买。在大数据时代，广告产业价值链结构将细分为广告主、DSP 公司（需求方平台）、SSP 公司（销售方平台）、Ad Exchange（广告交易平台）、DMP 公司（数据管理平台）、数字媒体等，其中 DSP 公司和 DMP 公司代理广告主业务，利用大数据分析受众心理和行为，从而执行广告程序化购买；SSP 公司则是数字媒体的销售方平台，通过聚集大量的数字媒体和网络流量，提升广告媒体价值；DSP 和 SSP 公司在 Ad Exchange 中进行交易。近年来，国内一些大型的互联网企业，如百度、腾讯和阿里巴巴等都建立 Ad Exchange，同时成立或并购国内领先的 DSP 公司，强势进入广告程序化购买市场，对大数据的开放与流动具有积极作用。大数据时代，程序化购买将会成为数字媒体广告投放的主流。据调研公司 eMarketer 预测，在美国，程序化广告投放将继续作为相关的显示广告投放中的最大份额，而 RTB 广告投放将占程序化投放的最大份额。

二、大数据时代中国广告产业的问题审视

（一）大数据时代中国传统广告产业转型的困境

传统媒体广告营业额呈现下降态势，这必然影响广告公司的未来发展。向数字营销传播公司转型已经成为产业发展的战略选择。近年来，国内大型广告集团通过并购、联合等资本运作方式成功实现了数字化转型，但是大多数中小广告公司选择在公司内部增设数字广告部门，由于缺乏专业的数字广告人才团队，缺乏数字广告运作的经验，以及缺乏大数据资源、数据挖掘技术和分析能力，其专业代理能力很难获得广告主认可。

（二）大数据时代中国数字广告产业生态的问题

当前，我国数字广告产业生态存在几个方面的问题，即数据孤岛、数据虚假、用户隐私、行业标准缺乏和品牌安全问题等。数据孤岛现象表现为，大型互联网企业的数据没有开放交易，如 BAT 公司拥有庞大数量的网民群体，其拥有的搜索数据、交易数据和社交数据质量更高，由于无法获得这些大公司的大数据，独立型 DSP 公司在程序化广告市场中的竞争力受到一定程度的限制；大型企业集团没有建立 DMP 数据管理平台，或没有开放企业内部大数据，即企业大数据没有与 DSP 公司的大数据打通，影响了程序化广告投放的效果；PC 电脑、平板电脑、智能手机、户外视频等多屏数据之间没有打通，使跨屏的程序化广告投放无法真正实现。数据虚假问题表现为：一些网站虚假流量数据问题突出，影响了程序化广告投放的效果。用户隐私问题表现为，网站大数据的开放与交易，使用户隐私被公开化，被一些不法商家利用用户信息开展非法经营活动，损害消费者权益。行业标准缺乏问题表现为，DSP 公司近年来发展迅猛，由于缺乏行业标准，市场上的 DSP 公司鱼目混珠，导致市场的“逆向选择”现象。品牌安全问题表现为，在程序化广告投放时，广告主无法确定广告呈现的媒体环境。

（三）大数据时代中国广告公司竞争力亟待提升

大数据时代，广告公司竞争优势体现为其拥有的大数据资源，对大数据资源的挖掘、分析和应用的能力，以及数字营销传播策划创意的能力。当前，我国广告公司面临多重竞争压力。国际广告集团加大了在数字广告市场的投入力度，如阳狮集团组建阳狮锐奇，并推出其程序化购买产品——精准用户定位投放平台（Audience On Demand，AOD）；电通安吉斯集团中国成立全新业务部门 Amplifi，将集团的媒体投资管理、全球媒体战略合作、程序化购买

与内容营销统一纳入这一业务平台。此外，包括谷歌和 Facebook 在内的国际互联网巨头虽然目前没有获准进入中国，但已在中国投资设立数字广告公司和办事机构，影响中国数字广告产业未来的竞争格局。相比较而言，在大数据时代，传统广告公司的数字化转型步履维艰，新兴的数字广告公司在大数据资源、数据挖掘技术和分析工具、大数据应用等方面还处在起步阶段，数字广告市场上的品牌广告公司数量还较少。

随着广告主将营销预算更多向新媒体广告倾斜，数字广告公司成为广告市场的新宠，而围绕数字广告公司的争夺也成为近年来中国广告市场的一大亮点。国际广告集团加速在中国市场并购扩张，尤其加大了对数字营销传播公司的并购力度。

三、大数据时代中国广告产业的发展对策

（一）加速推进传统广告产业转型升级

美国《广告时代》杂志发布的报告显示，2014 年，宝洁公司将 70% ~ 75% 的预算用于美国数字媒体程序化购买。在这种程序化的广告购买方式中，广告主可以实时针对特定的人群购买和展示广告。宝洁的这个计划是继美国运通宣布其 100% 广告将通过程序化购买的战略性举措后的又一拥抱程序化购买的例证。程序化购买的价值正日益受到广告主的认可。随着数字营销在企业营销活动中的比重日益上升，首席数字官的重要性日益凸显。传统广告产业的数字化转型已经成为产业发展的必需。传统广告产业转型升级需要观念变革、组织变革、广告教育变革。从观念变革角度来看，必须看清数字广告产业发展的大趋势，及时布局数字营销和移动营销。从组织变革角度来看，必须大力发展独立型数字广告公司，通过吸收风险资本、私募股权融资、上市融资等方式，迅速提升专业能力和规模实力。从广告教育变革角度来看，高校广告教育要适应数字营销传播新趋势，改革现有课程体系，通过产业界和学术界之间的积极互动，提升高校教师的数字营销传播研究能力和实务运作能力，培养适合行业发展需要的数字营销传播专业人才。

（二）建构与优化数字广告产业新生态

当前，数据孤岛现象严重影响了大数据的质量。大数据的流动与交易，成为产业发展的迫切要求，但是数据的开放与共享，并不是一个自然的过程，可以通过以下途径实现：鼓励大型互联网企业投资数字广告产业，通过收购、兼并和建立战略联盟等方式，与国内的 DSP 数字广告公司建立战略合作，如阿里

巴巴收购易传媒，奇虎 360 收购 MediaV 等，实现了互联网公司大数据与 DSP 公司数据之间的共享；鼓励数字广告公司与大量中小互联网企业建立战略联盟，从而共享双方的大数据；鼓励大型企业建立 DMP 数据管理平台，强化自身大数据的管理与利用，与 DSP 公司加强数据合作；建立规范严格的大数据交易平台和市场，鼓励大数据的合理流动，如贵阳大数据交易所于 2014 年 12 月成立，成为全国第一家以大数据命名的交易所。数据虚假和侵犯用户隐私的问题，影响了程序化广告投放效果，同时会损害用户体验，不利于数字广告产业的健康发展，因而急需政府部门和互联网行业协会出台相关的法律法规和行业自律规则，加强数据流量反作弊软件的开发，鼓励发展第三方的数据监测机构，建立用户隐私保护的法律法规制度和行业自律机制。目前，国内DSP公司泥沙俱下，缺乏统一规范的广告效果评价标准，专业价值受到广告主的质疑，因而 DSP 行业迫切需要出台广告程序化购买的行业标准，规范数字广告公司的代理行为，从而营销良好的产业生态。针对品牌安全问题，DSP 公司不仅需要根据用户特性给用户贴上标签，还需要对网站文本、图片、音频和视频数据进行深入分析，从而确保品牌广告主的广告出现在合适的页面上。

（三）提升数字广告公司的核心竞争力

当前，我国数字广告市场属于一种自由竞争的市场结构，市场中存在大量中小数字广告公司，品牌数字广告公司数量较少，专业代理能力亟待提升。中国市场上的数字广告公司主要有三种模式，即依托大型互联网企业发展模式、依托大型营销传播集团发展模式、独立型数字广告公司发展模式。三种类型的数字广告公司各具优长，依托大型互联网企业的数字广告公司具有资本优势、大数据优势和优质数字媒体资源优势等，依托大型营销传播集团的数字广告公司则拥有优秀的数字营销策划创意优势、整合营销传播代理优势等，独立型数字广告公司大都通过吸引风险投资等融资方式快速发展，具有资本优势和专业技术优势等。不同模式的数字广告公司可以发挥各自优势，提升核心竞争力，如大型互联网企业和大型营销传播集团可以通过自建或并购数字广告公司的方式，迅速拓展数字广告业务，并将大型互联网企业的大数据资源和技术资源与大型营销传播集团的策划创意资源进行很好的联结。独立型数字广告公司则通过融资等方式迅速提升规模实力，通过与互联网企业建立战略联盟等形式获取大数据资源，提升专业服务能力。在大数据时代，大数据、技术、资本和创意成为决定数字广告公司经营成败的核心资源。大量数字广告公司的成立，对数字广告产业的发展产生积极效应，使更多的流量进入数字广告交易平台，这一方面可以提升数字广告公司大数据分析与应用能力，另一方面为广告主提供了更多品牌展示的机会。当数字广告市场发展到一定阶段后，将会发生以资本并购和联合为主要特征的产业资产重组，自由竞争逐渐向垄断竞争市场结构过渡，品牌数字广告公司将成为行业的主导力量。

第五节　小米手机的营销模式分析

一、小米的商业模式

作为互联网行业的一个实物品牌，小米高居全球五十大最具创新力品牌的第三名。雷军关于小米商业模式的七字诀，即“专注、极致、口碑、快”，在业内很有名气。2014 年年底，还没有上市的小米，市值评估为 450 亿美元，成为中国最值钱的私人公司。《美国时代周刊》甚至用长篇幅报道了雷军和小米手机，并用“中国的手机之王”这样的称号高度评价雷军，超过了国内媒体对雷军的评价。很多专家学者都展开了对小米案例的研究。比如，长期研究商业模式的对外经济贸易大学的吴革教授，对商业模式精辟地归纳为三点：赚谁的钱，如何赚钱，如何持续地赚钱。从赚谁的钱角度来看，小米对自己的目标人群有着清晰的定位，尤其是小米 1 和小米 2；其针对的人群为 20 ~ 25 岁，大专以上学历，毕业不到五年，收入 2 000 ~ 6 000 元，喜欢网购，有自己的消费观，从事社会基层工作。无论小米 1、小米 2 还是小米 3 都是低价高配，2 000 元价位的小米手机配置几乎可以和苹果、三星 note 媲美。低价高配的市场定位让小米无往而不利，小米以低价高配的策略进入了移动电源市场，一万毫安的移动电源可以卖到 69 元，小米手环更是卖到 79 元，要知道市场同类产品的价格高达 1 000 元。从如何赚钱角度来看，和传统制造企业不同的是，小米是典型的轻资产的商业模式。小米不投资制造工厂，却投入巨大的财力和人力在研发环节，是典型的众包方式做研发。米优系统每周都会升级一次，目前已经发布了 200 多个版本。而在生产制造环节，小米选择和采购最好的原材料和供应商。红米都是富士康生产的。用最好的生产换来的是好的品质和如期完成的产品，貌似成本较高，其实是降低了成本。小米最初都是通过小米官网直接销售。随着定位的大众化，小米的销售渠道主要分为四类：小米手机官网，淘宝、京东网上商城，苏宁、国美实体店和联通、移动、电信的运营渠道。

小米对售后服务非常重视。第三方做客服很难做，服务不好，人员流失率高，但是小米的售后服务都是自己做，为此小米投入巨资创办了“小米之家”，其有 1 700 个客服席位,2 750 人的售后服务队伍，是竞争对手的 10 倍，而优质的服务确保了小米的口碑。从研发、生产、销售和服务这四个环节看小米，就是一家典型的轻资产模式的公司，它没有自己的工厂，不自建零售渠道和终端，把注意力放在研发和售后服务环节，这就是小米与众不同的地方。从如何持续地赚钱角度来看，传统的工商企业主要靠技术、品牌与行业控制力。小米则更注重利用社交网络加强品牌与行业控制力。比如，2011 年 8 月，小米 1 上市，雷军在微博上“炫耀”自己用过 56 部手机，结果有 56 万人参加互动，雷军利用自己影响力让他们成为小米的“粉丝”。手机巨头每年投入百亿美金打广告，但小米却几乎不做广告。小米用社交媒体、自媒体、网络媒体进行营销，代表着非广告时代的来临。小米的论坛也是极其活跃的地方，每天都会新增 20 万的帖子，而小米会筛选出 8000 条反馈给工程师，每个工程师必须回复 15 个帖子，这等于将管理工作下放到用户和工程师，而粉丝的回赞让工程师也很开心。因此，小米手机 30% 的功能改进来自粉丝的建议。

二、从小米手机案例看精准营销模式落地

（一）品牌定位

小米在细分手机市场方面做得非常精准。首先是对年龄的细分，把年龄界定在 25 ～ 35 岁这个区间。通过细分，发现这个年龄段的人群经济独立，正处于事业的发展期，消费具有时尚和超前性，愿意接受新事物，喜欢新的尝试，而且这个人群数量庞大，消费能力强。然而，这个庞大的消费群体并没有成为小米真正的目标客户，在这个基础上小米对客户再次细分，找到对手机作为工具使用偏爱的群体，那就是手机的发烧友。之所以要选择这个群体作为目标客户，是因为他们代表消费前沿，对消费具有示范作用，而各种示范效应引发的是群体的跟风。目标客户的精准定位为小米找到了市场的空白点。

小米准确地抓住国内消费者追求物美价廉的消费心理，不断升级硬件配置。作为国产乃至全球目前最强的双核 Android 手机，小米手机刷新了消费者心目中的硬件高度。小米手机定位为“发烧友”手机是个可进可退的讨巧做法。若进，手机大卖，自然是以一种最直接有效的方式获取大规模用户，并能提前明晰 MIUI 和小米手机的盈利模式。若退，则可以不失颜面地认为“发烧

友”群体本来就是一个小众，进而转向以 MIUI 为核心，提升用户规模，探索盈利方向。

（二）营销模式

（1）价格策略。小米手机以高端机的形式高调上市，却以低售价让消费群体普遍接受。这不得不说是小米手机众多营销策略中最能吸引消费群体的一招。在手机市场上，绝大多数手机品牌虽然以绝对的硬件配置压倒其他杂牌手机，但是它们的价格让很多的普通消费者难以接受。而小米手机却打破高端机高价位这一手机市场的“约定”。这也就是为什么小米手机一上市就得到很多消费者青睐的不可忽略的原因之一。

（2）营销渠道。在销售渠道上，小米手机采取在线销售的模式，即以网络作为载体进行 B2C 电子商务销售方式。针对能够自主网上购物的年轻人打造属于自己的网络销售渠道。目前，小米手机只在小米科技旗下的电商网、小米网上进行线上直销，这样节省了市场和渠道成本，让消费者体验了纯粹的自主购物。在库存和物流方面，小米手机与凡客诚品合作，既节省了自身库存和物流的成本，又利用两者的品牌优势，帮助对方打造品牌效应。

（3）口碑营销。小米手机定位于手机发烧友，而发烧友的追捧、话题影响力的发酵使这种病毒式的口碑营销非常的奏效，在未上市前就为后期的在线销售打下了基础。保持产品的透明度和良好的口碑，是小米初步取胜的秘诀。

从 MIUI 开始，小米就牢牢扎根于群众，让发烧友参与手机系统的开发，用互联网的方式做手机。此后的米聊和小米手机皆如此，还鼓励用户、媒体拆解手机。MIUI 手机操作系统是小米公司基于安卓平台开发的。但在普通人看来，MIUI 的图标、界面、用户体验和安卓完全不一样。小米吸收手机发烧友参与，根据发烧友的反馈意见不断改进，并每周更新。在 100 万“米粉”的参与下，一项项符合国人使用习惯的创新在小米手机上陆续诞生——创新的解锁方式、新型输入法等。在小米手机发布前，MIUI 系统就已经牢牢地吸引了 70 万智能手机“刷机”发烧友。口碑营销带来的不仅是火爆的销售，还让小米摸准了国人对手机的使用方式。借助高速发展的移动互联网，依靠 MIUI 和米聊用户，以及一批批用户的口口相传，造就了小米的成功。

（4）事件营销。小米手机采取先定量发放 600 部工程机的策略，同时利用“雷布斯效应”以及各种后期的话题炒作，成功地吸引了大批的追随者。售卖工程机是小米的一大创新，在前期做足了手机硬件优势的宣传后，小米公司以低于正式发售机 300 元的价格售卖工程机，这一创新举动一时间吸引了各大媒体的眼球，免费为小米做足了宣传。此外，此次售卖的客户精准率非常高，只有之前就已经关注小米手机的发烧友才有资格，让人有种想买都买不到的心情，让更多的人对小米手机充满了好奇。同时，秉承用户体验至上的小米公司获得了米粉使用完工程机后的许多建议，进而为手机进行相关的改进。

（5）微博营销。小米手机利用新的传播工具——微博，宣传小米手机。在微博上让用户及时了解小米手机的发售信息、活动情况，以微博为载体拉近和用户的距离。在小米公司，有一个 30 人左右的微博客服营销团队，他们的任务就是在微博上做好服务反馈的跟踪，并基于良好的服务为小米手机做口碑传播。这个团队中相当一部分人员是原来小米论坛里的“骨灰级玩家”，由于他们在把玩的过程中对小米手机的方方面面都非常清楚，往往能快速判断出手机的功能故障。

（6）社区及论坛。在小米的官网及社区论坛上，将“米粉”进行整合，交流小米手机的使用心得，发布各类小米手机的信息，举办各类活动。比如，米粉节，将会有米粉节神秘活动。在小米社区中还有同城会专栏。小米手机在各地举办同城会，小米两周年庆典活动之百城同庆。这些活动提升了用户的黏性，培养了大批的小米手机的忠实用户。[①]

移动互联网的发展给企业带来了创新业务模型的机会。未来的移动互联网市场对传统市场的影响不仅限于规模的增长，还包括内容变得更智能、先进和可定制。企业应抓住机遇，在大数据时代做好移动营销创新，为企业和社会创造更大价值。

① 潘成云．产品生命周期细分与营销策略 [J]. 当代财经 .2003(06)：13.

参考文献

[1] 申光龙 . 整合营销传播战略管理 [M]. 北京 : 中国物资出版社，2001.

[2] 马佳彬."马"道微信: 全面拆解微信营销模式[M].北京: 电子工业出版社 ,2014.

[3] 王易 . 微信营销与运营 [M]. 北京 : 机械工业出版社，2014.

[4] 徐海亮 . 精准营销理论 [M]. 北京 : 机械工业出版社，2006.

[5] 杨兴凯 . 电子商务发展战略 [M]. 大连 : 东北财经大学出版社，2012.

[6] 于立宏，章毛平 . 营稍创新 [M]. 江苏 : 中国矿业大学出版社，2001.

[7] 喻国明 . 传媒变革 [M]. 北京 : 华夏出版社，2005.

[8] 张国才 . 组织传播理论与实务 [M]. 厦门 : 厦门大学出版社，2002.

[9] 张继平 . 走进移动支付 [M]. 北京 : 电子工业出版社，2012.

[10] 朱海松 . 第五媒体 [M]. 广州 : 广东经济出版社，2005.

[11] 陈舜丽 . 网络零售业市场环境与营销战略实证研究—以京东商城为例 [J]. 商业经济，2016(04):30-32.

[12] 程绍珊，席加省 . 精准营销：如何进行营销信息管理 [M]. 北京 : 北京大学出版社，2006.

[13] 郭莹 . 跨屏环境下视频网站广告受众态度及发展策略研究 [D]. 上海 : 华东师范大学，2014.

[14] 侯家麟 . 体验营销下如何提高顾客忠诚度 [J]. 中国流通经济 ,2007,21(9):62-64.

[15] 黄文馨 . 产品生命周期的研究 [J]. 商业研究 ,2003(17):17-19.

[16] 蒋杉杉 . 手机 APP 广告点击意愿的影响因素研究 [D]. 北京 : 电子科技大学，2013.

[17] 金欣 . 移动广告精准分析平台的设计与实现 [D]. 北京 : 北京邮电大学，2011.

[18] 鞠洪涛 . 移动 O2O 平台商业计划书 [D]. 广州 : 华南理工大学，2014.

[19] 李文静 . 中国移动互联网手机广告传播现状及营销策略研究 [D]. 杭州 : 浙江大学 ,2012.

[20] 李响 . 移动互联网手机广告营销策略研究 [D]. 武汉 : 武汉工程大学，2013.

[21] 李勇 . 微信广告价值及盈利模式研究 [D]. 长沙 : 湖南师范大学 ,2014.

[22] 李卓君 . 网络广告的媒介生态学研究 [D]. 重庆 : 西南大学，2011.

[23] 大卫・阿什德. 传播生态学—控制的文化范式 [M]. 北京：华夏出版社，2003.
[24] 栗瑜泽. 媒介生态学视角下微博用户生态位研究 [D]. 北京：北京邮电大学 ,2014.
[25] 刘蕙子，谭欣. 论移动互联网时代语境下的广告传播 [J]. 艺术与设计（理论），2012(10):75-77.
[26] 刘婷. 国内中小化妆品企业营销策略研究 [D]. 上海：南开大学，2003.
[27] 刘晓红. 中国电子商务 O2O 运营模式研究 [D]. 长春：吉林大学 ,2015.
[28] 刘英贵，李海峰. 新媒体传播中精准广告的营销方式研究 [J]. 当代传播，2013(04):86-88.
[29] 卢维林，李儒俊. 移动互联网时代的广告功能演进 [J]. 新闻世界，2014(11):90-91.
[30] 陆鹏，文华. 中国高端百货与高端化妆品对弈中的华丽转身 [J]. 中国化妆品（行业）,2010(03):44-45.
[31] 南昂. 浅谈产品生命周期理论在营销管理中的应用 [J]. 陕西职业技术学院学报 ,2006(02):37-40.
[32] [32] 潘成云. 产品生命周期细分与营销策略 [J]. 当代财经 ,2003(06):61-64.
[33] 彭海涛. 微信 O2O 商务模式发展研究 [D]. 长沙：湖南大学，2014.
[34] 董天策. 传播学导论 [M]. 成都：四川大学出版社，1995.
[35] 冉学平. 基于移动互联网的移动应用（APP）广告探究 [J]. 青年文学家，2013(19):222-223.
[36] 沈伟玲，陈金阳. 企业市场营销策略分析—基于产品生命周期理论 [J]. 当代经济（下半月）,2008(22)46-47.155
[37] 宋卓赟. 隐私关注对行为定向网络广告传播效果的影响研究 [D]. 上海：东华大学 ,2014.
[38] 隋丽红 .O2O 模式背景下的移动电子商务发展分析 [J]. 湖北函授大学学报，2015(10):72-73+120.
[39] 孙悦，郭醒. 电子商务 O2O 模式发展研究综述 [J]. 中国管理信息化 ,2014(19):85.
[40] 唐贵伍，王慧. 我国电子商务 O2O 模式发展战略分析 [J]. 商业时代，2014(33):66-68.
[41] 王璐. 基于大数据的商业模式创新案例研究 [D]. 北京：北京邮电大学，2014.
[42] 王雪青，孙抚. 企业促销策略面临的问题及对策 [J]. 现代商业 ,2008(20):99-100.
[43] 吴海莉，嵇仙峰. 从营销组合策略的理论演进看市场营销的发展趋势 [J]. 科技创业月刊 ,2011（11）:63-66.

[44] 吴怀涛 . 浅谈产品不同生命周期阶段的营销策略 [J]. 消费导刊 ,2009(20):16.

[45] 胡乃文 . 塑造网络经济 [M]. 北京 : 清华大学出版社，2006.

[46] 吴建江 . 移动互联网广告积分墙产品模式 [J]. 通信企业管理 ,2013(07):50-51.

[47] 伍青生，余颖，郑兴山 . 精准营销的思想与方法 [J]. 市场营销周刊，2006(5):41-44.

[48] 谢春昌 . 营销组合理论的回顾与展望 [J]. 商业研究 ,2009(03):6-9.

[49] 徐艺欣 . 基于社会化媒体的精准营销研究 [D]. 大连 : 大连海事大学，2013.

[50] 姚卫如 .4P 营销组合理论要“退休”吗 [J]. 北方经贸 ,2008(02):56-51.

[51] 袁洁平 . 移动互联网广告的误区 [J]. 中国广告 ,2014(11):104-105.

[52] 詹玉轩 . 互联网广告在数字媒体中的应用研究 [D]. 上海 : 东华大学，2013.

[53] 张建平 . 浅析化妆品的网络营销渠道策略 [J]. 黑龙江对外经贸 ,2009(02):116-117+119.

[54] 张军 . 产品生命周期理论及其适用性分析 [J]. 华北电力大学学报 (社会科学版) ,2008(01):31-36.

[55] 张兰廷 . 大数据的社会价值与战略选择 [D]. 北京 : 中共中央党校，2014.

[56] 李军 . 移动大数据商业分析与行业营销：从海量到精准 [M]. 北京：人民邮电出版社，2016.

[57] 张茜 . 移动互联网广告营销研究 [D]. 哈尔滨 : 黑龙江大学 ,2014.

[58] 张之怡 . 大数据时代背景下的广告营销模式研究 [D]. 苏州 : 苏州大学，2014.

[59] 赵悦杏 . 基于互联网精准用户定位技术的网络营销研究 [D]. 北京 : 北京交通大学，2014.

[60] 郑秀梅 .O2O 生活服务业电子商务模式发展探索 [J]. 商业经济研究 ,2015(32):83-85.

[61] 周文杰 . 媒介生态学视域中的网络广告研究 [D]. 大连 : 大连理工大学，2006.

[62] 诛锦宝 . 基于智能手机广告的精准营销研究 [D]. 武汉 : 华中科技大学，2012.

[63] 刘伟毅 . 获利时代 : 移动互联网的新商业模式 [M]. 北京 : 人民邮电出版社 ,2014.

[64] 吕巍 . 精准营销 [M]. 北京 : 机械工业出版社，2008.

[65] 马成 . 事件营销 [M]. 北京 : 中国经济出版社 ,2004.

[66] 石树元 . 社交电商生态思维 [M]. 北京：华文出版社 , 2019.

[67] 有赞学院讲师团编著 . 新零售实战系列 社交电商运营全攻略 [M]. 北京：电子工业出版社 , 2019.